BUKET KAYA
EMINE FABIAN

Ich stehe noch

Ayaktayım

Eine Türkin
in Berlin

Topicus

Deutsche Erstveröffentlichung bei
Topicus, Amazon Media EU S.à r.l.
38, avenue John F. Kennedy, L-1855 Luxembourg
April 2019

Umschlaggestaltung: bürosüd⁰ München, www.buerosued.de
Umschlagmotiv: © Almix / Shutterstock; © Marilyn Volan / Shutterstock
Lektorat: Rotkel Textwerkstatt
Gedruckt durch:
Amazon Distribution GmbH, Amazonstraße 1, 04347 Leipzig /
Canon Deutschland Business Services GmbH, Ferdinand-Jühlke-Str. 7,
99095 Erfurt /
CPI books GmbH, Birkstraße 10, 25917 Leck

ISBN: 978-2-91980-847-2

www.topicus-verlag.de

Aus Gründen des Selbstschutzes und der Diskretion wurden in dieser Geschichte die Namen aller auftretenden Personen und der meisten Orte geändert.

Eure Kinder sind nicht euer Besitz.
Sie sind Söhne und Töchter der Sehnsucht des Lebens nach sich selbst.
Sie kommen durch euch, aber nicht von euch.
Ihr könnt ihnen eure Liebe geben, aber nicht eure Gedanken,
denn sie haben ihre eigenen Gedanken.
Ihr könnt ihren Körpern ein Zuhause geben, aber nicht ihren Seelen,
denn ihre Seelen wohnen in dem Haus von morgen, das ihr nicht besuchen könnt, nicht einmal in euren Träumen.

Wenn ihr wollt, könnt ihr euch bemühen zu werden wie sie,
aber ihr dürft sie nicht dahin bringen wollen zu werden wie ihr,
denn das Leben geht nicht rückwärts und hält sich nicht auf beim Gestern.

Chalil Dschibran (1883–1931)

Einleitung

Früher hatte ich nie Angst. Nie. Weder vor dem Tod noch vor irgendjemandem. Dieses Gefühl wünsche ich mir zurück. Ich will nicht mehr vor Angst flattern wie ein kleiner Vogel – ich will nicht mehr vor ihm erzittern.

Erst wenn er tot ist, habe ich meine Ruhe.

Mein Leben wurde zerstört, weil ich mich nicht besitzen ließ. Es gab eine Zeit, in der ich sehr wohlhabend war. Ich konnte mir jeden Wunsch erfüllen, dabei wollte ich einfach nur frei sein. Heute gehe ich putzen. Ich bin flink, sehr gründlich und gewissenhaft. Außerdem beruhigt es den Geist, wenn die Hände arbeiten. Obwohl ich das erst seit Kurzem mache, habe ich bereits viele Kunden, meine gute Arbeit hat sich herumgesprochen. Doch keiner weiß, was es für mich bedeutet, allein aus dem Haus zu gehen, allein mit der Bahn zu fahren und allein eine fremde Wohnung zu betreten – für mich ist es ein großer Erfolg, denn jahrelang habe ich mich in meiner kleinen Wohnung versteckt und mich nur vor die Tür gewagt, wenn es sein musste.

Einen Vorteil hat es allerdings, allein zu putzen: Ich kann reden. Ich rede mit mir, mit den Blumen, dem Nippes und den Haustieren meiner Kunden. Manchmal auch mit ihren glücklichen Gesichtern auf den Urlaubsfotos oder den Kinderbildern an den Wänden. Ich sage ihnen, wie sehr ich mich freue, dass es ihnen offenbar gut geht. Dass es ein Geschenk ist, glücklich sein zu können. Ich muss lächeln, wenn auf den Fotos Mütter ihre Kinder im Arm halten. Ich weiß, wie schön sich diese Wärme anfühlt. Mein Mund lächelt, aber meine Augen füllen sich mit Tränen. Denn ich kenne auch den unerträglichen Schmerz, wenn sich die eigenen Kinder plötzlich von einem abwenden. Ich erzähle den menschenleeren Wohnungen meine Geschichte, die sich anhört wie der Plot einer Daily Soap. Aber sie ist wahr. So schmerzhaft wahr, dass ich manchmal anfange, zu schreien oder zu weinen. Wenn mich einer meiner Kunden dann sähe, wäre ich den Job vermutlich los. Doch ich bin nicht verrückt, sondern seelisch aus dem Lot. Mir liegt sehr viel daran, dass meine Töchter diesen Unterschied begreifen. Deshalb habe ich mich entschlossen, meine Worte nicht mehr im Raum verhallen zu lassen, sondern zu Papier zu bringen. Vielleicht kann ich dadurch manches verarbeiten. Vielleicht versuchen meine Töchter dann, mich zu verstehen, und vielleicht kann ich eine Stimme sein für all die Frauen, denen es ähnlich ergeht wie mir.

Denn meine Geschichte ist nicht nur die einer vermeintlich rachsüchtigen Frau und ihrer gescheiterten Ehe, sondern auch ein Beispiel für die gewünschte und verhinderte Integration einer Türkin in Deutschland. Ich will von der viel beschriebenen Parallelgesellschaft im Berliner Klein-Istanbul erzählen, das ich eher als Klein-Anatolien bezeichnen würde. Ich bin Teil dieses Mikrokosmos geworden, obwohl ich es nicht wollte. Mir wurden von meinen eigenen Landsleuten Bildung und Integration versagt und ich berichte anhand meines persönlichen Schicksals von den katastrophalen Folgen, die daraus vor allem für junge Frauen resultieren.

In meiner Kultur haben Frauen keine Rechte, sie haben dem Mann zu dienen. Dieses Schicksal ist ihnen vorbestimmt und sich dagegen aufzulehnen ist eine Sünde. So wird es vielen türkischen Mädchen eingetrichtert. Mir ist Schlimmes widerfahren, weil ich mich gewehrt habe. In mir tobt ein Kampf stärkster Gefühle: Angst, ohnmächtige Wut, Hass und verzweifelte Mutterliebe. Ich habe Freunde und Therapeuten, die mir zuhören, aber ich möchte nun auch von der Öffentlichkeit gehört werden. Denn was Frauen wirklich brauchen, um ihre Rechte zu wahren und gleichberechtigt an der Seite des Mannes zu stehen, sind Menschen, die für sie eintreten und sie in ihren Bemühungen unterstützen.

1. Kapitel

Meine Mutter Fatma war noch ein Kind, als sie im Jahr 1959 heiratete. Gerade einmal zwölf Jahre alt war sie, ihre Monatsblutung hatte nicht einmal eingesetzt, als ihre Eltern – gerührt von den langen Bitten eines Dorfjungen – in die Hochzeit einwilligten. Es war eine glückliche, zwanglose Ehe, für beide noch ein Spiel. Zumindest bis meine Mutter eines schönen Tages beschwingt zum Dorfbrunnen ging und dort von einer Bekannten erfuhr, dass ihr Ehemann eine zweite Frau mit nach Hause bringen wollte – nur acht Monate nach der Hochzeit. Fatma vergaß, Wasser zu holen, und rannte tränenüberströmt zum Haus ihrer Eltern.

Dieses Haus wurde im Dorf für seine moderne Einrichtung bewundert. Es bestand aus Holz und Lehm und hatte riesige Türen, die weit nach innen aufschwangen. Nun aber waren sie verschlossen, denn Fatmas Eltern und drei ihrer fünf Geschwister arbeiteten in der Weinlese. Wie immer lag der Schlüssel auf einem kleinen Holzsims nahe der Tür. Fatma betrat den großen Innenhof mit dem alten Maulbeerbaum und schaute sich nach etwas um, womit sie sich die Zeit vertreiben konnte. Rechts von ihr lag der eingeschossige Seitenflügel, auf dessen Dach meistens Tomaten getrocknet wurden. Der Gebäudeteil zu ihrer Linken hatte zwei Etagen mit einer geräumigen Küche im Erdgeschoss.

In den ersten Stock führte eine breite Treppe aus groben Balken. Darunter befand sich ein kleiner Verschlag mit Heu und Stroh für den Esel. Fatma hätte ihn gern gestreichelt und ihm ihr Leid geklagt, aber der Stall war leer, denn der Esel wurde bei der Weinlese gebraucht. Also stieg sie kurzerhand die Treppe hinauf und gelangte auf die große Holzterrasse.

Ich habe meine Mutter im Haus ihrer Eltern lebhaft vor Augen, während ich ihre Geschichte erzähle. Ich kannte jeden Winkel dieses Hauses, wir haben oft unsere Ferien bei meinen Großeltern verbracht. Für uns Stadtkinder war es das Größte, auf der Terrasse zu sitzen und dabei die Früchte des Maulbeerbaums zu pflücken oder auf dem Esel zu reiten. Auf der Terrasse hingen Maiskolben und Wasserzucchini zum Trocknen und es roch wunderbar nach Pflanzen, Sonne, Erde und Holz. Von der Terrasse führten Türen zu zwei Zimmern. In deren Wände waren ringsherum mit geschnitzten Ornamenten verzierte Regale und Schränke eingelassen. In den Regalen wiederum standen mit Mustern und Figuren geschmückte Kupferschüsseln und Wasserkaraffen. Neben den Zimmern gab es einen kleinen Raum mit einem Plumpsklo, davor war ein Waschbecken angebracht. Man hockte sich über das Klo und die Hinterlassenschaften plumpsten in ein gemauertes Loch. Irgendein armer Mensch musste das Klo ab und zu leeren. Diesen Raum mochten meine Brüder und ich nicht. Wir hatten immer Angst, in das Loch zu fallen. Außerdem stank es erbärmlich. In dem Dorf meiner Großeltern galt jedoch schon ein Plumpsklo als sehr modern. Viele Häuser hatten nicht einmal das. Stattdessen mussten sich die meisten Bewohner des Dorfes mit einem Nachttopf begnügen oder sich zum Rand ihres Grundstücks begeben. Dort boten aufgespannte Tuchbahnen Sichtschutz, während die Notdurft über einem ausgehobenen Erdloch verrichtet wurde.

Ich liebte es, im Urlaub bei meinen Großeltern auf Bäume zu klettern, vor allem die Edel-Pflaumen mit ihren grünen Früchten hatten es mir angetan. Mit einer Handvoll Salz saß ich mitten im Baum, pflückte die sauren Früchte, wälzte sie im Salz und futterte, bis ich Bauchschmerzen bekam. Meine Brüder und ich ernteten frische grüne Mandeln, aßen Maulbeeren, bis wir rot verschmiert waren, stritten uns um den Esel, rannten den ganzen Tag herum und spielten mit unseren vielen Cousins und Cousinen. Es war einfach herrlich! Unsere Großeltern erlaubten uns, einzelne Trauben von den Weinreben zu pflücken. Ganze Rispen durften wir nicht abreißen. Natürlich taten wir es trotzdem. Eine Rispe war etwa zwei Kilo schwer, die Früchte waren zuckersüß und viel zu viel für uns! Wir konnten sie gar nicht alle vernaschen. Aus schlechtem Gewissen vergruben wir den Rest am Rand des Feldes. Kurz darauf wurde die Erde unglücklicherweise umgegraben und die verfaulten Früchte kamen zutage. Zwar schimpften unsere Großeltern kaum mit uns, aber wir wollten sie nicht enttäuschen. Deshalb tat es uns immer sehr leid, wenn wir Unfug getrieben hatten.

Unsere Großmutter legte uns manchmal tellergroße Sonnenblumenköpfe auf den Schoß, deren frische Kerne wir mit immer schwärzer werdenden Händen daraus sammelten und sie uns in den Mund stopften. Von den Nachbarn wiederum bekamen wir Mohn. Wir schnitten die trockenen Kapseln auf und aßen die schwarzen Samen, bis wir Verstopfung hatten. Jeden Morgen stand deshalb unsere Großmutter mit einem Löffel Olivenöl vor uns und wir hatten die Wahl: Entweder wir schluckten das Öl oder es gab keinen Mohn mehr. Für uns Kinder war das Leben auf dem Land das reinste Paradies; wir fühlten uns frei, zu tun und zu lassen, was wir wollten. Doch wie ich später von meiner Mutter erfuhr, kannte sie als Heranwachsende dieses Freiheitsgefühl nicht.

Das Leben der Mädchen und Jungen ihrer Generation war von harter Arbeit auf den Feldern geprägt. Den meisten Mädchen wurde zudem der Zugang zu Bildung verwehrt, da in der Schule ein strenges Kopftuchverbot galt, das die Eltern nicht hinnehmen wollten. Der Weg zur Schule war gefährlich, überhaupt durften Mädchen niemals ohne männliche Begleitung unterwegs sein. Zu oft geschah es, dass sie bedrängt wurden, und auch Vergewaltigungen und Kidnapping waren nicht selten. Mit Raub und Missbrauch sollte so manches Mal eine Heirat erzwungen werden. Denn wer wollte schon ein geschändetes Mädchen heiraten? Daher überließ man es lieber dem Vergewaltiger, als noch mehr Schande über die Familie zu bringen. Um ihre Töchter zu schützen, versuchten die Eltern also, diese so schnell wie möglich zu verheiraten. Und wenn ein Mädchen so hübsch war wie Fatma, am besten noch im Kindesalter.

Fatma blickte unschlüssig in den großen ummauerten Garten hinunter, sah die reifen Tomaten an den Rispen und bekam Hunger. Also hüpfte sie die Treppe wieder hinunter und suchte in der Küche nach etwas Essbarem. Ihr Vater fand sie dort, wie sie mit zerzaustem Haar und verweinten Augen in einer Ecke saß und Zuckermelone futterte. Voller Wut schilderte sie ihm, was sie gehört hatte, und bestand darauf, bei ihren Eltern zu bleiben.

In der Zwischenzeit wurde Fatma verzweifelt von ihrem Mann und ihren Schwiegereltern gesucht, bis diese schließlich atemlos und ungeduldig an die große hölzerne Eingangstür von Fatmas Elternhaus hämmerten.

Knarzend öffnete sich die schwere Tür und Fatmas Vater blickte seinen Schwiegersohn finster an. »Meine Tochter möchte nicht mehr zu dir nach Hause kommen. Sie sagt, du hast eine andere Frau.«

Theatralisch schlug der junge Mann die Hände über dem Kopf zusammen, beteuerte, wie sehr er Fatma liebe und dass er niemals eine andere Frau würde haben wollen. Das alles sei nur dummes Gerede von eifersüchtigen Klatschweibern. Nachdem Fatmas Vater ihren Mann hereingelassen hatte, überschüttete dieser sie mit Treueschwüren.

Aber Fatma blieb stur.

Als ihr Ehemann sie gewaltsam aus dem Haus zerren wollte, ging ihr Vater dazwischen. Gegen ihren Willen dürfe er Fatma nicht mitnehmen, erklärte er ihm. Schließlich sei sie die Ehe mit ihm freiwillig eingegangen, und nur freiwillig solle sie zu ihm zurückkehren.

Fatmas Schwiegereltern protestierten und es entbrannte ein heftiger Streit zwischen beiden Parteien, bis Fatmas Vater seinen Schwiegersohn und dessen Eltern kurzerhand zur Tür hinausschob.

Anschließend stellten Fatmas Eltern Nachforschungen an und fanden heraus, dass ihr Mann tatsächlich bereits kurz nach der Hochzeit mit einem anderen Mädchen angebändelt hatte. Im zarten Alter von zwölf Jahren reichte meine Mutter daraufhin die Scheidung ein. Eine Ungeheuerlichkeit zu dieser Zeit.

Eine Scheidung bedeutet in der Türkei bis heute den Gesichtsverlust beider Familien. Dabei geht es vor allem um *onur*, die Ehre. In Fatmas Fall hätte sie als Frau – ohne die Unterstützung ihres Vaters – hinnehmen müssen, dass ihr Mann eine zweite Ehefrau mit nach Hause brachte. Das galt als sein gutes Recht. Sie hätte womöglich noch dankbar sein sollen, dass sie nun Hilfe im Haushalt hatte. Seitensprünge während der Ehe wurden damals (und werden heute noch) nicht respektiert, aber toleriert und unter den Teppich gekehrt, wenn sie vom Mann begangen wurden. Ohne den Rückhalt ihrer eigenen Familie war und ist die Frau auf sich gestellt. Entweder sie fügt sich stillschweigend oder sie flieht und muss mit lebenslanger Verfolgung rechnen. In einem kleinen Dorf wie dem meiner Mutter haben die Frauen keine Wahl. Man kennt sich, alle Familien sind durch Heirat miteinander verbunden, die Schicksale gleichen sich und die Möglichkeiten sind für jeden gleichermaßen begrenzt. Wenn alle um einen herum sagen, man solle doch zufrieden sein, versucht man eben, zufrieden zu sein.

Umso erstaunlicher waren Fatmas Widerstand und der bedingungslose Rückhalt in ihrer Familie.

Drei Jahre sollte es dauern, bis alle gesellschaftlichen und bürokratischen Hürden überwunden waren und die Scheidung offiziell war. Die Zerrüttung der Ehe musste von Fatma nachgewiesen werden, denn das türkische Scheidungsrecht beinhaltet das Schuldprinzip. Es stand Aussage gegen Aussage und Fatmas Ehemann legte Widerspruch ein. Ein Kräftemessen der beiden Familien begann vor Gericht, das sich über viele Monate hinzog, bis Fatmas Ehemann schließlich in die Scheidung einwilligte. Von da an hatte Fatma es schwer im Dorf. Männer jeden Alters stellten ihr rücksichtslos nach – als Geschiedene war sie quasi Freiwild. In den Augen der Dorfgemeinschaft hatte sie ihre Ehre verloren. Ohne ihren Vater oder einen Bruder konnte sie sich keinen Schritt vom Haus entfernen. Greise hielten um ihre Hand an, um sich zusätzlich zu ihren gealterten Ehefrauen ein junges Mädchen ins Haus zu holen. Junge Männer belästigten sie, für eine Ehe taugte sie aber deren Meinung nach nicht mehr. Fatma schwor sich in dieser Zeit, dass sie, wenn überhaupt, nur aus Liebe noch einmal heiraten würde. Sie freute sich über den Gedanken, später eine Tochter zu haben, der sie all die Freiheiten ermöglichen wollte, die es in ihrer Welt nur für Jungen gab.

Fatmas junger Ex-Mann heiratete später die Frau, die der Grund für die Trennung gewesen war. Für Fatma war das der endgültige Beweis, dass ihr Misstrauen gerechtfertigt gewesen war.

Darin, dass Fatmas Vater ihre Entscheidung nie anzweifelte und sie in allem unterstützte, zeigte sich, wie sehr er seine Tochter liebte. Anstatt sie – wie viele andere Väter zu der Zeit – notfalls mit körperlicher Gewalt zu zwingen, zu ihrem Mann zurückzukehren, überließ er ihr die Entscheidung über ihre Zukunft. Es gab vonseiten ihrer Eltern keinen weiteren Versuch, Fatma zu verheiraten. Die Achtung vor sich selbst wurde entgegen der gesellschaftlichen Norm von ihrer Familie höher eingestuft als die Ehre innerhalb der Dorfgemeinschaft. Das Gerede im Dorf war Fatmas Vater also gleich, wichtig war für ihn allein, dass seine Kinder glücklich waren – glücklich und unversehrt an Leib und Seele. Denn um seine drei Töchter vor Übergriffen durch Jungen zu schützen, ließ er sie nicht zur Schule gehen, wie es bei allen anderen Mädchen des Dorfes ebenfalls üblich war. Auch Fatmas Vater teilte die in seiner Generation verbreitete Auffassung, dass Mädchen keiner Bildung bedurften, da sie doch ohnehin in ihrer Ehe nur den Haushalt zu führen hatten. So ist meine Mutter bis heute Analphabetin.

Um der völligen Abhängigkeit von einem zukünftigen Ehemann ein wenig entgegenzuwirken, sorgten Fatmas Eltern dafür, dass sie mit 13 Jahren das Teppichknüpfen lernte. Damals wurde diese Fertigkeit gerade von einer Teppichhandwerkerfamilie in der Gegend gelehrt. Fatmas Vater kaufte einen etwa zwei Meter breiten Knüpfrahmen und nach kurzer Zeit konnte Fatma bereits komplizierte Muster ohne Anleitung knüpfen. Mit enormer Geschwindigkeit schob sie mittels eines eng gezinkten Kammes die Knoten zusammen. Ich erinnere mich deutlich, wie sie auch in meiner Kindheit noch so manches Mal am Knüpfrahmen gearbeitet hat, wie flink und geschickt ihre Finger dabei tanzten. Nun ging sie nicht mehr auf die Felder, sondern konnte sich ihr eigenes Geld verdienen, denn die Teppichhandwerker, bei denen sie gelernt hatte, kauften ihr die Teppiche wieder ab.

Viele Jahre später fuhr meine Mutter in die Stadt Manisa, um ihrer Schwester zu helfen, die ihr drittes Kind bekommen hatte. In Manisa arbeitete zu der Zeit Ömer, ein junger Mann aus einem Dorf in der Nähe. Er war ehrgeizig und geschäftstüchtig. Als seine Mutter mit seiner Schwester schwanger und er selbst vier Jahre alt gewesen war, hatte sein Vater die Familie im Stich gelassen, um mit einer anderen Frau zusammenzuleben. Aus Rache verweigerte Ömers Mutter die Scheidung, damit ihr Mann seine Geliebte nicht heiraten konnte. Hierbei spielte ebenfalls das Schuldprinzip im türkischen Scheidungsrecht eine Rolle. Für eine Scheidung braucht es einen Kläger, der den Ehebruch nachweisen kann. In diesem Fall wollte jedoch derjenige, der am Scheitern der Ehe schuld war, die Scheidung. Ömers Mutter widersetzte sich, indem sie keine Schuld bei ihrem Mann erkennen wollte und somit auch keinen Vorwurf erhob. Nicht einmal eine Zerrüttung der Ehe sah sie, sondern stellte vor Gericht den Antrag zur sogenannten »gerichtlichen Aufforderung zur Rückkehr«. Diese Schikane kostete Ömers Vater viele Monate vor Gericht und sämtliche Nerven, denn sein neues Glück mit der anderen Frau war davon abhängig, dass der Richter darüber entschied, ob die Weiterführung der Ehe mit Ömers Mutter zumutbar war oder nicht.

Dieser ungewöhnliche Mut, den Ömers Mutter bewies, als sie sich zur Wehr setzte, und die Kraft, die sie täglich aufbrachte, um ihre Kinder allein durchzubringen, sollten ihren Sohn charakterlich prägen. Gemeinsam mit ihren Schwestern, die ebenfalls geschieden waren, bestellte sie das geerbte Land, erntete dessen Früchte und verdiente sich mit dem Verkauf ihren Lebensunterhalt. Die drei Frauen erlangten durch ihre harte Arbeit und ihre Hilfsbereitschaft so viel Ansehen im Dorf, dass die älteste schließlich sogar zum Dorfvorstand gewählt wurde. Ömers Mutter, selbst Analphabetin, trichterte ihren Kindern ein, wie wichtig Bildung sei. Ihr Wunsch war es, dass beide einen guten Schulabschluss erwarben, was ihnen auch gelingen sollte.

Ömer war schlau und in der Schule derart für seine Rechenkünste bekannt, dass Schulkameraden ihm für ein paar Nüsse und andere Leckereien ihre Hausaufgaben übertrugen. Mit acht Jahren lief er allein in die nahe gelegene große Stadt und verkaufte dort Eier, um von dem Geld Schulsachen erstehen zu können. Von da an und bis ins hohe Alter der Mutter fühlte Ömer sich für sie verantwortlich und teilte seinen Verdienst mit ihr. Zur Koranschule ging er auf eigenen Wunsch in einer fremden Stadt, um über den Tellerrand zu blicken und Neues kennenzulernen. Nach dem Schulabschluss kam er zurück nach Manisa und gründete mit einem Freund eine kleine Fabrik, in der Baumwolle zu Garn verarbeitet wurde.

Nach einem anstrengenden Arbeitstag wurde Ömer auf dem Heimweg auf Fatma aufmerksam. Ihre Blicke begegneten sich zufällig und beide waren sofort verliebt. In jeder freien Minute versuchte er nun, sie abzupassen, und lief ihr hinterher, um mit ihr zu sprechen. Schließlich hielt er bei ihrer Familie um ihre Hand an. Geprägt von der Geschichte seiner Mutter, sah Ömer kein Problem darin, dass Fatma bereits verheiratet gewesen war. Er war allerdings sehr überrascht, als sich beim Standesamt herausstellte, dass Fatma keine Unterschrift leisten konnte, weil sie Analphabetin war. Sie schämte sich sehr dafür, doch Ömer fand es nicht schlimm. Sein Leitspruch, der später auch mich und meine Geschwister prägen sollte, lautete: Wir achten einander und wir achten aufeinander. Jeder sollte mit seinen Stärken die Schwächen des anderen auffangen.

Meine Eltern, Fatma und Ömer, sind bis heute glücklich verheiratet.

Kurz nach ihrer Hochzeit 1969 kam ich zur Welt. Ich war ein wildes und wissbegieriges Mädchen. Ich lachte viel und war meistens gut gelaunt. Körperlich war ich eine Spätentwicklerin, dünn und für mein Alter groß geraten.

Von meinen Eltern erfuhr ich viel Liebe und auch einen respektvollen Umgang miteinander lebten sie mir vor. Nie wurden sie laut, wenn sie diskutierten. Beide sagten einander deutlich, aber wohlwollend die Meinung. Immer waren sie in Sorge um den anderen; dass er sich nicht erkältete, nicht zu schwer trüge, ihm unterwegs bloß nichts zustieße.

Nach mir brachte meine Mutter noch zwei Jungen zur Welt: Ferhat und Levent. Ferhat war nur anderthalb Jahre jünger als ich, Levent wurde als Nesthäkchen acht Jahre nach mir geboren. Wir Kinder wurden in der Erziehung fast gleichbehandelt. Meiner Mutter waren Sauberkeit und Ordnung sehr wichtig. Sie hatte einen regelrechten Putzfimmel. Die Jungen mussten im Haushalt genauso mit anpacken wie ich, auch sie mussten kleinere Kinder aus der näheren Verwandtschaft hüten und sie wurden zu Respekt gegenüber Frauen erzogen.

Unser Vater las viel im Koran und betet auch heute noch fünf Mal am Tag. Es ging ihm bei der Ausübung der Religion aber nicht um Regeln und Verbote, sondern um das Menschsein und die Art der Lebensführung, für die der Koran Hilfestellung bietet. So lehrte er uns Ehrlichkeit, Mitleid, Sanftmut und den Glauben an das Gute. Seine Maxime war: Wenn du Gutes gibst, bekommst du Gutes zurück. Danach lebt er noch immer und ist bekannt für seine große Hilfsbereitschaft.

Unsere Mutter war weniger religiös. Was die Rolle der Frau betraf, war sie allerdings traditioneller eingestellt als unser Vater. Sie war der Auffassung, dass ein Mädchen in der Lage sein musste, Handarbeiten anzufertigen und einen Haushalt zu führen. Unser Vater verstand das nicht. Man könne die Handarbeiten doch kaufen, meinte er immer, und es sei schade um meine Augen, wenn sie dabei litten. Für meine Mutter stand die Ehe jedoch im Vordergrund. Ihr als Analphabetin genügte es schon, dass ich zur Schule gehen durfte und somit meine Zukunft ein Vielfaches mehr an Möglichkeiten bot, als ihr vergönnt gewesen waren. Mein Vater und ich hatten zwar versucht, ihr Lesen und Schreiben beizubringen, aber es war hoffnungslos gewesen. Stattdessen flüchtete sie sich in das, was sie wirklich gut konnte: einen Haushalt führen und sich um das Wohl ihrer Kinder kümmern. Mein Vater ging zur Arbeit und erledigte den gesamten Papierkram. Fatma hatte also ihren Platz gefunden, an der Seite eines liebenden Ehemanns, und war glücklich. Daher war sie der festen Überzeugung, dass auch ihre Tochter ihr Glück in der Rolle als Ehefrau und Mutter finden würde.

Doch als sich die anderen Mädchen nur noch für Jungen interessierten und pausenlos hinter vorgehaltener Hand kicherten, verschlang ich Bücher, Zeitschriften und die Tageszeitungen meines Vaters. Ich mochte Hosen lieber als Kleider und bettelte so lange darum, meine unpraktischen langen Haare abschneiden zu dürfen, bis mein Vater es schließlich erlaubte. Obwohl meine Mutter bis heute aus Gewohnheit ein Kopftuch trägt, trug ich nie eines. In der Schule war es weiterhin verboten und innerhalb meiner Familie spielte es überhaupt keine Rolle.

Im Jahr 1974, ich war etwa fünf Jahre alt, zogen meine Familie und ich weg aus Manisa. Mein Vater war mittlerweile Polizist und nach Istanbul versetzt worden. Mein Bruder Ferhat und ich staunten über die sechsstöckigen Häuser, die vielen Geschäfte und das rege Treiben auf den Straßen. Unsere Mutter wurde kurzfristig von der weltoffenen Dynamik der Stadt mitgerissen und wagte es eine Zeit lang, ihr Kopftuch abzulegen. Das gefiel ihr aber nicht sonderlich – die Macht der Gewohnheit war stärker. Weitere Möglichkeiten, die Istanbul bot, nutzte meine Mutter nicht. Das kulturelle Leben in dieser Metropole ging an ihr ebenso vorbei wie in jeder anderen Stadt. Mein Vater arbeitete von früh bis spät und meine Mutter hatte alle Hände voll zu tun damit, uns Kinder zu versorgen, den Haushalt zu führen und die ständigen Besucher aus der Nachbarschaft zu bewirten. Sie wusste nicht, was sie verpasste, und hatte daher auch kein Verlangen danach.

Als ich sechs Jahre alt war, ging mein Vater mit mir einkaufen: ein schwarzes Kleid, einen handgestrickten Kragen, schwarze Schuhe und weiße Kniestrümpfe. Meine Schuluniform. Wie habe ich sie gehasst! Ich fand sie hässlich und unbequem, es störte mich, dass alle Kinder gleich aussahen. Die Jungen wurden in schlecht sitzende Hemden mit hohem Kragen und zu weite Hosen gesteckt. Obwohl ich Kleider generell nicht mochte, hätte ich mit ihnen nicht tauschen wollen. Allen Kindern war anzusehen, wie unwohl sie sich in dem steifen Stoff der Schuluniform fühlten.

Mein Vater begleitete mich zur Einschulung und war dabei aufgeregter als ich. Überall sah man Mütter, die um ihre Sprösslinge bemüht waren, nur vereinzelt erblickte ich ein paar andere Väter. Meine Mutter war zu Hause geblieben, sie mochte derlei Trubel nicht und musste außerdem auf meinen kleinen Bruder Ferhat aufpassen. Mein Vater dagegen wollte mit mir schon auf dem Weg alle Verkehrsregeln üben und sich einen Eindruck von der Schule und den Lehrern verschaffen. Ich fühlte mich zeit meines Lebens von ihm auf liebevolle Weise beschützt.

In den darauffolgenden Tagen ging ich allein zur Schule. Zartgliedrig und mager wie ich war, mühte ich mich verzweifelt mit meiner viel zu großen und schweren Schultasche ab. Ich hatte immer alle Bücher dabei, auch wenn ein Fach gar nicht auf dem Stundenplan stand, weil ich so stolz auf all das Wissen war, das ich mit mir herumtragen durfte. Mein Klassenlehrer war ein angesehener Schriftsteller und das Unterrichten war seine Passion. Er konnte wunderbar erzählen, las uns viel vor und sang Lieder mit uns, die er selbst geschrieben hatte. Mit seiner natürlichen Begeisterung steckte er uns an, sodass wir Lernen als etwas Großartiges empfanden.

Zwischen Jungen und Mädchen wurden an der Schule keine Unterschiede gemacht. Nach wie vor galt eine Schulpflicht von fünf Jahren für alle Kinder und in meiner Generation war es in einer Stadt wie Istanbul selbstverständlich, dass sie eingehalten wurde. Es war auch normal, dass Mädchen die Oberschule besuchten und studierten. Die Situation der Mädchen auf dem Land hatte sich seit der Kindheit meiner Mutter ebenfalls gebessert und sie besuchten zunehmend die Schule, auch wenn die Mehrheit weiterhin zu Hause blieb. Es gab keine Behörde, die die Einhaltung der Schulpflicht konsequent überwachte.

Während meines ersten Schuljahrs begegnete mir mein späterer Mann Mahmut zum ersten Mal. Allerdings kann ich mich daran nicht mehr richtig erinnern. Eine seiner älteren Schwestern war mit dem besten Freund meines Vaters verheiratet. Mahmut besuchte damals diese Schwester nur unregelmäßig, denn er lebte schon seit seinem achten Lebensjahr in Berlin. Seine Eltern waren ausgewandert und hatten die drei jüngsten Kinder erst zwei Jahre später nachgeholt. Ihre älteste Tochter war zu diesem Zeitpunkt bereits erwachsen und deshalb in der Türkei geblieben. In diesen zwei Jahren wohnte Mahmut mit seinem älteren Bruder und seiner anderen Schwester bei ihrer Großmutter und malte sich, wie er mir später erzählte, in seinen Tagträumen aus, wie wohl die Menschen in Deutschland waren, unter denen seine Eltern nun lebten. In seiner Fantasie sahen diese fremden Deutschen wie Affen aus und hüpften von Ast zu Ast.

Als seine Eltern ihn schließlich nach Berlin holten, fiel er aus allen Wolken. Die Welt, die sich ihm dort eröffnete, war so viel moderner, exotischer und strukturierter als alles, was er zuvor kennengelernt hatte. Nur zwei Jahre später verstarb Mahmuts Vater bei einem schweren Autounfall in der Türkei und seine Mutter musste nun, ohne ein Wort Deutsch zu sprechen, allein mit den Kindern in der Fremde zurechtkommen. Mahmut entglitt ihr dabei immer mehr und sie wurde seiner Erziehung nicht mehr Herr.

In allen Ferien besuchte Mahmut seine Schwester und auch unsere Familie in der Türkei. Ich erinnere mich an ein Treffen, bei dem ich etwa elf Jahre alt war. Mahmut war damals bereits 19. Für mich war er nur irgendein Junge, ein *abi*, ein großer Bruder, mit dem ich Wortspiele spielte. Er sagte irgendein Wort und ich plapperte es nach. Auch später, als er schon um meine Hand angehalten hatte, sagte ich aus Gewohnheit immer *abi* zu ihm. Das gefiel ihm gar nicht, schließlich sollte ich seine Frau werden. Aber für mich war er weiterhin einfach ein älterer Junge, mit dem man scherzen und den man sogleich wieder vergessen konnte.

2. Kapitel

In den 1970er-Jahren wurde die Türkei von Unruhen erschüttert. Linke und rechte Parteien fochten bürgerkriegsähnliche Kämpfe aus, es herrschte politisches Chaos und das Land ächzte unter wirtschaftlichen Krisen. Mein Vater wurde als Polizist stark beansprucht und kam oft tagelang nicht nach Hause. 1979 wurde die Not so groß, dass sich endlose Schlangen vor den Läden bildeten und es kein Heizöl mehr zu kaufen gab.

Ein Jahr später wurde mein Vater gegen seinen Willen nach Ostanatolien versetzt. Mitten hinein in die größten Unruhen, zur Zeit des dritten Militärputschs in der Türkei. Einmal blieb er eine Woche lang verschwunden und meine Mutter hörte nicht mehr auf zu weinen. Wir alle befürchteten, dass er bei einer der sinnlosen Auseinandersetzungen umgekommen war. Als er erschöpft und müde wieder nach Hause kam, ließ er meine Mutter voller Zorn auf den Staat schwören, dass niemand von den Behörden zu seiner Beerdigung kommen dürfte, falls er bei den Kämpfen getötet würde. Denn die Polizisten würden wie Dreck behandelt, ihr Leben und ihre Mühen seien nichts wert.

Doch nicht nur die politischen Unruhen waren erschreckend. In Ostanatolien erwartete unsere Familie ein regelrechter Kulturschock. Geschlagene 27 Stunden reisten wir mit dem Bus von Istanbul an, ehe wir abends völlig erschöpft in einem kleinen Hotel ankamen. Wir Kinder fielen sofort in die Betten und schliefen wie Steine bis zum nächsten Morgen. Unserer armen Mutter war keine Nachtruhe vergönnt. Sie konnte nicht glauben, dass keiner außer ihr die Mäuse bemerkt hatte, die über die Betten gehüpft waren. Mein Vater öffnete nach dem Aufstehen die Vorhänge und Fensterläden und präsentierte mir mit weit ausholender Geste unsere neue Heimat. Verschlafen sah ich aus dem Fenster, betrachtete die staubige Straße, das Bezirksamt gegenüber, welches das einzige schmucke Gebäude des Ortes war, eine Gruppe von Männern mit gezwirbelten Schnauzbärten, Haremshosen und Takke-Kappen, dicke Bäuerinnen mit unter dem Kinn verknoteten Kopftüchern und Frauen mit wiegenden Hüften, die in Burkas mit Stoffgittern vor den Augen gehüllt waren. Stumm wandte ich den Kopf meinem Vater zu und sah ihn ausdruckslos an. Er zuckte entschuldigend mit den Schultern: »Tja, Töchterchen, hier müssen wir es nun zwei Jahre aushalten. Gewöhne dich besser daran.«

Wie unterschied sich das Leben hier von dem gewohnten Leben in Istanbul! Für mich lebten hier keine normalen Menschen. Ich war in eine völlig fremde Welt geraten, die von einer bunten Mischung aus Kurden, Aleviten und Zaza bevölkert wurde. Zunächst hatte ich befürchtet, nun wie alle anderen ein Kopftuch und einen altmodischen Rock tragen zu müssen, doch meine Eltern konnten mich schnell beruhigen: Hier blieb man mit seinen Traditionen unter sich, behandelte aber jeden Nachbarn, egal welcher Herkunft, freundlich und respektvoll.

Wir fielen in dem kleinen Ort natürlich auf und die Einwohner betrachteten uns genauso als Exoten wie wir sie. Die Frauen redeten ohne Unterlass auf Kurdisch auf uns ein, bis meine Mutter ihnen freundlich die Tür wies, denn wir verstanden kein Wort. Fasziniert beobachteten wir den schlafwandlerischen Gang der Frauen in Burkas und staunten über die Menge an Babys, die in kurzen Abständen zur Welt kamen.

Die Frauen waren regelrechte Gebärmaschinen – kaum hatte eine Nachbarin ein Kind zur Welt gebracht, war sie schon wieder schwanger. Es kam häufig vor, dass Schwiegermutter und Schwiegertochter in einem Haushalt gleichzeitig Kinder gebaren. Einmal wollten sich meine Eltern während eines Besuchs bei Nachbarn mit einer Frau unterhalten, sie antwortete aber nicht auf ihre Fragen, sondern führte nur meine Mutter und mich in einen leeren Raum. Dort erfuhren wir von ihr, dass eine Frau nach der Hochzeit sieben Jahre lang mit keinem Mann, außer ihrem Ehemann oder ihren Brüdern, sprechen durfte. Diese Form der Respektsbekundung gegenüber dem Mann und die Unterwürfigkeit der Frau waren uns unverständlich und vollkommen fremd. Wir wunderten uns, verurteilten diese Menschen aber nicht. Stattdessen fragte meine Mutter unsere Nachbarinnen immer wieder, wie sie so leben konnten. Warum forderten sie nicht mehr Rechte ein? Die Antwort war immer gleich: Wir dürfen es nicht.

Die Frauen hatten in dieser Welt eine derart untergeordnete Stellung, dass sie bisweilen gar nicht zu existieren schienen.

Mein Vater fragte einmal einen Mann, wie viele Kinder er habe.

»Sechs«, antwortete dieser.

»Jungen oder Mädchen?«, fragte mein Vater interessiert.

»Jungen.«

»Ah, sechs Jungen, alle Achtung!«, bemerkte mein Vater höflich.

»Ja, und neun Mädchen habe ich auch noch.«

Das Leben in Ostanatolien war geprägt von Armut. Wir waren in einer vergessenen Welt gelandet, in der bäuerliche, verschleierte Frauen 15 Kinder bekamen, die immer barfuß liefen – auch im Schnee. Ach, diese eiskalten Winter! Für uns Kinder war der Schnee natürlich eine Abwechslung und bot uns unzählige

Möglichkeiten für neue Spiele. So bauten mein Bruder Ferhat und ich im Garten ein Iglu, wir fuhren Schlitten und wälzten uns lachend im Pulverschnee. Aber im März war noch immer alles weiß.

Meine Mutter hielt es eines Tages nicht länger aus, nahm eine Hacke und schlug wie wild auf den festgefrorenen Schnee im Garten ein. Mit gelösten Haarsträhnen und hochrotem Gesicht warf sie einen losgelösten Eisbrocken nach dem anderen schwungvoll über die Gartenmauer. Mein Vater kam zufällig des Weges, beobachtete wortlos die wilde Entschlossenheit meiner Mutter, bevor er zaghaft fragte, was bei aller Liebe sie dort treibe. Schnaubend hielt meine Mutter kurz inne und zeterte, dass sie im März wenigstens im Garten kein Eis mehr sehen wolle.

Die Winter machten uns alle mürbe. Doch meine Mutter litt besonders, weil sie kaum das Haus verließ. Sie war noch immer gern Hausfrau, doch in Istanbul hatte sie wenigstens zum Markt oder in Geschäfte gehen können und die Nachbarn waren interessanter und nicht ganz so bäuerlich gewesen. Dieser Ort hatte kein einziges Geschäft; mein Vater musste die Lebensmittel immer nach der Arbeit in der Stadt besorgen. Auch wenn sie die Möglichkeiten Istanbuls nicht genutzt hatte, war der Kontrast zwischen der modernen Metropole und dem hinterwäldlerischen Ostanatolien für meine Mutter schmerzhaft spürbar. Doch sie klagte nicht, sondern blieb geduldig und vertrieb sich die Langeweile mit einer langen Abfolge von Einladungen und Besuchen.

Mein Vater schickte uns Kinder immer, wo wir auch wohnten, zur nächstgelegenen Schule, damit wir nicht so weit laufen mussten. In Ostanatolien war das in meinem Fall eine Mädchenschule. Gerade einmal neun Mädchen gehörten zu meiner Klasse. Wir waren Töchter von Polizisten, Lehrern und ähnlich bessergestellten Leuten. Anders als in Istanbul, wo alle Mädchen zur Schule gingen, blieben hier die meisten zu Hause. Ich verstand das überhaupt nicht – warum wurden die Mädchen hier so anders behandelt als die Jungen? Was war denn schlimm daran, Lesen und Schreiben zu lernen? Wenn ich eines der gleichaltrigen Mädchen aus meiner Nachbarschaft fragte, warum sie nicht zur Schule ging, hieß es nur: Papa erlaubt das nicht. Ich hörte bald auf nachzufragen und nahm es einfach hin. Aber ich bedauerte die Mädchen um all die verpassten Erlebnisse.

Auf der Mädchenschule lernten wir auch Handarbeit und Kochen. Das war ungewohnt für mich, aber es machte mir großen Spaß. Für mich beinhalteten diese Unterrichtsfächer weitere spannende Erfahrungen, ich sah sie nicht als Vorbereitung auf die Ehe, was sie jedoch zweifellos waren. Am besten gefiel mir, wenn wir Dede-Korkut-Geschichten lasen oder erzählt bekamen. Die uralten Überlieferungen handelten vom weisen Sänger Korkut, dem es am Ende immer gelang, alle Konflikte zu lösen. Auch in Ostanatolien liebte ich die Schule und schätzte meine Lehrer, sowohl Männer als auch Frauen, und selbst bei schlimmstem Schneefall kämpfte ich mich bis dorthin durch, weil ich nicht wahrhaben wollte, dass der Unterricht ausfallen könnte. So nahm mich so manches Mal der Schuldirektor in Empfang, wies mich darauf hin, dass nicht einmal die Lehrer ihre Häuser verlassen hätten, und schickte mich wieder nach Hause.

In den zwei Jahren, die wir in Ostanatolien verbringen mussten, schickte Mahmut regelmäßig kleine Päckchen oder Briefe an uns. Nie an mich im Speziellen, sie enthielten immer einen Gruß an alle sowie ein paar kleine Geschenke für mich. So lagen manches Mal eine Tafel Schokolade oder kleine Aufkleber bei, die ich als Dekoration in mein Tagebuch klebte, ohne dabei an Mahmut zu denken. Ich verstand nicht ganz, warum er uns die ganze Zeit Post in diesen vergessenen Winkel der Türkei schickte, aber ich machte mir keine Gedanken darüber, es war mir schlichtweg gleichgültig.

Erst einige Zeit später wurde ich hellhörig, als meine Mutter einem aufdringlichen Jungen aus dem Fenster zurief: »Lass endlich Buket in Ruhe, du Flegel! Sie ist sowieso schon verlobt.« Damals glaubte ich, mich verhört zu haben oder dass meine Mutter das nur behauptete, um mich zu beschützen. Tatsächlich stand aber schon vor unserem Umzug nach Ostanatolien für unsere beiden Familien fest, dass Mahmut und ich heiraten würden. Leider hinderte dieses geheime Abkommen Mahmut nicht daran, in meiner Abwesenheit ein paar Freundinnen zu haben, während ich mit meinen Brüdern weit weg im Schnee spielte und meine Kindheit genoss.

Ich war lange Kind. Ich liebte die Freiheit, die das bedeutete, diese Ausgelassenheit, das Zwanglose. Ich konnte nicht verstehen, wieso Jungen und Mädchen so ein Gewese umeinander machten. Ich schminkte mich nicht, trug mein Haar kurz und war mit mir zufrieden, wie ich war. Jungen waren nichts Besonderes für mich. Ich hatte schließlich zwei Brüder und lauter Freunde in der Nachbarschaft. Ob ich mit Jungen oder Mädchen spielte, war mir gleich. Hauptsache, wir hatten zusammen Spaß.

Das änderte sich auch nicht, als wir Anfang 1982 in die Südtürkei zogen. Wir entflohen dem zermürbenden Schnee und landeten dafür in unerträglicher Hitze. Sogar im Sitzen schwitzten wir. Ich ging in die achte Klasse einer gemischten Schule und konnte mich auf einmal kaum noch der Annäherungsversuche der Jungen erwehren. Ausgelassenes, kindliches Spiel war immer seltener möglich. Das Aufeinandertreffen von Mädchen und Jungen glich eher einem bizarren Balztanz. Dieses lächerliche Geflirte ging mir auf die Nerven, schließlich waren wir doch in der Schule, um zu lernen. Für Süßholzraspeln hatte ich nichts übrig, und als mir ein Junge trotz meiner offenkundigen

Abneigung weiter hinterherlief und mir unaufhörlich von dem Haus erzählte, das er für mich bauen wolle, wunderschön, riesig und mit rosa Paneelen, konnte ich nicht mehr an mich halten und brüllte ihn vor der ganzen Klasse dermaßen an, dass er in Tränen ausbrach. Trotzdem lagen ständig Liebesbriefchen von ihm auf meinem Tisch, wenn ich aus der Pause kam. Mich ärgerte das und ich gab die Briefe meinem Vater, wenn ich sie nicht gleich zerriss. Dieser sammelte sie zunächst amüsiert, doch als er verstand, dass ich unter der Hartnäckigkeit meines Schulkameraden litt, überreichte er die Briefe dem Direktor, der den Jungen sofort ins Büro zitierte und ihm die Leviten las. Manchmal bat ich auch meinen Vater um Begleitschutz, denn seine Polizeiuniform war Respekt einflößend und reichte bisweilen schon aus, um die Jungen auf Abstand zu halten.

Einmal riss sogar meinem Vater der Geduldsfaden. Ich spielte gerade mit Freunden auf der Straße vor unserem Haus, als ein Junge mich mit dummen Sprüchen belästigte und mir lauthals zurief, dass er mich liebe. Ich schrie zurück, er solle abhauen, doch er hörte nicht auf. Plötzlich erschien mein Vater mit zornesrotem Kopf hinter der Gartenmauer, wo er gerade das Blumenbeet bestellt hatte, und der vorlaute Kerl bekam ein paar klatschende Ohrfeigen verpasst.

Ich war nur am Leben und am Lernen interessiert, die Liebe lag noch in weiter Ferne. Von meinen Eltern fühlte ich mich zärtlich beschützt und verstanden, spielte und stritt mit meinen Brüdern. Und wie ich mich mit Ferhat stritt! In meiner Familie gab es keine Rangfolge, auch wenn ich im Streit immer auf meinen Rechten als Älteste und er auf den seinen als Junge beharrte. Unsere Eltern erduldeten klaglos unser Gebrüll und die Handgreiflichkeiten, wenn mal wieder ein falscher Blick gereicht hatte, um uns gegeneinander aufzubringen.

Als ich im Sommer 1982 die achte Klasse beendete, kam Mahmut wieder einmal zu Besuch. Er wollte um meine Hand anhalten, bevor ich die Schule fortsetzte. Wie seine Mutter und auch er selbst mir später berichteten, fand seine Reise in die Türkei unter recht kuriosen Bedingungen statt. Während er seiner ahnungslosen Mutter in Berlin erzählt hatte, dass er zum Wannsee fahren wollte, stieg er mit seiner damaligen deutschen Freundin ins Auto, fuhr nach Istanbul und überrumpelte seine Schwester mit einem unangekündigten Besuch. In Istanbul führte er das deutsche Mädchen sämtlichen Bekannten vor, um mit seiner Eroberung anzugeben. Allen war klar, dass sie als Ehefrau nicht infrage kam, aber als dekorative Begleitung machte sich eine Mitteleuropäerin immer gut. Natürlich konnte er seine blonde Freundin für sein eigentliches Vorhaben nicht gebrauchen, also wurde sie kurzerhand zu einer Bekannten seiner Schwester gebracht, während er mit seiner Schwester und seinem Neffen die 1 000 Kilometer zu meiner Familie in die Südtürkei reiste. Auch meine Eltern waren überrascht, als er plötzlich vor der Tür stand, und mein Vater führte an diesem Abend ein langes Gespräch mit ihm.

Mir kam das alles seltsam vor, erst recht, als mein Vater mir am Morgen erklärte, dass Mahmut mich heiraten wolle und er und ich doch mal für ein Gespräch unter vier Augen in die Stadt fahren könnten. Mir war die ganze Situation peinlich und ich wollte nicht, dass so viel Aufhebens um meine Person gemacht wurde. Ich nahm keinen Anstoß daran, dass mit mir vorher keine Gespräche geführt worden waren. Meine Eltern hatten engen Kontakt zu Mahmuts Familie, ich selbst kannte alle mit Namen, wir mochten einander, und doch waren sie Fremde für mich. Dass nun mein *abi* Mahmut mein Ehemann werden könnte, war für mich so abstrakt, dass ich nicht weiter darüber nachdachte. Ich war noch ein Kind und mit der absoluten Gewissheit aufgewachsen, dass meine Eltern immer das Beste für mich wollten und alles dahin gehend regeln würden. Ich liebte meine Eltern und wollte eine gute Tochter sein.

Daher fügte ich mich und fuhr mit in die Stadt. Natürlich waren mein Bruder und Mahmuts Neffe anstandshalber dabei. Allein mit ihm zu sein hätte ich nie gewagt und mein Vater traute Mahmut wohl auch nicht ganz über den Weg. Eine endlose Stunde lang fuhren wir mit dem Auto. Die Zeit zog sich zäh wie Kaugummi und ich sagte die ganze Fahrt über kein Wort. Ich sah aus dem Fenster oder auf meine Schuhspitzen, betrachtete meine Fingernägel und zählte die vorbeifahrenden Autos. Niemals zuvor hatte ich mich so unwohl gefühlt.

Erst alberte Mahmut mit meinem Bruder herum, dann bekam er langsam schlechte Laune. Als wir in der Stadt ankamen, fiel ihm nichts Besseres ein, als in den Busbahnhof einzubiegen. Wir hatten alle Durst und so tranken wir Wasser aus öffentlichen Hähnen. Der Busbahnhof bestand aus einer riesigen Fläche mit alten, bunt zusammengewürfelten Holzbaracken, in denen schlechtes Essen, Tee oder Bustickets verkauft wurden. Ein dichter Staubnebel lag über uns, es war schmutzig und die vielen unangenehmen Gerüche nahmen einem fast den Atem. Unzählige Arbeiter aus Ostanatolien kamen an und schleppten große Lasten auf ihren Rücken, zerlumpte, ungekämmte Kinder in abgetretenen Plastiksandalen rannten umher, der Verkehrslärm dröhnte in den Ohren.

Ich weiß nicht, ob mir Mahmut an diesem unromantischen Ort seine Liebe gestehen wollte oder was er sich überhaupt dabei dachte hierherzufahren. Vermutlich nichts. An einem Stand tranken wir das salzige Joghurtgetränk Ayran und ich schwieg weiterhin. Mahmut forderte mich ungeduldig auf, doch mal etwas zu sagen, und fragte mich, wo wir noch hingehen wollten. »Na, nach Hause«, antwortete ich, stand auf und trottete zurück in Richtung Auto, wohl wissend, dass erneut eine unerträglich lange Fahrt auf mich wartete.

Als wir endlich wieder zu Hause ankamen, war Mahmuts Schwester in ein Gespräch mit meinen Eltern vertieft. Sie wollte seine Heiratsofferte unterstützen und ihn womöglich auch überwachen, damit er nichts Unüberlegtes tat oder sagte. Mahmuts Schwester und meine Mutter mochten sich sehr und beide waren geradezu besessen von dem Wunsch, die Familien mittels Mahmut und mir zu vereinen. Trotz dieser großen Zuneigung erwähnte seine Schwester natürlich mit keinem Wort die deutsche Freundin, die zur selben Zeit mutterseelenallein, und ohne ein Wort Türkisch zu können, in Istanbul hockte und sich die Augen nach Mahmut ausweinte. Seine Schwester wusste, dass Mahmut ein falsches Spiel trieb, sie hinterging meine Eltern und setzte damit mein Glück aufs Spiel. Sie hatte ein schlichtes Gemüt und beging den Fehler vieler liebender Angehöriger: Sie glaubte, dass Mahmut seine Eskapaden einstellen würde, sobald er in den sicheren Hafen der Ehe einfuhr und mit diesem Schritt zu Ruhe und Vernunft fand. In den seltensten Fällen jedoch sind Wunschdenken und Realität deckungsgleich.

Alle waren überrascht, dass unser Ausflug in die Stadt so kurz gewesen war. Argwöhnisch fragte mein Vater, ob wir denn miteinander gesprochen hätten. Nein, sagte ich und verschwand so schnell wie möglich in meinem Zimmer, froh, meinen *abi* erst einmal nicht mehr sehen zu müssen. Am nächsten Tag reisten alle drei wieder ab und ich atmete erleichtert auf. Mahmut erschien mir alt, er hatte ein grobschlächtiges Äußeres und sein Benehmen war mehr als ungehobelt. Aufgrund mangelnder Erfahrungen mit jungen Männern konnte ich keine Vergleiche ziehen, aber eines war mir klar: Mahmut gefiel mir nicht. Ich wusste nicht, wie sich »Liebe« anfühlt und was ich vom Leben erwarten konnte. Über eine mögliche Heirat wurde mit mir weiterhin nicht gesprochen, doch ich bekam mit, dass meine Eltern mit Mahmut und seiner Schwester in Briefkontakt blieben. Das kümmerte mich nicht weiter. Innerlich weigerte ich mich, meinen *abi* als zukünftigen Ehemann anzusehen, und lebte weiterhin mein gewohntes Leben. Dabei war bereits über meine Zukunft entschieden worden.

Wenige Wochen später besuchten meine Familie und ich meine Großmutter in Manisa. Wir saßen in trauter Runde beisammen, redeten und lachten, als plötzlich Mahmut, sein Bruder und seine Mutter vor der Tür standen. Es gab ein großes Hallo, aber mir wurden diese Überraschungsbesuche allmählich lästig. Mahmuts Mutter war eine herzliche und offene Frau, die gern redete und mit ihrem Charme alle Bedenken zerstreuen konnte. Diese Tugend wurde mir zum Verhängnis. Alle redeten von der zukünftigen Ehe, nur redete keiner mit mir darüber. Kosten und Nutzen wurden abgewogen, über Kleider und Schmuck wurde diskutiert, aber keiner fragte mich, ob ich das überhaupt wollte. Sogar meine Großmutter wandte ein, ob eine Heirat nicht etwas verfrüht sei, aber ihre Zweifel wurden schnell niedergeredet. Ich saß dabei und war doch nicht wirklich anwesend.

Heute frage ich mich, warum ich nicht einfach aufgestanden bin und über die Diskussionen hinweggerufen habe: »Ich will das alles nicht! Ich will Mahmut nicht!« Aber damals war ich so jung, ich war überfordert, nicht vorausschauend, und vor allem wollte ich niemanden enttäuschen, denn offenbar wussten so viele Leute besser als ich, was mich glücklich machen würde.

Natürlich war der Besuch von Mahmut und seiner Mutter kein Zufall gewesen. Am nächsten Tag sollte in Istanbul das Beschneidungsfest von Mahmuts Neffen Hassan stattfinden. Mahmuts Mutter hatte die glorreiche Idee, zur selben Zeit am selben Ort Mahmuts und meine Verlobung zu feiern. Offenbar hatte sie keine Zeit zu verlieren; sie wollte mich so rasch wie möglich zur Schwiegertochter haben und dadurch ihren Sohn von den deutschen Frauen fernhalten. Mein Vater war dagegen, ihm ging das alles viel zu schnell. Was sollte das denn für eine Verlobung werden, so ganz ohne Vorbereitungszeit? Aber Mahmuts Mutter setzte ihn unter Druck, wickelte meine Familie mit Worten und Schmeicheleien um den Finger und schließlich willigten meine Eltern ein, das Verlobungsfest am kommenden Tag übers Knie zu brechen. Eine Verlobung bedeute schließlich noch nichts, meinte mein Vater, während meine Mutter sich über den ersten Schritt Richtung Hochzeit freute.

Zu acht quetschten wir uns also am nächsten Morgen in das Auto von Mahmuts Bruder. Sämtliche Familienangehörigen und Freunde von Mahmut reisten zusammen mit den wenigen Mitgliedern meiner Familie nach Istanbul. In der kurzen Zeit hatten wir ja keine Möglichkeit gehabt, unsere Angehörigen und Freunde einzuladen. Lediglich ein Freund meines Vaters und eine Tante begleiteten meine Familie zu meiner Verlobung.

Der *sünnetçi*, der Beschneider, der die Zeremonie durchführen sollte, fiel aus allen Wolken, als Mahmuts Mutter einfach festlegte, dass eine Verlobung zur selben Zeit stattfinden sollte. Auch der Besitzer des gemieteten Saales war völlig überrumpelt. Und ich fühlte mich wie eine Fremde auf meiner eigenen Verlobung. Um mich herum waren nur Angehörige meines Verlobten. Den Mittelpunkt der Feier bildete ein großes Bett, auf dem mit weinerlichem Gesicht, gespreizten Beinen und dick verbunden der kleine Hassan lag und verhätschelt wurde.

Ich fühlte mich an die Beschneidungszeremonie meiner Brüder erinnert, Ferhat war damals zehn und Levent vier Jahre alt gewesen. Ein großes Fest wurde gefeiert und meine Brüder wurden vor der Beschneidung in schicken Marineuniformen abgelichtet. Anschließend weinten sie bitterlich, während ich als große Schwester voller Entsetzen tobte, schrie und den Beschneider beschimpfte, weil er meinen Brüdern wehgetan hatte. Merkwürdig, dass die Mannwerdung so groß gefeiert, das Einsetzen der Periode bei Mädchen aber tabuisiert wird.

Fast konnte ich vergessen, dass meine eigene Verlobung bevorstand. Ich saß nicht an Mahmuts Tisch, ich redete nicht mit ihm, ich bewegte mich schlafwandlerisch durch den großen Festsaal und gefiel mir nicht mit meinen gedrehten Locken und dem roten Ballkleid von Mahmuts kleiner Schwester. Am liebsten wäre ich einfach gegangen. An die Abläufe kann ich mich nicht mehr erinnern, nur daran, dass der Freund meines Vaters uns die Ringe an die Finger steckte und wir aufgefordert wurden zu tanzen. Ich tat, was man von mir verlangte, aber eigentlich graute mir davor, Mahmut zu berühren. Ich fand ihn überhaupt nicht anziehend, seine Hände waren zu groß und zu grob, sein Geruch gefiel mir nicht und entsprechend hölzern und kurz war unser Verlobungstanz.

Zwar übte Mahmuts Familie sichtlich Druck auf ihn aus, was die Verlobung mit mir anging, aber offenbar wollte auch er mich zur Frau haben. Mir hingegen stand der Sinn noch überhaupt nicht nach einem Freund, geschweige denn nach einem Verlobten. Ich war 13 Jahre alt, wollte mit meinen Freunden spielen und weiter zur Schule gehen. Am besten gefiel mir das Unterrichtsfach Erdkunde. Es machte mir Spaß, gedanklich die Welt zu erforschen und die Unterschiede, aber auch Ähnlichkeiten zwischen der Türkei und fernen Ländern kennenzulernen. Nach der achten Klasse wollte ich die Oberschule besuchen, um mich anschließend auf der Universität zur Lehrerin ausbilden zu lassen.

Doch ich sollte nicht mehr zur Schule gehen. Mahmut war strikt dagegen. Wozu sollte ich noch etwas lernen? Ich sei doch verlobt und er verdiene in Berlin gut, meinte er. Außerdem bestünde die Gefahr, dass ich mich dort in jemand anderen verliebte. Ich sollte, wie es sich für eine verlobte Frau gehörte, zu Hause bleiben.

Mein Vater kann es noch heute kaum fassen, dass er sich damals darauf eingelassen hat, zumal ich so gern weiter zur

Schule gehen wollte. Er war doch ein aufgeschlossener Türke, dem das Wohl seiner Kinder über die Tradition ging. Immer wieder beschwor er Mahmut, mich wenigstens noch drei Jahre auf eine Art Berufsschule gehen zu lassen, damit ich Erzieherin werden konnte. Mit dem Abschluss in der Tasche hätte ich dann die Aussicht auf einen angesehenen Beruf, der sicherlich auch in Deutschland gefragt sei, argumentierte er. Doch Mahmut blockte ab. In etwa einem Jahr schon würde er mich nach Berlin holen, es lohne sich also nicht, mich weiter zur Schule zu schicken. Mein Vater gab schließlich nach. Er kam einfach nicht gegen diese Dogmen und die Engstirnigkeit an. Traditionsgemäß fügte auch ich mich recht schnell. Um meine Eltern nicht länger mit meinem Jammern zu belasten, hörte ich bald damit auf, mit meinem Schicksal zu hadern. Mein Verlobter durfte über meinen Werdegang entscheiden, so war es üblich. Vor allem für meinen modern eingestellten Vater war es aber ein Schock, dass Mahmut von diesem Recht so rigoros Gebrauch machte.

Traurig war auch, dass mein Vater auf der Verlobungsfeier ununterbrochen in ernste Gespräche mit seinem Freund, einem Rechtsanwalt, vertieft war. Mahmuts älteste Schwester, die bereits Witwe war, hatte einen Ex-Freund, der sie Blankoschecks hatte unterschreiben lassen und sie nun in immense Schulden zu stürzen drohte. Der Freund meines Vaters unterstützte sie in rechtlichen Angelegenheiten. Dieser betrügerische Ex-Freund war ein großes Thema zwischen den beiden Männern, die ganze Feier über waren sie gedanklich mit ihm beschäftigt statt mit der eigentlichen Hauptperson – nämlich mit mir. Mein Vater bewahrte meine Schwägerin vor dem Absturz, während ich mit einem weiteren Betrüger verlobt wurde.

3. Kapitel

Ich muss mich setzen. Unwillkürlich wische ich mir mit dem schmutzigen Putzlappen über das Gesicht und klaube mir anschließend die Fusseln aus dem Mund. Ich blicke auf meine schwieligen Hände und erinnere mich, wie zart sie in jungen Jahren waren. Zum Anpacken und Arbeiten waren sie damals noch zu schwach. Wenn ich es recht bedenke, war ich überhaupt ziemlich schwach. Ich war so ein gutmütiges, dummes Ding! Aber kann man einem 14-jährigen Mädchen daraus einen Vorwurf machen? Den Eltern müsste es doch komisch vorkommen, ihr Kind so früh zu verloben und eine Ehe zu arrangieren. Aber viele Eltern fanden das nicht seltsam. Denn meist waren sie selbst noch blutjung gewesen, als ihre Eltern ihnen den zukünftigen Partner vorstellten. Meine Eltern bilden da eine seltene Ausnahme. Und dennoch entschieden auch sie sich in meinem Fall für die traditionelle arrangierte Ehe, mit deren Hilfe Familien und oft auch Besitztümer zusammengeführt werden sollen.

Eine Tradition wird allein deshalb als gut angesehen, weil sie eine Tradition ist. Daran ist nicht zu rütteln. Außerdem hat eine frühe Verlobung den Vorteil, dass die jungen Leute gebunden sind, bevor ihnen die Augen aufgehen und sie auf andere Gedanken kommen können. Sie haben vielleicht noch nie geflirtet und damit keinen Vergleich. Deshalb können sie gar nicht beurteilen, ob jemand gut oder schlecht für sie ist. Und auch das ist Tradition: Türkische Männer reden und versprechen viel, was sie oft gar nicht einhalten können. Für die Frauen bedeutet das dann eine große Enttäuschung, wenn es schon zu spät ist umzukehren.

Aber die Wünsche der Frauen spielen ohnehin keine Rolle. Eine Frau hat keinen eigenen Wert. Ihr wird beigebracht, dass ihre alleinige Daseinsberechtigung die Pflege von Mann und Kindern ist. Im Türkischen sagt man zu Frauen *eksik etek*. Das bedeutet sinngemäß »dürftiger Rock«. Frauen, also Röcke, sind unvollkommen, voller Mängel, weil sie nicht arbeiten, dadurch finanziell abhängig und schutzbedürftig sind. Es ist ganz normal, als Frau mit dem Satz abgefertigt zu werden: »Ach, *eksik etek*, misch dich nicht ein!«

Was eine Frau sagt, denkt, fühlt, ist in dieser Kultur uninteressant. Sie gilt als minderwertig. Jungen haben allein schon deshalb einen höheren Stellenwert, weil sie den Familiennamen weitertragen. Wenn sie sich etwas zuschulden kommen lassen, ist es in der Regel halb so schlimm. Ihr Verhalten wird wortreich entschuldigt. Ein weitaus geringeres Vergehen bedeutet bei einem Mädchen sofort eine Schande für die Familie.

In den Augen meiner Eltern war ich nicht weniger wert als meine Brüder, aber auch diese wurden bei ihrem Beschneidungsfest mit Geld und Gold überschüttet, während das Einsetzen meiner Periode mit peinlichem Schweigen übergangen wurde. Wenn Eltern ihre Kinder in gleicher Weise lieben, egal ob Tochter oder Sohn, warum führen sie dann diese Ungerechtigkeit fort? Weil alle es so machen! Aus der Reihe zu tanzen wagt kaum jemand. Eltern wollen grundsätzlich das Beste für die Familie. Dabei geht es wiederum hauptsächlich um *onur*, die Ehre. Der Familienehre muss sich jeder Einzelne unterordnen, das Individuum zählt weniger als die Gemeinschaft.

Greift jemand innerhalb der Familie deren Ehre durch regelwidriges Verhalten an, so folgt daraus bei traditionell eingestellten Familien die Ächtung, auch durch das Umfeld. Halten Familienmitglieder weiterhin zu der Person, trifft die Ächtung auch sie. Daraus ergeben sich viele Nachteile. Das Ansehen der Familie sinkt, das Umfeld wendet sich ab, das soziale Netzwerk verliert an Stabilität und die betroffene Familie dadurch an Halt. Die Chancen der Kinder, in eine angesehene Familie einzuheiraten, verschlechtern sich, Geschäftsbeziehungen werden gekappt, Jobs in befreundeten Betrieben gekündigt. Die Familie wird gesellschaftlich isoliert und schlimmstenfalls auch finanziell ruiniert. Um alldem vorzubeugen, entscheiden sich die meisten Eltern dafür, ein widerspenstiges Kind fallen zu lassen. Das schwarze Schaf wird verstoßen oder, um die Ehre wiederherzustellen, sogar verfolgt und getötet. Damit ist dann das Problem im wahrsten Sinne des Wortes aus der Welt geschafft. Doch auf diese Weise wird die Türkei noch ewig dem gesellschaftlichen Fortschritt hinterherhinken.

Ich rege mich schon wieder auf. Vielleicht lenkt es mich ab, die Fenster zu putzen. Ich bin so wütend, dass ich aufpassen muss, die Scheiben nicht zu fest zu reiben. Warum sind Frauen eigentlich weniger wert? Weil sie kein Geld verdienen? Aber warum werden ihnen denn Bildung, Arbeit und Verdienst von der eigenen Familie, vom eigenen Ehemann verweigert? Natürlich, sie müssen zu Hause bleiben und ihren Pascha hätscheln, genau wie dieser es von seiner Mutter kennt. Wenn die Mutter ihrem bereits erwachsenen Sohn bisher die Nägel geschnitten und den Rücken gekrault hat, dann ist das fortan die Aufgabe der Ehefrau.

Noch wichtiger jedoch sind die Kinder. In der Türkei stellen Kinder noch immer die klassische Altersvorsorge dar. Unter vielen Kindern wird sich schon eines finden, das die alten Eltern, Schwiegereltern oder Großeltern unterstützt und pflegt.

Auf diese Aufgabe des Sich-Kümmerns werden Mädchen und auch Jungen früh vorbereitet. Schon Kinder müssen mit anpacken und dazuverdienen.

Gäbe es nicht die Schulpflicht, die vor wenigen Jahren auf zwölf Jahre angehoben wurde, würden viele Kinder wohl gar nicht zur Schule gehen. Doch trotz Schulpflicht muss der Staat viel investieren, um vor allem die Kinder auf dem Land in den Unterricht zu holen. Mit kostenlosen Schulbussen und Mittagessen lassen sich die Eltern eher überzeugen als mit dem nicht greifbaren Begriff »Bildung«. Und obwohl das Bildungssystem vor einigen Jahren umgestellt wurde und die Schüler vor allem in den großen Städten nun im Unterricht eigene Erfahrungen sammeln, sich freier entfalten und durch anschaulichere Methoden Wissen aneignen können, wird in großen Teilen der Türkei an den Schulen weiterhin so unterrichtet, wie es Lehrer und Eltern seit Generationen gewohnt sind: Die Kinder müssen gehorchen und es wird gelehrt, was die Eltern für nützlich halten und was Geld einbringt, zum Beispiel Handwerk und Handarbeit. Diskussionen sind unerwünscht, die Schüler haben dem vortragenden Lehrer still zuzuhören. Dabei hat sich das türkische Schulsystem zum Ziel gesetzt, jeden zu einem Individuum zu erziehen. Die Aufgabe der Schüler soll es sein, durch ihr erworbenes Wissen einen zeitgemäßen kulturellen Fortschritt der Türkei zu bewirken, um diese innerhalb Europas zu einem gleichgestellten Partner zu machen. Ein wahrhaft hehres Ziel, das leider schon aufgrund der immensen Größe des Landes und der schlechten Infrastruktur zum Scheitern verurteilt ist. Die modernen Lehraufträge kommen im hintersten Winkel der Türkei gar nicht an und würden dort auch nicht umgesetzt, weil weniger weltliches als vielmehr religiöses Wissen gefragt ist. Derzeit schießen unter Erdogan wieder die Koranschulen aus dem Boden. Die meisten Kinder besuchen die Schule so lange, wie sie gesetzlich dazu verpflichtet sind, und danach wird von ihnen erwartet, dass sie Geld verdienen. Kreativität und Gedankenaustausch sichern bekanntlich nicht den Lebensunterhalt.

Ich will nicht leugnen, dass es auch sehr modern denkende türkische Familien gibt. Aber sie sind deutlich in der Minderheit. Gerade die Türken, die nach Deutschland einwandern, sind oft rückständig, denn sie erhoffen sich ein besseres Leben durch gut bezahlte Arbeit und somit einen Ausweg aus der Armut. Türken, die es wagen, mit der Zeit zu gehen, sind auch in der Türkei erfolgreich.

Es macht mich traurig, dass meine Familie mich in dem Wunsch, die Schule weiter zu besuchen und sogar zu studieren, durchaus unterstützt hätte, aber mein Ehemann einfach so über mein Schicksal entscheiden konnte. Der Mann bestimmt über die Frau. So ist das eben. Mein Vater hat seine Entscheidungsgewalt durch die Verlobung abgegeben.

4. Kapitel

Am Tag nach der überhasteten Verlobung wurden bei Mahmuts Schwester weitere Gäste zum Gratulieren empfangen. Die Wohnung war voller Leute, alle wollten essen und Tee trinken. Es ging zu wie in einem Taubenschlag. Meine Aufgabe war es, den Gästen Tee zu reichen. Als ich auch Mahmut eine Tasse brachte, zog er ein finsteres Gesicht und lehnte sie barsch ab. Grob herrschte er mich an: »Für mich ist die ganze Sache ab jetzt erledigt. Ich will dich nicht mehr heiraten!« Er wurde laut und ich hatte keine Ahnung, was los war.

Meine Mutter und meine Schwiegermutter kamen dazu und fragten, was bei Allah denn passiert sei. Völlig außer sich beschuldigte Mahmut mich, irgendeinem Schwager beim Teereichen schöne Augen gemacht zu haben. Es entstand ein Tumult, die Frauen versuchten, Mahmut zu beschwichtigen, der aber blieb stur. Meine Mutter fing an zu weinen und meine Schwiegermutter beschimpfte Mahmut als Idioten und verlangte zu wissen, wie er es wagen könne, so etwas von mir zu behaupten.

Ratlos stand ich daneben und war froh, als mein Vater sich einmischte. »Ich bin absolut deiner Meinung, Mahmut! Die Sache mit der Hochzeit ist erledigt!«, donnerte er. »Wer so mit meiner Tochter umspringt, hat es nicht verdient, sie zu heiraten!«

Meine Mutter rang die Hände und jammerte: »Aber es steht doch schon so lange fest, dass die beiden heiraten werden, wir können doch nicht einfach alles abblasen!«

Mein Vater entschied, dass wir am nächsten Tag abreisen und das ganze Hochzeitsvorhaben noch einmal in Ruhe überdenken würden. Wir fuhren also wieder nach Manisa und meine Eltern diskutierten die ganze Nacht. Meine Mutter lamentierte, alle Bekannten aus verschiedenen Dörfern der Südtürkei seien doch schon zur Hochzeit eingeladen, was würde es da für ein Gerede geben! Dabei war in ihrer Jugend ihren eigenen Eltern ihr Wohl wichtiger gewesen als das Gerede im Dorf. Sie war blind vor lauter Überzeugung, dass Mahmut der Richtige für mich sei. Mahmuts übertriebene Eifersucht sei nicht normal, meinte mein Vater. Die Eifersucht zeige doch seine Gefühle, meinte meine Mutter. Was ich meinte, interessierte keinen. Ich wurde nicht in die Gespräche einbezogen.

Mahmuts Familie hingegen tat so, als sei alles in bester Ordnung. Zurück in der Südtürkei erreichte uns ein Brief von Mahmuts Mutter, in dem sie den Sommer des nächsten Jahres für die standesamtliche Heirat sowie die religiöse Hochzeitsfeier vorschlug. Die standesamtliche Heirat ist Pflicht, um vor dem Staat als Ehepaar zu gelten. Wie im Christentum ist es aber viel wichtiger, vor Gott die Ehe zu schließen und seinen Segen zu erhalten. Diesmal nahm mein Vater eine klare Position ein: Erst sollte ich das Visum für Deutschland haben, dann würde er in die echte, die religiöse Hochzeit einwilligen. Er wusste, dass es drei Jahre dauerte, bis man ein Visum erhielt. Leider stellte sich heraus, dass man bereits standesamtlich verheiratet sein musste, um das Visum beantragen zu können. Also gab er schließlich seinen Segen für die standesamtliche Trauung im Sommer 1983 in Istanbul.

Zu diesem Anlass reiste Mahmuts ganze Familie aus Berlin an. In drei übervollen Pkw rollten sie als Kolonne quer durch Europa. Um heiraten zu können, musste ich zunächst mit meinen Eltern zum Gericht, wo sie ihre schriftliche Einwilligung abzugeben hatten – ich war ja erst 14 Jahre alt und somit noch nicht volljährig.

Von Mahmuts Familie wurde ich bestürmt, geküsst und umsorgt. Sie waren alle sehr lieb zu mir und trugen mich auf Händen. Der Tradition folgend, gingen wir gemeinsam den Hochzeitsschmuck kaufen. Eigentlich werden vorher von beiden Familien der Wert und die Anzahl der Schmuckstücke genau festgelegt. Aber meine Eltern kümmerten sich nicht darum und ich betrog mich selbst um meine Aussteuer, da ich mir nichts aus Schmuck machte und alles Mögliche ablehnte, weil ich der Meinung war, doch gar nicht so viel zu brauchen.

Mir war mulmig zumute bei dem Gedanken, bald an Mahmuts Seite leben zu müssen. Sein Ausbruch bei der Verlobungsfeier saß mir noch in den Knochen. Doch von allen Seiten versuchte man, mich zu beschwichtigen. Mein Vater und Mahmuts Mutter hatten ein ernstes Gespräch mit Mahmut geführt und der hatte gelobt, dass so etwas nicht mehr vorkommen würde. Seine Schwester tat sein Verhalten als lachhaft ab und meine Mutter betonte, wie sehr er mich lieben müsse, wenn er so schnell eifersüchtig wurde. Jeder kannte lustige Anekdoten aus dem eigenen Leben oder aus dem Bekanntenkreis, in denen es Eifersuchtsszenen gegeben hatte, die in der Erzählung verharmlost wurden. Ich war ein Kind und hörte mir alles an, ohne es richtig einordnen zu können. Alle anderen hatten so viel mehr Lebenserfahrung; was wusste ich denn schon, außer dass ich mich nicht wohl in meiner Haut fühlte.

Die Trauung verlief noch viel formloser als die Verlobung. Sie bestand lediglich aus einem bürokratischen Prozedere, das abgewickelt werden musste. In einem kleinen, schlichten Raum des Rathauses leisteten Mahmut und ich unsere Unterschriften, und das war es. Ich fühlte nichts dabei. Auf Deutsch forderte Mahmuts Schwester ihn auf, nach altem Brauch seinen Fuß auf meinen zu stellen, damit klar sei, wer in der Ehe die Hosen anhabe. Ich verstand natürlich kein Wort, aber dafür den Wink meiner Freundin, und zog rasch den Fuß weg. Unterwürfigkeit hat mir noch nie gelegen. Daran sollte sich Mahmut später noch die Zähne ausbeißen.

Die ganze Heirat war mir sehr unangenehm. Eigentlich fand sie in angenehmer Atmosphäre statt, die Feier hätte mir vermutlich richtig gut gefallen, wenn Mahmut nicht da gewesen wäre. Wir hatten uns ein Jahr lang nicht gesehen und er gefiel mir immer noch nicht. Er war mir viel zu alt und er wirkte verlebt. Ich war 14 und er 22.

Mahmut und seine Familie blieben nur wenige Tage. Diese kurze Spanne musste zum Kennenlernen und zur Annäherung reichen. Es ist mir im Nachhinein schleierhaft, weshalb uns vor der Verlobung und der Heirat dazu nicht die Zeit gegeben wurde. Die vorherigen kurzen Stippvisiten Mahmuts, sein plötzliches Erscheinen und Verschwinden hatten mich immer nur irritiert und waren mir unangenehm gewesen. Sobald er wieder weg war, spielte er in meinem Leben keine Rolle mehr. Hätte ich Gelegenheit gehabt, ihn näher kennenzulernen, hätte ich vielleicht den Mut aufgebracht zu sagen, dass er mir überhaupt nicht gefiel. So dachte ich manches Mal, ich würde mir unschöne Seiten an ihm nur einbilden oder überbewerten und die Gefühle würden schon kommen, wenn ich in der Lage wäre, auf ihn einzuwirken. An diesem Irrglauben sollte ich später noch verzweifeln.

Eineinhalb Jahre vergingen, in denen wir uns Briefe schrieben, weil wir in der Südtürkei noch kein Telefon hatten. Ich mochte Mahmuts Briefe nicht. Sie kreisten immer um seine Eifersucht. Ich solle andere Männer nicht beachten, am besten so selten wie möglich aus dem Haus gehen. Was ich und meine Eltern damals nicht wussten: Bereits ein Jahr nach der Heirat verbrachte Mahmut wieder seinen Sommerurlaub in der Türkei. Er hatte Probleme mit seiner Familie, weil er sich in Deutschland nur Ärger einhandelte und nach wie vor deutsche Freundinnen hatte. Also nahm ihm seine Familie kurzerhand den Pass weg und zwang ihn, in der Türkei zu bleiben, um zur Vernunft zu kommen. Diese Absurdität muss man sich vor Augen führen: Ich schrieb ein halbes Jahr lang Briefe nach Berlin. Seine Mutter schickte diese Briefe dann nach Istanbul, wo Mahmut quasi gefangen war. Er verfasste seine Antworten, schickte diese zu seiner Mutter nach Berlin, die mir wiederum seine Briefe in die Südtürkei sandte. So viel Aufwand, um zu vertuschen, dass Mahmut das schwarze Schaf der Familie war.

Wie ich später erfuhr, hatte Mahmut anscheinend schon früh Probleme verursacht. Nach der Schule drängte ihn seine Familie, endlich eine Ausbildung zu beginnen. Er war unzuverlässig, aggressiv, kam mit dem Gesetz in Konflikt; er lag allen auf der Tasche und trug nichts zum Wohl der Familie bei. Schließlich schleppten ihn seine Eltern zum Arbeitsamt, das ihm zwei Lehrberufe vorschlug: Fleischer oder Bäcker. Da Mahmut angeblich kein Blut sehen konnte, entschied er sich für den Bäckerberuf. Zum Zeitpunkt unserer Heirat war er mit der Lehre fertig und in einer Bäckerei angestellt. Ich drängte ihn später immer wieder, noch den Meisterbrief zu machen, aber er weigerte sich trotz einer eigenen Bäckerei beharrlich. Erst lange nach unserer Trennung wollte er es plötzlich allen beweisen und legte nach vielen Berufsjahren seine Meisterprüfung mit der Note Vier ab.

Nachdem Mahmut also ein halbes Jahr lang in Istanbul festgehalten worden war, kam er uns wieder einmal unerwartet besuchen. Er erzählte meinem Vater, was vorgefallen war, allerdings klang seine Version der Geschichte so: Seine Familie wolle ihn und mich unbedingt in der Türkei behalten und ihm sogar einen eigenen Laden kaufen. Mein Vater war argwöhnisch, aber schon damals zeigte sich, wie perfekt es Mahmut beherrschte, gutgläubige Menschen zu manipulieren. Wieder blieb er nur zwei Tage. Er war mir weiterhin fremd. Am Abend fragte er mich, ob ich nicht auf sein Zimmer kommen wolle, wenn alle anderen schliefen. Was sei schon dabei, wir seien ja schließlich verheiratet. Arglos fragte ich meine Mutter, ob ich in Mahmuts Zimmer gehen könne, um mich mit ihm zu unterhalten. Sie hatte nichts dagegen.

So saß ich also unbeholfen auf Mahmuts Bettkante und wusste nicht, worüber wir reden sollten. Aber Mahmut hatte sowieso kein Gespräch im Sinn. Sogleich begann er, mich zu streicheln, und bekam eine Erektion. Ruckartig stand ich auf und lief völlig verstört zurück zu meiner Mutter. Ich erzählte keine Details, aber mein Vater war außer sich, dass meine Mutter dieses Zusammentreffen überhaupt zugelassen hatte. Er hatte kein Vertrauen in Mahmut. Umso schlimmer, dass er mich so jung ins Verderben rennen ließ.

Mahmuts Familie gab ihm schließlich resigniert seinen Pass und er reiste zurück nach Berlin. Der Grund für ihren Sinneswandel war das Kind seiner deutschen Freundin, das kurz darauf zur Welt kam. Aber auch davon ahnten wir natürlich zu der Zeit nichts.

An einem milden Frühlingstag im Jahr 1985 schickte meine Schwiegermutter mir ein Telegramm, dass ich nun schnell nach Istanbul kommen müsse, um mein Visum für Deutschland zu beantragen. Drei Jahre waren seit unserer Verlobung vergangen und ich hatte Mahmut seitdem nur zweimal wiedergesehen. In diesen drei Jahren hätte ich eigentlich weiter zur Schule gehen können, stattdessen war ich zu Hause geblieben, hatte meiner Mutter im Haushalt geholfen und mich vor allem um meinen kleinen Bruder Levent gekümmert. Ich brachte ihn zur Schule und saß anfangs sogar mit im Klassenraum, damit er sich leichter eingewöhnte. An seinem ersten Schultag nämlich hatte ich zu Hause aus dem Fenster geschaut und zu meiner Überraschung Levents kleine Gestalt die Straße herauftrippeln sehen. Dabei sollte er ja eigentlich im Unterricht sein.

Aufgeregt war ich ihm entgegengelaufen. »Levent, was machst du denn hier? Warum bist du nicht in der Schule?«

»Mir gefallen die Fenster nicht«, erwiderte er vollkommen ernsthaft.

Ich hatte lauthals gelacht und von da an bemühte ich mich, ihm immer wieder bewusst zu machen, welche Möglichkeiten ihm die Schule bot. Während ich mich also in der ersten Schulwoche unauffällig im hinteren Bereich des Klassenraums aufhielt, beobachtete ich neiderfüllt Levents freundliche Klassenlehrerin. Wie gern hätte ich eines Tages an ihrer Stelle gestanden. Doch nun saß ich ohne Aussicht auf einen Beruf zu Hause bei meiner Mutter und wartete darauf, dass mich mein unattraktiver Ehemann in ein fremdes Land holte, weit weg von meinen Eltern und meinem geliebten kleinen Bruder.

Levent ist heute selbst Lehrer und bemüht sich verzweifelt, die Kinder zu motivieren, über den Tellerrand ihrer kleinen, engen Welt zu blicken. Oftmals gegen den Widerstand der Eltern und seiner Kollegen.

Im Sommer bekam ich mein Visum. Um eine weitere Aufenthaltsgenehmigung zu beantragen, sollte ich für ein paar Monate nach Berlin kommen. Ich hatte überhaupt keine Vorstellungen von Deutschland und Berlin. Von Mahmut wusste ich, dass irgendwo in dieser Stadt eine Mauer stand, konnte aber nichts Besonderes daran finden. Gänzlich unvorbereitet und unwissend trat ich also meine Reise an. Meine Schwägerin setzte mich in ein Flugzeug; ich trug nur eine dünne Bluse und Sandalen, und schon war ich auf mich gestellt. Mein erster Flug, meine erste Reise allein, mein erster Auslandsaufenthalt, zum ersten Mal längere Zeit von meiner Familie getrennt, und das alles mit gerade einmal 16 Jahren. Ich hatte Angst. Aber ich war auch neugierig. Der gesamte Clan holte mich ab. Mahmut begrüßte mich nur kurz, dann wurde ich mit Küssen und Umarmungen vom Rest der Familie willkommen geheißen. Meine Schwiegermutter rief immer wieder: »Endlich! Endlich bist du da! Seit einem Jahrzehnt habe ich auf diesen Augenblick gewartet!«

Ich war überwältigt von all den Eindrücken, den zahllosen Fragen, die auf mich einprasselten, und ließ mich inmitten dieser lauten, um mich herumwirbelnden Familie, meiner neuen Familie, einfach treiben. Ich war sehr gespannt, wie Mahmut lebte. Seine Mutter hatte immer wieder die schöne Dreizimmerwohnung der Familie gepriesen, die teure Einrichtung und ihren größten Stolz, eine mannshohe Stereoanlage. Das Haus war schön. Ein gepflegter Neubau. Solche Häuser kannte ich aus der Türkei.

Als sich die Wohnungstür öffnete, verschwand meine gute Stimmung schlagartig. Ich fand die Wohnung scheußlich. Besonders hässlich war ein großer knallroter Teppich mit riesigen Rosen, der farblich überhaupt nicht zu den übrigen Bodenbelägen passte. Auch die Möbel waren schäbig und geschmacklos zusammengewürfelt, Nikotin hatte die Schränke gelblich verfärbt und die fantastische Stereoanlage hatte nur die Größe eines Kindes. Voller Stolz und Freude wurde ich durch die Wohnung geführt, in der ich mich niemals hätte wohlfühlen können, und mein Lächeln gefror zu einer Grimasse.

Ganz selbstverständlich wurde entschieden, dass ich in Mahmuts Zimmer schlafen sollte. Dabei hatte man meinem Vater versprochen, dass ich ein eigenes Zimmer bekommen sollte, damit Mahmut keine Möglichkeit hatte, sich mir vor der Hochzeit zu nähern. Aber ich war weit weg von zu Hause und mein Vater konnte nichts ausrichten. Außerdem stand überhaupt kein weiteres Zimmer zur Verfügung.

Meine Schwiegermutter lachte nur über meine Sorgen. »Stell dich nicht so an, Mädchen! Ich habe mit Mahmut geredet. Mein Sohn ist anständig.« Natürlich fasste er mich an. Gleich in der ersten Nacht. Und von Nacht zu Nacht wurde es mehr. Ich sagte ihm, dass ich das nicht wolle, und erzählte es meiner Schwiegermutter.

Aber die sah kein Problem darin. »Das ist doch überhaupt nicht schlimm! Ihr seid schließlich verheiratet. Mahmut darf das jetzt.«

Mahmut wurde immer zudringlicher und irgendwann drängte er sich grob in mich hinein und setzte sich über meine Abwehrversuche hinweg. Über diese Brutalität und den Schmerz war ich völlig entsetzt und blutete tagelang. Ich fühlte mich beschmutzt und verraten. Wie sollte ich das meinen Eltern erklären? Ich war hilflos und empfand eine große Einsamkeit. Für Selbstmitleid blieb allerdings wenig Zeit. Jeden Tag war die Wohnung voller Besucher, alle wollten die junge, lang ersehnte Braut kennenlernen und bestaunen.

Über 60 Berliner Wohnungen wurden von Leuten aus Mahmuts Heimatort bewohnt. In den 1990er-Jahren lebte bereits das halbe Dorf in Berlin-Schöneberg. Ich fragte mich jeden Tag, wo ich hier gelandet war. Nichts war so, wie ich es mir vorgestellt hatte, es war ein regelrechter Albtraum. Die Türken hier kamen aus einer mir unbekannten Welt, dabei war Mahmuts Familie noch moderner als die meisten anderen Berliner Türken, die ich kennenlernte. Meine Mutter trug in der Türkei ein Kopftuch in Kombination mit Schlaghosen. Hier verzichteten zwar viele Frauen aufs Kopftuch, kleideten sich dafür aber schrecklich unmodern.

Mahmut behandelte mich wie einen Gegenstand und tat mir Nacht für Nacht weh. Meine Schwiegermutter war zwar sehr lieb zu mir, hatte aber kein Verständnis für meine Nöte. Als Ehefrau war ich quasi im Besitz ihres Sohnes. Das permanente Kommen und Gehen von Verwandten und Bekannten raubte mir den letzten Nerv. Ständig musste ich die gleichen Fragen beantworten, immer freundlich lächeln und die Rolle der Traumbraut spielen. Meine Schwiegermutter brachte mir das Kochen bei und zeigte mir, wie man einen Haushalt führt. Davon hatte ich ehrlich gesagt überhaupt keine Ahnung. Zwar hatte ich meiner Mutter zu Hause geholfen, aber ich wusste nicht einmal, wie man Reis kocht. Und das war ein Problem, denn alle Besucher wollten ständig essen, essen, essen. Meine Schwiegermutter und ich mussten im Akkord kochen, bewirten und Ordnung halten. Ich fragte mich, ob ich ein solches Leben würde aushalten können. Wenn alle anderen bei der Arbeit waren, hütete ich die kleinen Kinder meines Schwagers und meiner Schwägerin.

In diesen zwei Monaten lernte ich also das Los einer türkischen Frau in Deutschland kennen. Die Tage verbrachte ich überwiegend in der Wohnung, von Berlin sah ich nur sehr wenig. Einmal nahm mich Mahmut mit zum Ku'damm. Während wir diese Straße mit den vielen damals noch tristen Häusern entlangliefen, verrenkte sich Mahmut völlig ungeniert den Kopf nach einer anderen Frau. Mich machte es rasend, dass er mich mit seiner haltlosen Eifersucht verfolgte und gleichzeitig dermaßen respektlos mir gegenüber war. Kurzerhand drehte ich mich um und ließ ihn stehen. Er rief nach mir, lief mir aber nicht hinterher. Ich kannte mich überhaupt nicht aus und wusste nicht, wo ich war. Ich lief einfach immer weiter, mal nach links, mal nach rechts, bis ich endlich zufällig an eine Ecke kam, die ich erkannte und von der aus ich nach Hause fand.

Dort erwartete mich Mahmut bereits und herrschte mich wütend an: »Was fällt dir ein, einfach wegzulaufen? So etwas dulde ich nicht!«

»Wie kannst du es wagen, in meinem Beisein anderen Frauen hinterherzuglotzen?«, fuhr ich ihn an.

Von da an tat er das nie wieder, zumindest nicht offensichtlich.

Einige Tage später lief uns eine Frau mit Kinderwagen hinterher und rief uns irgendetwas zu. Mahmut ignorierte sie. Als wir nach Hause kamen, saß sie vor unserem Haus. Mahmut schickte mich mit der Bemerkung nach oben, er müsse kurz etwas klären. Ich erzählte meiner Schwiegermutter von der Frau und völlig unbeeindruckt sagte sie: »Ach, das ist Mahmuts ehemalige Freundin.«

Dass der kleine Junge im Kinderwagen sein Sohn war, verschwieg sie mir. Mahmut kam nach und erzählte mir seelenruhig, dass die Frau nach einem Freund von ihm gefragt habe. Diese Begegnung beunruhigte mich, aber ich hatte niemanden, mit dem ich darüber reden konnte. Wenn diese Frau dermaßen hartnäckig war, lief da womöglich noch etwas zwischen Mahmut und ihr? Weshalb hatte er überhaupt eine deutsche Freundin gehabt und wie viele weitere hatte es gegeben? Von mir war selbstverständlich erwartet worden, dass ich als Jungfrau in die Ehe ging. Warum galt das nicht auch für ihn? Und was wäre, wenn das Kind von Mahmut war? Den letzten Gedanken verwarf ich schnell wieder. So viel Skrupellosigkeit traute ich ihm damals noch nicht zu.

Natürlich drehten sich die Gespräche häufig um die bevorstehende religiöse Hochzeit. Mahmut sollte einen Kredit für die Hochzeit aufnehmen, denn obwohl diese schon seit so vielen Jahren im Raum stand, hatte er nichts dafür beiseitegelegt. Von den 15 000 DM des Kredits investierte er sofort 3 000 DM in ein neues Motorrad. Die Freude daran war allerdings nur von sehr kurzer Dauer: Mahmut konnte gar nicht fahren, und als er wie ein stolzer Hahn auf der Maschine saß und Gas gab, schoss sie unter ihm davon und war nur noch teurer Schrott. Den Rest des Kredits bewahrte er im Schrank auf, für die Hochzeit war ihm das Geld zu schade. Er wollte sich ein neues Auto davon kaufen. In meiner Not schloss ich eine Allianz mit meiner Schwiegermutter, nahm das Geld an mich und überreichte es ihr. Es wäre sonst eine armselige Hochzeit geworden.

Mahmut war stinksauer: »Warum hast du das gemacht? Wir hätten ein Auto haben können!«

So geriet ich plötzlich zwischen die Fronten. Im Grunde war mir das Geld egal. Auch die Hochzeit und das Auto waren mir egal. Ich lebte mit meiner Schwiegermutter und meinem Verlobten unter einem Dach, die unterschiedlicher Meinung waren und sich deshalb permanent in die Haare bekamen. Und wo stand ich? Meine Schwiegermutter war weiterhin lieb zu mir und ihre Ansichten waren überwiegend vernünftig. Mein Mann dagegen war ungehobelt und skrupellos, aber mit ihm sollte ich den Rest meines Lebens verbringen. Also hielt ich mich im Hintergrund und blieb möglichst unauffällig, indem ich versuchte, es beiden weitestgehend recht zu machen. Ich war noch so jung und hatte weder den Mut noch die Kraft, aus diesem ganzen Hochzeitselend auszusteigen. Hätte ich es bloß gekonnt!

Da saß ich nun in Berlin, übte mich als Hausfrau und konnte kein Wort Deutsch. Mein Schwager versuchte, mir ein paar Brocken beizubringen. Allerdings scheiterte es schon an den Zahlen. Er zählte mir vor und ich sollte die Wörter nachsprechen. Doch bei der Zahl 20 kamen wir nicht weiter. Er sagte immer wieder überbetont »Zwan-zick«. Nun bedeutet jedoch das Wort *sik* im Türkischen »Penis« und natürlich kam mir das vor lauter Scham nicht über die Lippen, schon gar nicht gegenüber einem Mann. So endeten meine ersten Versuche, Deutsch zu lernen, sehr schnell. Mahmut machte gar keine Anstalten, mir die Sprache meiner zukünftigen Heimat beizubringen. Er selbst sprach ein recht primitives Kauderwelsch aus Berlinerisch mit starkem türkischen Akzent und mangelhafter Grammatik, was mir erst viele Jahre später bewusst wurde.

Zwei Wochen vor der Hochzeit, die wieder in der Türkei stattfinden sollte, fuhr meine Schwiegermutter dorthin, um die Feiern vorzubereiten. Es war seltsam, mit Mahmut allein in der Wohnung zu sein. Zum Glück arbeitete er viel oder er schlief. Ich verbrachte die Tage also wie gewohnt mit Kochen, Haushalt und Kinderhüten. Obwohl ich pausenlos beschäftigt war, langweilte ich mich zu Tode. Es gab keinerlei geistige Anregung für mich. Bei meinen Eltern hatte ich täglich Bücher oder Zeitungen gelesen, doch falls sich in die Wohnung meiner Schwiegermutter einmal eine Zeitung verirrte, so war sie auf Deutsch. Bücher gab es keine. Von Berlin sah ich nichts außer einem Wochenmarkt in der Nähe, allein sollte ich das Haus nicht verlassen und traute mich auch gar nicht. Die große Stadt schüchterte mich ein. Mich plagte entsetzliches Heimweh, jeden Morgen war mein Kissen feucht von den vielen Tränen, die ich in der Nacht geweint hatte. Meine Eltern und ich hielten regen Briefkontakt, allerdings vergingen Wochen, bis ein Brief sein Ziel erreicht hatte. In den meinen erzählte ich nur Gutes und Schönes, um meine Eltern nicht zu beunruhigen. Ich hatte mich in mein Schicksal ergeben und wollte allen gefallen.

Am Tag vor unserer Abreise nach Istanbul kochte ich ununterbrochen, damit wir ausreichend Vorräte für die lange Fahrt hatten.

Wir quetschten uns zu fünft in ein kleines Auto: Mahmut, mein Schwager, seine Frau, ihr gemeinsames Kind und ich. Es war furchtbar eng und schwül im Auto. Wir aßen während der Fahrt mein vorgekochtes Essen und so stank es nach kurzer Zeit auch noch nach Fett und Gewürzen. Es war eine Qual.

Mahmut schimpfte unaufhörlich: »Das hast du nun davon! Wenn du das Geld nicht meiner Mutter gegeben hättest, säßen wir jetzt in einem schönen neuen Auto!« Ich erinnere mich noch an die Fahrt durch Ostdeutschland. Zum ersten Mal in meinem Leben sah ich Trabbis, die alle hinter uns zurückblieben. Verwundert fragte ich mich, was wohl mit ihnen los war; waren sie alle kaputt oder fuhren sie wirklich nicht schneller? Als wir die DDR durchquert hatten, war der Kaffee in den Thermoskannen kalt. Und wir hatten noch eine lange Reise vor uns.

Völlig erschöpft kamen wir viele Stunden später bei meiner Schwägerin in Istanbul an. Es sollten zwei Hochzeitsfeiern stattfinden, um alle Verwandten und Bekannten beider Familien einladen zu können: Die eine richteten meine Eltern in der Südtürkei aus, die zweite organisierte meine Schwiegermutter in Istanbul. Angesichts der Größe der Türkei ist so etwas üblich, um den Gästen aus den entlegenen Teilen des Landes entgegenzukommen und ihnen die Kosten und Strapazen einer langen Reise zu ersparen. Wir mieteten zwei Hochzeitskleider und kauften zwei Anzüge für Mahmut, dazu noch passenden Schmuck für mich, und nach wenigen Tagen reisten wir einige Hundert Kilometer weiter in die Südtürkei.

Die gesamte Organisation der Feiern, die Anzahl der Gäste, das Programm lagen in den Händen von meiner und Mahmuts Familie. Er und ich wussten von nichts. Ich genoss es, dass alle meine Freundinnen da waren, meine Eltern jedoch bekam ich recht selten zu Gesicht, weil sie sich um die Gäste kümmerten. Dabei hatte ich sie so schrecklich vermisst. Auf ein Hennafest am Vorabend verzichtete ich, weil ich von der Reise einfach zu erschöpft war.

Das Hennafest ist eine Art Junggesellinnenabschied. Die Frauen feiern zunächst unter sich und nur zur eigentlichen Hennazeremonie kommt kurz der Bräutigam hinzu. Braut und

Bräutigam tragen zu diesem Anlass traditionelle Gewänder. Der Braut wird ein Klecks Hennapaste in die Handinnenfläche gedrückt, was sie aber nur zulässt, wenn ihre Schwiegermutter ihr ein Goldstück gibt. Dem Bräutigam wird ein kleiner Finger mit der Paste eingerieben. Nach einigen Stunden wäscht man das Henna ab, das einen rötlichen Farbton hinterlässt, der ein paar Wochen lang sichtbar bleibt. Die Hennapflanze stammt der Überlieferung nach aus dem Paradies und verheißt dem Brautpaar eine glückliche Ehe. Bei der Hennazeremonie werden tragische Abschiedslieder gesungen, weil die geliebte Tochter, Schwester, Freundin nun das Haus verlässt und zur fremden Familie zieht.

Auf diese traurige Atmosphäre hatte ich überhaupt keine Lust. Die Tragik war mir zu real.

Ich verspürte keinerlei Vorfreude auf die Hochzeit, ich war höchstens etwas aufgeregt und neugierig, wie sie wohl verlaufen würde. Auch meine Eltern konnten sich nicht richtig freuen. Der Gedanke, dass ich nun bald für immer weit weg von ihnen leben würde, machte sie traurig. Am nächsten Tag wurde ich für die Feierlichkeiten hergerichtet und zum wiederholten Mal geriet ich in den Strudel der Ereignisse, ohne dass ich mich zur Wehr setzen konnte. Ich selbst hatte eine sehr fatalistische Einstellung zu der ganzen Angelegenheit: Die Hochzeit musste stattfinden, also fand sie statt.

5. Kapitel

Gedankenverloren halte ich beim Staubsaugen inne. Das monotone Rauschen stört meinen Gedankenfluss und ich ziehe kurzerhand den Stecker. Die schlagartige Stille hat eine seltsame Wirkung auf mich. Sie erscheint mir wie die Ruhe vor dem Sturm. Ich lausche in die Stille hinein und habe das Gefühl, auf etwas warten zu müssen. Als würde bald etwas passieren, aber man könnte noch nicht erkennen, was es sein wird. So ähnlich muss es damals gewesen sein. Wie ein Lamm ließ ich mich zur Schlachtbank führen. Es fühlte sich falsch an, eine Vorahnung warnte mich, aber ich ergab mich den allgemeinen Erwartungen.

Wiederum eine Tradition, die ich mit der Muttermilch aufgesogen hatte. Wir Türken fügen uns in unser Schicksal. Das liegt uns im Blut und so werden wir erzogen. Gott regelt alles. Sogar für Erdbeben ist er zuständig und entscheidet, wer dabei stirbt und wer überlebt. Deshalb wird bei einem Hausbau auch kein Geld in Sicherheitsvorkehrungen gesteckt. Hauptsache, das Haus sieht teuer aus und ein großes Auto parkt davor. Man kann das Schicksal ohnehin nicht ändern, aber sein Ansehen bei den Bekannten erhöhen. Eine langfristige Denkweise lohnt sich nicht. Ganz gemäß dem Sprichwort: »Mensch dachte, Gott lachte.«

Heute weiß ich, dass man sein Schicksal in weiten Teilen selbst bestimmen kann. Man kann sich für oder gegen etwas entscheiden, man kann in die Hände spucken und seinen Weg nach eigenen Vorstellungen beschreiten. Doch selbst heute noch halten viele Türken diese Denkweise für anrüchig, für zu westlich, vor allem wenn sie von einer Frau geäußert wird.

Das Tragische an arrangierten Ehen ist, dass beinahe alle unglücklich enden. Trotzdem kommt es in den seltensten Fällen zur Scheidung. Frauen trennen sich nicht wegen ihrer finanziellen Abhängigkeit und wegen der Schande für die Familie. Die Familienehre steht über allem. Wer sich diesem Druck entziehen möchte und den Kontakt abbricht, wird gesucht und gefunden. Was dann an Gewalttätigkeit folgt, hat nichts mehr mit dem Verständnis von Familie zu tun, wie es im Koran beschrieben wird. Wer seine eigenen Angehörigen zusammenschlägt oder tötet, kann kein guter Muslim sein.

Warum trennen sich die Männer nicht von den ihnen aufgezwungenen Ehefrauen? Weil der liebe Gott ihnen dieses Schicksal nun einmal beschieden hat. Meist sind Männer ja auch in der privilegierteren Position, nichtsdestotrotz gibt es in der Türkei inzwischen sogar Männerheime. Nicht nur Männer verfolgen ihre Frauen, sondern auch Frauen ihre Männer. Wenigstens ein Schritt in Richtung Gleichberechtigung, wenn auch ein bitterer.

Arrangierte Ehen bringen oft unglückliche Kinder hervor, das ist das Schlimmste an ihnen. Die Eltern übertragen ihre Spannungen auf die Kinder, die nicht die Liebe und Geborgenheit erfahren, die ihnen zusteht. Wenn sie erwachsen sind, wird oft von ihnen verlangt, dasselbe Schicksal zu ertragen, denn wichtig ist häufig nur, was die anderen sagen und denken könnten. So lernen unzählige junge Menschen kein Glück kennen, wissen nicht, was eine glückliche Ehe ist, und können diese Erfahrung somit auch nicht mit ihren Nachfahren teilen. Im besten Falle lernen die Ehepartner, miteinander auszukommen.

6. Kapitel

Ein sehr unangenehmer Moment war für mich die religiöse Zeremonie. Nach muslimischer Tradition hätten wir erst Sex miteinander haben dürfen, nachdem der Imam uns offiziell zu Mann und Frau gemacht hatte. Natürlich konnte ich keinem sagen, dass Mahmut mich schon einige Male bedrängt hatte und ich deshalb keine Jungfrau mehr war. Meine Schwiegermutter hatte mir sogar eingeschärft, dass ich niemandem davon erzählen dürfe, weil sie sonst großen Ärger mit meinem Vater bekäme. Schließlich hatte sie ihm ihr Wort gegeben, auf mich aufzupassen. Also belog ich schweren Herzens meine eigenen Eltern, zum Schutz meiner Schwiegermutter, die so schändlich unaufrichtig zu mir war und mir verschwieg, dass Mahmut bereits einen unehelichen Sohn hatte. Aber davon wusste ich zu dem Zeitpunkt ja noch nichts.

Mahmut war sehr aufgeregt und schwitzte stark. Im Sommer ist es in der Südtürkei allerdings auch sehr heiß. Alle schwitzten. Ich tanzte viel, am meisten mit meiner Schwiegermutter, die sehr ausgelassen war. Überhaupt war sie der glücklichste Mensch auf der Hochzeitsfeier. Den obligatorischen Hochzeitstanz mit Mahmut empfand ich als eher abstoßend, zumal er überhaupt nicht tanzen konnte. Danach wandte ich mich schnell wieder meinen Freundinnen zu und redete nur gelegentlich mit meinem frisch angetrauten Ehemann. Trotzdem wirkte Mahmut zufrieden, er lachte viel und war sehr guter Stimmung.

Am frühen Morgen fielen wir ins Bett und schon an diesem Tag fuhren wir mit einem Kleinbus, den mein Vater samt Fahrer gemietet hatte, zurück nach Istanbul. Dort ging es weiter: Wieder zum Friseur, eine zwei Meter lange Goldkette für knapp 5 000 DM wurde mir um den Hals gelegt, damit alle sehen konnten, wie großzügig meine Schwiegermutter war; um mich herum herrschte aufgeregtes Geschnatter, Küsschen wurden verteilt, an jeden Tisch musste ich mich setzen, mit jedem Gast musste ich mich unterhalten, immer freundlich lächeln, unzählige Fotos wurden gemacht, wieder tanzte ich überwiegend mit meiner Schwiegermutter.

Ich war so müde. Die Feier in Istanbul war moderner gehalten als die in der Südtürkei. Den Höhepunkt stellte eine prunkvolle achtstöckige Hochzeitstorte dar. Meiner Schwiegermutter war daran gelegen anzugeben. Sie ließ sich die Hochzeit viel kosten, um ihre ärmliche Herkunft zu verschleiern. Später in Berlin prahlte sie vor der Verwandtschaft mit unseren beiden Feiern, als hätte sie diese allein ausgerichtet und finanziert. Die teure Kette musste ich allerdings gleich nach der Hochzeit wieder abgeben. Sie wurde verkauft, um die Schulden meiner Schwiegerfamilie zu begleichen.

Auch das Fest in Istanbul dauerte bis in die frühen Morgenstunden, wir fuhren anschließend zu Mahmuts Schwester, zogen uns um und ich hatte nur wenig Zeit, mich von meinen Eltern zu verabschieden. Mein Vater bat meine Schwiegermutter noch einmal eindringlich, gut auf mich aufzupassen. Er betonte ernst, er vertraue mich in erster Linie ihr als Tochter an und dann erst Mahmut als Frau. Meine Mutter nahm ihr das Versprechen ab, mir viel beizubringen, schließlich sei ich noch so jung. Das tat meine Schwiegermutter auch, das eigentliche Elend war die Ehe mit Mahmut.

Bei dieser Eheschließung ging es nie um eine höhere Lebensqualität für mich in Deutschland. Meine Eltern vertrauten der Familie Kaya, sie waren Freunde, mehr noch, mein Vater hatte größtes Mitleid mit ihnen. Meine Schwiegermutter war früh Witwe geworden, eine meiner beiden Schwägerinnen hatte ebenfalls ihren Mann verloren. Sie war zur selben Zeit schwanger gewesen wie meine Mutter mit Levent. Unsere beiden Familien verstanden sich über die Maßen gut und beschlossen damals halb im Scherz, die beiden Neugeborenen miteinander zu verloben, wenn es ein Junge und ein Mädchen werden sollten, um die Familien für immer miteinander zu verbinden. Dazu kam es nicht, denn beide Frauen brachten Jungen zur Welt.

Nur wenige Monate nach der Geburt seines Sohnes Hassan verstarb der Mann meiner Schwägerin. Mein Vater half, wo er nur konnte. Wenn er zum Beispiel in Istanbul von der Arbeit kam und unsere Familien wie so oft beisammensaßen, nahm er immer zuerst den kleinen Hassan auf den Arm und nicht seinen eigenen gleichaltrigen Sohn Levent. Es tat ihm so leid, dass Hassan ohne Vater aufwachsen musste, dass er ihm viel väterliche Liebe gab. Mein Bruder leidet bis heute darunter.

Sosehr ich meine Heirat mit Mahmut ablehnte: Unsere beiden Familien waren miteinander verwoben, ich war mit beiden aufgewachsen. Also fügte ich mich, weil es von mir erwartet wurde. Meine Eltern weinen noch heute bittere Tränen, weil sie ihren Irrtum erkannt haben. Sie ließen mich völlig allein in die Fremde gehen, weil sie glaubten, dass ich in dieser Familie glücklich sein würde. Vielleicht konnte mein Mann mich nicht glücklich machen, doch wenigstens hatte ich diese gute, großherzige Familie um mich. Wie realitätsfern und gutgläubig sie damals waren, ist für uns alle heute kaum zu ertragen. Mahmuts Familie ging es nicht allein ums Glücklichsein. Mahmut sollte durch die Ehe mit der Tochter eines angesehenen Polizisten ein ehrbarer Mann werden. Und die Familienbande sollten vor allem ihm Schutz bieten.

»Solange dein Vater Ömer lebt, passiert Mahmut nichts«, pflegte meine Schwiegermutter immer wieder zu sagen. Denn sie kannte die schlechten Seiten ihres Sohnes ganz genau.

Ich verabschiedete mich also von meinen Eltern und Brüdern und nach wenigen Stunden Schlaf fuhren Mahmut und ich ans Schwarze Meer in die Flitterwochen. Unser Hotel war auf einen Felsen gebaut, die Brandung toste und ich fragte mich, ob wir hier überhaupt ein Auge zubekommen würden. Ganze drei Tage dauerten unsere Flitterwochen. Wir machten Spaziergänge am Strand und verbrachten viel Zeit auf dem Zimmer. Mahmut wollte ständig Sex haben, jetzt war ich ja seine Frau und er konnte mich nehmen, wann immer er wollte.

Wir lebten von dem wenigen Geld, das uns während der Feier nach altem Brauch in Scheinen an die Kleidung geheftet worden war. Keiner hatte daran gedacht, uns Geld für den Urlaub mitzugeben. Ich erinnere mich nicht an schöne Momente oder besondere Augenblicke während dieser Flitterwochen.

Danach fuhren wir zurück nach Istanbul zu meiner Schwägerin. Wieder kam einige Tage lang Besuch, um uns als jungem Brautpaar zu gratulieren. Ich stand überwiegend in der Küche, kochte, buk, machte den Abwasch und bewirtete die Gäste. Erstmals bekam ich etwas von der Ehekrise zwischen Mahmuts Bruder und seiner Frau mit. Schon seit Längerem ging es bei den beiden um Trennung und Scheidung. Es gab sogar ein Komplott zwischen seiner Mutter, einer seiner Schwestern und deren Mann, um die unliebsame Schwiegertochter loszuwerden. Ein entfernter Bekannter aus der Türkei schickte ihr einen schwülstigen Liebesbrief, um es so aussehen zu lassen, als hätte sie eine heimliche Affäre. Dabei war sie völlig unschuldig, sie kannte den Mann nicht, wurde aber von ihrem Ehemann wegen dieses Briefes verprügelt. Trotzdem trennten sie sich nicht.

Jahre später beichtete ihr ein Mitwisser im Suff die Wahrheit. Wenn sie stritten, warf mein Schwager seiner Frau immer vor, dass sie in der Hochzeitsnacht nicht geblutet hätte – für ihn ein eindeutiger Beweis, dass sie keine Jungfrau mehr gewesen sein konnte. Natürlich stand in dieser Diskussion seine gesamte Familie hinter ihm. Mein Vater wusste davon und hatte vor meiner Hochzeit die Sorge geäußert, dass auch mir gegenüber solche Vorwürfe erhoben werden könnten, falls ich nicht bluten sollte. Meine Schwiegermutter beruhigte ihn: »Mach dir keine Sorgen, Ömer, wir vertrauen Buket!«

Auch das erfuhr ich erst viele Jahre später. Welche Skrupellosigkeit! Wie hinterhältig! Mein Vater hatte ihr vertraut, er glaubte, dass sie auf mich aufpasste. Stattdessen ließ sie zu, dass mich Mahmut vor der Hochzeit entjungferte, und ignorierte meine Klagen. Natürlich vertrauten sie mir. Sie wussten ja bereits, dass ich als Jungfrau zu ihnen gekommen war.

Schließlich fuhren wir mit dem Auto zurück nach Berlin. Dieser ganze Hochzeitswirbel, die langen Reisen, die vielen Besuche ohne eine Möglichkeit zu verschnaufen hatten mich unglaublich erschöpft. Ich war keine glückliche Braut, ich war einfach nur kaputt. Deshalb war ich froh, nun alles hinter mir lassen zu können. Andererseits vermisste ich meine Eltern ganz schrecklich und konnte mir mein neues Leben in Berlin nicht richtig vorstellen. Ich ließ mich einfach treiben. Meine Schwiegermutter blieb noch etwas länger in der Türkei und ich führte währenddessen in Deutschland den Haushalt, kochte und hütete die Kinder meines Schwagers und meiner Schwägerin, während die Eltern ihrer Arbeit als Koch, Kfz-Mechaniker, Krankenpflegerin oder Verkäuferin nachgingen. Alles lief wie gehabt. Ohne meine Schwiegermutter fühlte ich mich allerdings noch einsamer und schutzloser als ohnehin schon. Mahmut kaufte einen Videorekorder auf Raten, um allen Besuchern unsere Hochzeitsvideos zeigen zu können. Ständig bewirtete ich also wieder Gäste und fragte mich, ob das jemals aufhören würde.

Eines Tages machte ich gerade Ravioli, als mir furchtbar schlecht wurde und ich mich übergeben musste. Ich brauchte wegen der Übelkeit fast den ganzen Tag, um das Essen zuzubereiten, und hatte schon eine dunkle Vorahnung, was der Grund dafür sein könnte. Meine Mutter hatte mich aufgeklärt: Wenn man miteinander schläft, wird man schwanger.

Zum Glück war ich immer ein sehr neugieriges Mädchen gewesen und hatte schon in meiner Schulzeit Bücher über Anatomie gewälzt, wodurch ich ganz gut Bescheid wusste. Natürlich hatte Mahmut kein Kondom benutzt und ich hatte nie die Pille genommen, aber ich war trotzdem geschockt, dass ich so schnell schwanger geworden war. Ich wusste sofort, dass ich das Kind nicht wollte. Jedem wäre klar gewesen, dass wir schon vor der Hochzeit Sex gehabt hatten. Wie hätte ich das meinen Eltern erklären sollen? Wir hatten bereits die Ehe vollzogen, bevor Gott uns seinen Segen erteilt hatte. Eine Schande für mich, weniger für Mahmut. Was für eine Ungerechtigkeit!

Ich ging zu Mahmut und sagte ihm, dass ich schwanger sei und das Kind nicht behalten wolle. Das war ihm nur recht. In derselben Woche wurde die Abtreibung in Berlin-Steglitz vorgenommen. Noch heute versetzt es mir einen Stich, wenn ich in diese Gegend komme, und es tut mir leid um das ungeborene Leben, das so früh beendet wurde.

Meine Schwiegermutter kam wenige Tage später aus der Türkei zurück und wir taten so, als liefe alles in geregelten Bahnen. Wir sagten ihr lange Zeit nichts von der Abtreibung.

In den Monaten nach der Hochzeit wuchs in mir Stück für Stück die Erkenntnis, in was für ein Leben und in was für eine

Familie ich hineingeraten war. Ich putzte, kochte und räumte auf; an diesen Aufgaben änderte sich nichts, denn Mahmut war der Meinung, dass nur er arbeiten gehen müsse, ich solle zu Hause bleiben. Am Vormittag kam er immer von der Nachtschicht zurück. Gegen halb eins nachts musste er stets mühsam geweckt werden, um pünktlich seine Arbeit anzutreten. Er schlief unglaublich fest. Meine Schwiegermutter nahm ihn in Schutz: Der Beruf des Bäckers sei wirklich hart. Doch Mahmut schaffte es einfach nicht, sich einen geregelten Schlaf-wach-Rhythmus anzugewöhnen. Viel zu spät ging er ins Bett und war anschließend nicht mehr wach zu bekommen.

Vor unserer Hochzeit erwachte meine Schwiegermutter einmal in der Nacht, weil sie Brandgeruch in der Nase hatte. Sie eilte in das Zimmer ihres Sohnes, wo eine vergessene Kerze beinahe eine Katastrophe ausgelöst hätte. Eine kleine Flamme züngelte bereits an Mahmuts Bein empor, dieser grunzte nur kurz im Schlaf, wischte mit der Hand über das Hosenbein, löschte damit die Flamme und schlief seelenruhig weiter.

Es begann, mich zu nerven, ihn ständig ermahnen zu müssen, doch endlich schlafen zu gehen, ihn in der Nacht oftmals langwierig zu wecken, weil er wieder einmal den Wecker nicht gehört hatte, und dann selbst aufzustehen, um ihn weiterhin anzutreiben. Er reagierte jedes Mal sehr übellaunig, aber ohne meine Bemühungen wäre er immer zu spät zur Arbeit gekommen. Es ärgerte mich, ihn wie ein Kind bemuttern zu müssen. Sobald er aus dem Haus war, gab es jedoch keinen mehr, der ihn antrieb, weshalb er sehr oft auf dem Weg zur Arbeit oder auf dem Heimweg in der Bahn einschlief. Manchmal wartete ich umsonst mit einem späten Frühstück auf ihn. Die Tomaten und der Käse fingen schon an, trocken zu werden, und ich ahnte, dass Mahmut wohl wieder schlafend von einer Endstation zur nächsten fuhr.

Meiner Schwiegermutter dagegen machte es nichts aus, schon in aller Frühe bei einem Schlüsselhersteller zu arbeiten. Sie bemühte sich zudem, das Geld zusammenzuhalten. Mahmuts Vater war ein Spieler gewesen. Aus wohlhabenden Verhältnissen stammend, war meine Schwiegermutter durch seine Spielsucht plötzlich zur Armut verdammt. Mit ihrer damals neunjährigen Tochter hatte sie heimlich weite Wege auf sich genommen, um sich Geld bei der Feldarbeit dazuzuverdienen. Ihr Mann bekam das schließlich mit, verprügelte sie und verspielte auch diesen hart erarbeiteten Lohn. Er brachte so viel Geld durch, dass die Kinder hungerten. Ihr Leben lang arbeitete meine Schwiegermutter sich krumm, um diesen Schandfleck vergessen zu machen.

Ich fragte mich derweil, ob es für mich nun immer so weitergehen sollte, ob das jetzt mein Leben war: den Haushalt führen und fremde Kinder hüten, am Wochenende frühmorgens mit meiner Schwiegermutter auf den Markt gehen, immer wieder Bekannten gegenüber die Vorzeigeschwiegertochter spielen, einen ständig schlafenden Ehemann betreuen, mit dem ich höchstens am Frühstückstisch belanglose Unterhaltungen führen konnte, und Sex als Pflichterfüllung. Ich war verzweifelt und zugleich resigniert, ein Gefühl der Ohnmacht machte sich in mir breit. Was für eine Wahl hatte ich? Meine Gedanken drehten sich unablässig im Kreis, ohne einen Ausweg zu finden. Die Enge dieses Lebens erdrückte mich zusehends.

Ich erlebte nun auch, dass Jähzorn und Rücksichtslosigkeit grundlegende Wesenszüge von Mahmut waren. Kleinste Anlässe ließen ihn explodieren – es war zum Fürchten. So bat meine Schwiegermutter ihren älteren Sohn, eine Lampe anzubringen, angeblich weil Mahmut so viel arbeitete und geschont werden sollte. Tatsächlich aber hatte er zwei linke Hände und wurde deshalb nicht für handwerkliche Arbeiten in Anspruch genommen. Mahmut empfand dies als Angriff auf seine Person, fühlte sich hintergangen und nicht ernst genommen. Er sei schließlich der Mann im Haus, fuhr er seine Mutter an, also erledige er auch die Männerarbeiten.

Manchmal hatte Mahmut Besuch von deutschen Kollegen. Wir saßen dann alle zusammen im Wohnzimmer, es wurde nur Deutsch gesprochen und ich verstand kein Wort. Niemand übersetzte für mich, ich hatte einfach nur da zu sein, freundlich zu lächeln und die Gäste zu bewirten. Ich war eine Fremde in meinem eigenen Zuhause und Mahmut tat nichts, damit ich heimisch werden konnte. Ich fühlte mich vollkommen überflüssig und wertlos. Aber wenn man jung ist, glaubt man, dass sich alles noch zum Guten wenden wird. Ich war tatsächlich davon überzeugt, Mahmut verändern und einen netten Menschen aus ihm machen zu können.

Wie findet man sich in einem fremden Land zurecht, wenn man kein Wort der dortigen Sprache spricht? Mein Schwager schickte mich einmal zum Zigarettenholen. Als Unterstützung kamen seine Tochter und der Sohn meiner Schwägerin mit, die beiden Kinder, auf die ich regelmäßig aufpasste. Ich sollte eine Stange Zigaretten holen. Wie viel war bloß eine Stange? Die Kinder wussten es auch nicht, also legte ich einfach so lange Packungen auf das Band, bis ich glaubte, eine Stange zusammenzuhaben. Dummerweise reichte das Geld nicht. Mit Händen und Füßen verständigte ich mich mit der Kassiererin und lernte so, dass zehn Packungen eine Stange ergeben. Zu Hause war das Gelächter groß.

Ein anderes Mal verlief ich mich am U-Bahnhof Möckernbrücke und fuhr in die falsche Richtung. Am Kottbusser Tor stieg ich aus und suchte verzweifelt eine Telefonzelle. Mahmut war natürlich nicht erreichbar, weil er schlief, also rief ich meinen Schwager an.

»Wo bist du? Was siehst du um dich herum?«, fragte er beruhigend.

»Hier ist ein Kaiser's und überall sind Türken«, stammelte ich.

»Ah, dann weiß ich, wo du bist. Ich hole dich ab.«

Langsam zeigte sich, dass Mahmut kein sonderlich sauberer Mensch war. Nach der harten, schweißtreibenden Arbeit ging er ungeduscht ins Bett. Die Socken, die er den ganzen Tag über getragen hatte, zog er gar nicht erst aus. Er roch nach Schweiß, Mehl und Backwaren und wollte dann auch noch Sex haben. Manchmal fand ich Körner im Bett. Anfangs war ich sehr zurückhaltend mit meiner Kritik und wies ihn nur gelegentlich und sehr wohlüberlegt auf seine mangelnde Hygiene hin. Aber irgendwann konnte ich die Schmutzränder unter seinen überlangen Nägeln nicht mehr hinnehmen. Er hatte sogar Schnittwunden an den Zehen, weil die Nägel sich in den Schuhen ins Fleisch drückten. Daraufhin schnitt ich ihm wie einem Kind regelmäßig die Fuß- und Fingernägel, so wie es seine Mutter zuvor für ihn getan hatte. Aber gegen die langen, vom Schweiß verklebten Achselhaare, die auch nach dem Duschen noch genauso stanken wie vorher, war ich machtlos.

Außerdem konnte ich Mahmut nicht dazu bringen, sich die Zähne zu putzen oder die Hände zu waschen. Er wischte sich die Hände einfach an der Hose ab und meinte, das würde reichen. Er hielt mich für pingelig und beschwerte sich über meinen Sauberkeitswahn. Mir wird heute noch schlecht, wenn ich daran zurückdenke, wie schmutzig er oft war. Und ich ärgere mich maßlos über mich selbst. Hätte ich damals schon gewusst, dass es so etwas wie Frauenhäuser gibt, wäre seine mangelnde Reinlichkeit allein schon Grund genug gewesen, um die Tür hinter mir zuzuknallen und zu gehen.

Ich kannte schmutzige Männer vorher nicht. Meine Eltern legten größten Wert auf Sauberkeit, mein Vater pinkelte sogar im Sitzen und erwartete das auch von seinen Söhnen. Einmal forderte er meinen Bruder Ferhat auf, sich ordentlich das Gesicht zu waschen, und beobachtete dann durchs Schlüsselloch, wie mein Bruder sich die Fingerspitzen mit Wasser benetzte und kurz damit über die Augen wischte. Mein Vater war so wütend, dass er Ferhat mit einer Ohrfeige empfing, als dieser aus dem Bad trat.

Auch meine Schwiegermutter liebte die Sauberkeit, überhaupt war sie die schickste Frau von allen Berliner Türkinnen, die aus ihrem Dorf stammten. Der Rest der Familie war ebenfalls gepflegt. Nur mein Mann fiel aus der Reihe. Einmal hatten wir Besuch von Mahmuts Bruder und dessen Frau. Wir saßen im Wohnzimmer und wie gewohnt wurde dabei unentwegt geraucht. Mahmut aschte ganz selbstverständlich auf den Boden und die Sofadecke.

Sein Bruder verlor die Beherrschung. »Wie kannst du nur so respektlos sein!«, schrie er Mahmut an. »Buket kümmert sich ununterbrochen um den Haushalt und hält alles sauber, und obwohl sie das tut, stinkt es in der ganzen Wohnung nach Käsefüßen! Du bist so ein peinlicher Mensch! Wir haben eigentlich gar keine Lust, zu Besuch zu kommen. Wir kommen nur wegen Buket!«

»Ich habe auch keine Lust, euch zu besuchen. Ihr seid so pingelig, dass man sich gar nicht traut, etwas anzufassen«, entgegnete Mahmut frech und aschte weiter unbeirrt auf den Boden.

Ich nahm vieles in Kauf, schluckte meine Sorgen herunter, beschwerte mich nicht und tat im Gegenzug viel zu viel, um es allen recht zu machen. Wenn meine Schwiegermutter zum Beispiel von der Arbeit kam, klagte sie immer über schmerzende Füße und bat mich, sie zu massieren. Also bereitete ich ein

Fußbad vor, massierte ihre Füße und cremte sie anschließend ein. Warum habe ich das gemacht? Sie war nicht krank, nicht gelähmt. Ich wollte einfach alles richtig machen. Viel zu viel habe ich für Mahmut und seine Familie getan. Meinen Eltern habe ich nie auf diese Weise meine Liebe und Dankbarkeit gezeigt. Sie hätten das auch nicht erwartet. Doch was hatte ich schon meiner Schwiegermutter zu verdanken? Lügen, Betrug und Verrat.

7. Kapitel

Ich versuchte, einmal in der Woche mit meinen Eltern zu telefonieren. Das war sehr kompliziert, denn zum Verdruss meiner Mutter hatten sie in der Südtürkei kein Telefon. Also mussten wir uns stets für einen bestimmten Tag und eine bestimmte Uhrzeit verabreden, damit meine Eltern vom Postamt aus telefonieren konnten. Sehnsüchtig erwartete ich diese Telefonate, sie waren mir ein kleiner Halt in meiner fremden Welt und erinnerten mich an glückliche Zeiten. Die entsprechenden Ziffern auf der Wählscheibe unseres Telefons waren schon bald abgenutzt, so oft wählte ich die Nummer des Postamts. Nur meinen Kummer konnte ich meinen Eltern nicht mitteilen, denn ich war niemals allein.

Meine Eltern bereuten allerdings damals schon ihre Entscheidung. Am Tag nach unserem Abschied fiel meine Mutter bei der Ankunft in der Südtürkei in Ohnmacht. Im Krankenhaus versuchte sie, meinem Vater ihren Zusammenbruch zu erklären: »Mir ist plötzlich bewusst geworden, dass die Hochzeit falsch war! Und Buket ist nun für immer so weit weg. War es das wirklich wert, Ömer? Wir wollten unbedingt den Wunsch unseres Freundes erfüllen, die Familien zu vereinen. Aber war sein Wunsch wirklich so wichtig, dass wir dafür unsere Tochter opfern mussten?«

Immerhin fand ich nach ein paar Monaten endlich eine Freundin. Eine andere Familie aus Mahmuts Dorf hatte zwei Jahre zuvor ein Mädchen als Schwiegertochter aus der Türkei geholt. Diese Ehe war glücklich, obwohl das junge Paar zunächst mit den Eltern und Schwägern in einer kleinen Wohnung leben musste. Irgendwann zogen sie in eine eigene Wohnung mit Hausmeisterstelle und Mahmut und ich gingen sie oft besuchen. So hatte ich endlich jemanden, mit dem ich ein wenig über meine Situation reden konnte, und mit der Zeit entwickelte sich eine tiefe Freundschaft, auf die ich bauen konnte, wenn ich Hilfe benötigte.

Schon kurze Zeit nach unserer Hochzeit bekamen wir finanzielle Probleme. Vorher hatte es noch geheißen, Mahmut verdiene gut und mich würde ein sorgenfreies Leben erwarten. Nun verlangte er von seiner Mutter das Restgeld vom Hochzeitskredit. Doch sie war eine gerissene Frau und hatte die 7 000 DM auf ein Konto in der Türkei überwiesen, auf das Mahmut keinen Zugriff hatte. Sie fragte, wo denn all das Geld hingehe, das Mahmut verdiene. Damit wurde jedoch der Hochzeitskredit abbezahlt. Mahmut ging sogar nebenbei im KaDeWe putzen, um noch etwas dazuzuverdienen. Wir konnten keinen Beitrag zur Miete leisten, aber gelegentlich übernahmen wir die Kosten für Einkäufe, die Telefon- oder die Gasrechnung.

Allerdings war Mahmut nur sehr widerstrebend bereit, etwas zum Haushaltsgeld beizutragen. Seine Mutter versteckte sogar ihre Kontoauszüge vor uns, damit wir keine Einblicke in ihre Finanzen bekamen. Sie hatte kein Vertrauen zu ihrem Sohn und folglich in Geldangelegenheiten offenbar auch nicht zu mir.

Unsere Freunde machten Mahmut die Idee schmackhaft, in eine günstige Hausmeisterwohnung zu ziehen. Er fand die Wohnung seiner Mutter ohnehin zu teuer und ich sollte dann den Hausmeisterjob übernehmen. Ohne unsere dürftigen Beiträge konnte meine Schwiegermutter die Wohnung nicht halten, sie wollte aber unter keinen Umständen ausziehen. Sie hatte so lange und so hart gearbeitet, um sich diesen Lebensstandard leisten zu können, dass sie es rundweg ablehnte, einen Rückschritt zu machen und in eine kleine, billigere Wohnung zu ziehen. Es kam zu einem ungeheuren Streit zwischen Mahmut und seiner Mutter. Als Reaktion auf unsere Wohnungssuche schloss meine Schwiegermutter schließlich ihr Schlafzimmer und das Wohnzimmer ab.

Ich hatte gar nichts mit Mahmuts Plänen zu tun, aber sie redete nun auch mit mir nicht mehr. Wenn sie an den Tagen nach dem Streit von der Arbeit kam und ich sie begrüßte, antwortete sie nicht und aß nicht, was ich kochte. Am dritten Tag machte ich mir nicht mehr die Mühe, sie zu begrüßen. Schnurstracks lief sie zum Telefon und jammerte ihrer Tochter vor: »Stell dir vor, jetzt begrüßt Buket mich nicht einmal mehr! Dabei geht es mir so schlecht! Ich habe Magenschmerzen vor Hunger, aber wegen dieser blöden Entzündung im Mund kann ich nichts essen.«

Mir platzte der Kragen. »Woher soll ich denn wissen, dass du nichts essen kannst, wenn du nicht mit mir redest?«, schrie ich sie an.

Als ich später Mahmut von dem Vorfall erzählte, war auch er sehr verärgert. »Jetzt reicht es, wir ziehen aus! Ich habe nämlich eine Wohnung.«

Ich fiel aus allen Wolken. Er meinte, wir hätten alles, was wir zur Einrichtung bräuchten, und so zogen wir kurzerhand in eine winzige, kalte und feuchte Erdgeschosswohnung mit uraltem Teppichboden. Unser Hab und Gut bestand aus einem Bett, das wir nicht aufbauten, einem Schrank, einem Topf vom Flohmarkt, unseren Kleidern und dem Videorekorder, allerdings ohne Fernseher. Wir legten einen Lattenrost auf den

Boden und darauf die Matratze, die nach kurzer Zeit schimmelte. Im Topf kochte ich Nudeln, vom Deckel aßen wir. Ein Freund drückte Mahmut aus Mitleid Geld in die Hand, so arm waren wir. Plötzlich lebte ich mit Mahmut allein. Er arbeitete, schlief, wir besuchten Bekannte, und auch bei diesen schlief er oft. Auf dem Rückweg von unseren Freunden stiegen wir immer ein paar Stationen früher vor einem Supermarkt aus der Bahn und nahmen dort Holzpaletten vom Müll mit, um Heizmaterial zu haben. Ich sammelte Groschen, um einige klägliche Lebensmittel kaufen zu können, und Mahmut brachte Brötchen von der Arbeit mit. Manchmal lebten wir nur davon. Eine Tante hatte Mitleid und brachte uns hin und wieder Essen oder Waschmittel vorbei.

Wie wir von Mahmuts Bruder erfuhren, konnte ihre Mutter die große Wohnung tatsächlich allein nicht halten und war gezwungen, ebenfalls auszuziehen. Erst ein halbes Jahr war seit unserer Hochzeit vergangen und ich hatte keinen Kontakt mehr zu meiner Schwiegermutter, der ich doch anvertraut worden war. Ich hatte ihr nichts Böses gewollt – in erster Linie war es Mahmut gewesen, der es mit seiner Mutter zum Schluss nicht mehr ausgehalten hatte. Ich wusste nicht mehr, was richtig war. Meine Schwiegermutter tat mir leid, sie wurde von ihrem Sohn so lieblos behandelt, dabei hatte sie sich immer für ihn aufgeopfert. Doch die ständigen Streitereien, die Machtkämpfe zwischen den beiden waren mir an die Substanz gegangen. Ihre theatralischen Reaktionen und seine jähzornigen Ausbrüche waren nervenaufreibend gewesen. Man hätte doch vernünftig miteinander reden können. In meiner Familie suchte man bei Streitigkeiten nach Lösungen, anstatt sich gegenseitig zu zerfleischen.

Nach nur zweieinhalb Monaten befand Mahmut, dass es so nicht weitergehe, und schaffte es, einen Kredit zu bekommen, der den vorherigen deckte. Von dem Geld kaufte er als Erstes einen Kühlschrank. Wir machten uns auf die Suche nach einer neuen Wohnung, und als bei einer Besichtigung bereits eine lange Schlange vor dem Haus stand, als wir ankamen, nahm Mahmut den Makler zur Seite und versprach ihm eine weitere Monatsmiete Provision, wenn wir den Zuschlag erhielten.

Am nächsten Tag überreichte er dem Makler das Geld und wir konnten die Wohnung mieten. Sie lag im dritten Stock und ich genoss das Tageslicht, das in die Räume drang. Endlich mussten wir keinen Schimmel mehr bekämpfen und das Badezimmer war sogar neu gefliest. Wir tapezierten und strichen jeden Raum, mehr schlecht als recht, aber ich war einfach nur froh, aus diesem kalten Loch weggezogen zu sein. Während der Renovierung übernachteten wir bei Mahmuts Schwester, die in der Nähe von unserem neuen Haus und Mahmuts Arbeitsstelle lebte. Sie selbst war währenddessen im Urlaub. Ich hielt ihre Wohnung in Ordnung, brachte alles zum Blitzen und Blinken, aber anschließend verlangte sie von uns eine Gasnachzahlung. Sie hatte offenbar vergessen, wie ich sie monatelang bekocht und sogar täglich ihren Sohn in den Kindergarten gebracht hatte. Das tat mir sehr weh. Man hilft doch gern, vor allem wenn einem selbst geholfen wurde, und nimmt nicht nur.

Wir waren schon in unser neues Heim gezogen, als ich eines Tages anfing, stark zu bluten. Ich wusste, dass ich wieder schwanger war, und ging sofort zum Arzt. Mehr als »Ja, aua aua!« brachte ich auf Deutsch nicht heraus und Mahmut musste für mich übersetzen. Der Arzt schickte mich ins Krankenhaus, wo sein Kollege mir erklärte, dass ich eine Fehlgeburt erlitten hatte. Niedergeschlagen ging ich auf die Toilette und sah den Blutklumpen hinterher, die im Abfluss verschwanden. Dieses Kind hatte ich gewollt, ich hatte mich darauf gefreut und war nun völlig allein mit meinem Schmerz. Wie gern hätte ich jetzt meine Mutter oder eine Schwester an meiner Seite gehabt, die mich tröstete und mir Mut machte. Aber ich hatte niemanden. Einige Tage blieb ich im Krankenhaus und Mahmut versprach, mich zu besuchen. Aber er kam entweder gar nicht oder sehr viel später als vereinbart und blieb auch dann nur kurz. Meine Nöte und Bedürfnisse interessierten ihn nicht.

Meine Eltern erfuhren erst Wochen später davon, denn wir hatten in der neuen Wohnung kein Telefon. Immerhin kam mich schließlich meine Schwiegermutter besuchen und der Kontakt war wiederhergestellt, auch wenn unser Verhältnis nie wieder so herzlich wurde wie vor Mahmuts und meinem Auszug. Ich glaube, sie warf mir insgeheim vor, dass ich schuld sei an dem Zerwürfnis mit ihrem Sohn. Das Problem dabei war, dass nicht offen miteinander geredet wurde. Überhaupt redeten die Türken, die ich in Berlin kennenlernte, viel zu wenig miteinander. Jeder wollte seinen Willen durchsetzen, es gab viel Heimlichtuerei und Trickserei, um ans Ziel zu gelangen. So etwas kannte ich vorher nicht.

Eines Tages entdeckte Mahmut auf dem Ku'damm einen gebrauchten Ford Capri, der zum Verkauf stand. Er war sofort in den Wagen verliebt und entschied von jetzt auf gleich, dass er das Auto brauche, weil er nicht mehr mit der Bahn zur Arbeit fahren wolle. Also kaufte er es von unserem letzten Geld. Wir hatten nun eine neue Wohnung, ein Auto und eine graue Kunstledercouch. Unser Bett und den Schrank hatte Mahmut verkauft, um neue Möbel zu kaufen, aber bevor er das tun konnte, ging ihm das Geld aus. Also schliefen wir auf einer Matratze, die auf Pappkartons lag. Das Auto ging im Übrigen schnell kaputt. Kaum hatten wir mal etwas Geld gehabt, war es Mahmut auch schon wie Sand durch die Finger geronnen.

Im Frühjahr 1987 fuhren wir erstmals wieder in die Türkei. Mahmut sollte den Wehrdienst antreten. Wir zahlten 15 000 DM in Raten beim türkischen Konsulat ab, damit er nur die zweimonatige Grundausbildung absolvieren musste. Zu der Zeit tobten an der türkischen Grenze schlimme Schneestürme und unsere Familien flehten ihn an, nicht jetzt zu fahren und bloß nicht mit dem Auto! Meine Schwägerin wollte uns sogar die Flugtickets bezahlen. Aber Mahmut war taub gegen alle Bedenken, denn er wollte im Dorf mit seinem neuen Auto angeben: einem uralten braunen Audi 80. Der Verkäufer hatte ihn schon gewarnt, er solle dem Auto nicht mehr allzu viel zumuten, aber Mahmut raste mit mir quer durch Europa, sodass der Wagen schon in Jugoslawien den Geist aufgab. Öl lief aus, unter der Motorhaube quoll dichter Rauch hervor.

Wichtigtuerisch krempelte Mahmut die Ärmel hoch und öffnete die Motorhaube. Ratlos blickte er auf die Technik hinunter, ruckelte hier, zupfte da, und mir kam der Gedanke, dass mein Mann wohl der einzige Türke war, der keine Ahnung von Autos hatte. Schließlich half uns jemand und schon rasten wir weiter bis zur türkischen Grenze. Gerade mal 28 Stunden hatten wir von Berlin bis in die Türkei gebraucht. Auf meine dringenden Bitten hin hatte Mahmut wenigstens Schneeketten gekauft und nun mühten wir uns im hüfthohen Schnee damit ab. Wir wussten nicht, wie man sie anbringt, verloren eine, suchten im Schneegestöber danach und mussten schließlich ohne sie weiterfahren. Vor lauter Schnee konnten wir die Straße nicht mehr sehen. Mein Vater war so in Sorge, dass er über den Polizeifunk regelmäßig nach unserem Verbleib fragte. Mit mehr Glück als Verstand kamen wir heil ans Ziel.

Mahmut machte seine Grundausbildung und ich verlebte 800 Kilometer von ihm entfernt eine wunderbare Zeit bei meinen Eltern. Auf keinen Fall wollte ich diese vertraute Harmonie und ausgelassene Fröhlichkeit zwischen uns zerstören und erzählte deshalb nur bruchstückhaft von all den Problemen, die ich mit Mahmut und seiner Familie hatte. Meine Eltern hätten sich ansonsten nur fürchterlich aufgeregt, meine Mutter hätte pausenlos geweint und mein Vater gewütet. Also berichtete ich nur beiläufig, dass Mahmut und seine Mutter sich gestritten hätten und wir deshalb in eine eigene Wohnung gezogen wären. Seitdem sei zwischen uns dreien alles wieder in bester Ordnung, auch wenn das Zusammenleben nur mit Mahmut eher gewöhnungsbedürftig als angenehm sei. Meine Eltern hätten ja doch nichts bewirken können und in meiner Naivität war ich immer noch der Meinung, ich könnte Mahmut mit der Zeit davon überzeugen, sein Verhalten zu ändern.

Während seines Wehrdiensts sollte ich ihn alle zwei Wochen besuchen. Also setzten sich meine Mutter und ich in einen klapperigen Bus und tuckerten im 14-Tage-Rhythmus die ganze Strecke hin und wieder zurück. Zwei Wochen vor dem Ende seiner Ausbildung weigerte ich mich, die beschwerliche Reise noch einmal auf mich zu nehmen. Die paar Tage konnte er jetzt auch noch warten. Er war wütend und beleidigt, denn nun musste er noch länger auf Sex verzichten.

Schließlich fuhren meine Mutter und ich ein letztes Mal zu Mahmut, um ihn abzuholen. Die ganze Stadt, in der die Kaserne lag, war für die Soldaten geschmückt. Es gab ein großes Tamtam, obwohl die Grundausbildung ja nur lächerliche zwei Monate gedauert hatte. Mahmut hatte den Wunsch geäußert, in sein Dorf zum Grab seines Vaters zu reisen, um diesem sagen zu können, dass er in der Armee gedient hatte. Wir schliefen bei einer Tante, in einem typisch dörflichen Haus: Unten waren die Ziegen untergebracht und oben wir. Mit meiner Mutter teilten wir uns einen Raum und nicht einmal dort konnte er die Finger von mir lassen. Er bedrängte mich rücksichtslos und nahm sich, was er wollte. Das war peinlich genug, aber noch viel peinlicher war, als meine Mutter mir Jahre später sagte, sie habe damals alles mitbekommen. Sie war erschüttert über Mahmuts Respektlosigkeit und wunderte sich, dass ich es zugelassen hatte, in ihrem Beisein derart grob genommen zu werden. Sie glaubte tatsächlich, ich hätte Gefallen daran, und sprach mich lange Zeit nicht darauf an, um mich nicht in Verlegenheit zu bringen.

Ich war traurig, als wir wieder im Auto nach Berlin saßen. Die Zeit mit meinen Eltern und Brüdern hatte mir gutgetan, jetzt fuhr ich zurück in den tristen Alltag und die Isolation. Es tauchten immer mehr Probleme auf. Dass Mahmut nicht gut mit Geld umgehen konnte, wusste ich ja bereits. Aber als ich erfuhr, dass er regelmäßig mit einem Freund in die Spielbank ging, traf mich fast der Schlag. Wir hatten doch ohnehin nicht genug – wir hatten Schulden! Wie konnte er da so gewissenlos Geld verspielen? Von seiner Mutter erbettelte Mahmut eines Tages 4 000 DM. Als er daraufhin wieder in die Spielbank ging, kam ich kurzerhand mit. Ich wollte wissen, was er mit dem Geld anstellte, denn ich hatte zuvor die vier braunen Scheine in seinem Portemonnaie gesehen. Mir war nicht klar, was er an den Spieltischen tat, ich verstand nichts davon, aber nach 20 Minuten sagte er, wir könnten gehen. Das Portemonnaie war leer. Ich traute meinen Augen nicht! Ich war doch extra mitgekommen, um Schlimmeres zu verhindern – doch dass er so viel Geld in so kurzer Zeit verlieren könnte, hätte ich niemals erwartet. Auf meine Fassungslosigkeit reagierte er recht einsilbig: Er habe heute eben kein Glück gehabt.

Ich fand heraus, dass es möglich ist, in einer Spielbank Bescheid zu geben, wenn jemand verantwortungslos Geld verspielt, und dass die Spielbank ihm dann Hausverbot erteilt. Irgendwann konnte ich es nicht mehr länger mit ansehen und drohte Mahmut mit einem Hausverbot bei der Spielbank, weil er dort weiterhin Gast war, obwohl er oft gesagt hatte, er würde mit dem Spielen aufhören. Als Antwort gab er mir eine so schallende Ohrfeige, dass ich von der Wucht auf unser Pappkarton-Matratzenlager geschleudert wurde. Diese Ohrfeige war die zweite in unserer Ehe. Die erste hatte ich mir eingefangen, als ich auf einer

Hochzeit von Bekannten in Berlin getanzt hatte. Mahmut verlangte damals, dass ich mich hinsetzte. Aber ich tanzte weiter. Vor allen Gästen schlug er mich, weil ich ungehorsam gewesen war. Das war ein Schock! Dass er überhaupt die Hand gegen mich erhob, entsetzte mich. Und dass er bei einem solch nichtigen Anlass dermaßen zuschlug, nahm mir schier den Atem. Mit diesem Mann sollte ich mein ganzes Leben verbringen? Auf dieser Hochzeit nahm mich meine Schwiegermutter noch in Schutz. Während ich weinend am Tisch saß, schimpfte sie mit ihrem Sohn. Aber Mahmut ließ nicht mit sich reden, nie. Er fing in der Regel sofort an zu brüllen, drohte und schüchterte alle ein. Und sie ließen ihn in Ruhe.

Seit wir nur zu zweit lebten, war ich ihm völlig ausgeliefert. Und es kam noch schlimmer. Meine türkische Freundin erzählte mir von einem kostenlosen Deutschkurs. Einige Male ging ich mit ihr dorthin, bis Mahmut es mir verbot: »Die Deutschen bringen dir nur schlechte Dinge bei. Ich dulde das nicht!«

Was für schlechte Dinge?, dachte ich mir. Die Sprache, mit der ich mich in Berlin zurechtfinde und nicht mehr so sehr von meinem Mann abhängig bin? Andere Frauen zu treffen, mit denen ich mich austauschen und neue Möglichkeiten entdecken kann? Ein neues Selbstwertgefühl und Selbstvertrauen? Ich ging zwar nicht mehr zu dem Kurs, aber ich hatte bereits ein dickes Wörterbuch gekauft. Mit dessen Hilfe begann ich heimlich, die zahlreichen Briefe zu übersetzen, die von Mahmuts Ex-Freundin und einer Behörde kamen. Immer wieder tauchte darin ein Jungenname auf: Manuel Mahmut Schulz. Auf diese Weise fand ich heraus, dass mein Mann bereits einen Sohn hatte, für den er keinen Unterhalt zahlen wollte.

Ich blieb ganz ruhig und dachte nur: Aha, das also auch noch. Geschlagen hat er mich ja schon, er lügt mich an und ein Kind hat er außerdem noch.

Ich wagte es, Mahmut zur Rede zu stellen.

Er war nicht sonderlich beeindruckt. »Ach, so ein Quatsch! Das ist alles ganz anders, du verstehst das falsch. Das Kind ist überhaupt nicht von mir und mit der Frau bin ich nie zusammen gewesen. Sie ist die Freundin eines Freundes, und jetzt will mir die blöde Schlampe dieses Kind unterschieben.«

Ich glaubte ihm kein Wort. Seltsamerweise tat mir das Kind mehr leid als ich mir selbst. »Warum hast du keinen Kontakt zu dem Kind?«, bohrte ich weiter.

»Na, es ist doch ein deutsches Kind. Was soll ich denn mit ihm? Außerdem hat die Frau ständig andere Männer, das Kind kann von jedem sein. Ich denke nicht daran, dafür zu zahlen!«

Auch meine Schwiegermutter nahm ich ins Gebet, meine Schwäger und die türkischen Bekannten ebenso. Alle wussten, dass er eine deutsche Freundin gehabt hatte, schließlich wurde er deshalb von seiner Familie in der Türkei festgehalten. Angeblich hatte keiner eine Ahnung gehabt, dass sie damals schon schwanger war. Doch obwohl alle aus Mahmuts Dorf im Bilde gewesen waren, hatte niemand mich rechtzeitig über die Situation aufgeklärt. Allen, mit denen ich sprach, sagte ich ins Gesicht, wie unendlich enttäuscht ich von ihnen war.

Sie versuchten, mich zu beschwichtigen: »Weißt du, Buket, das ist ganz normal. Hier in Deutschland machen alle jungen Männer irgendeinen Blödsinn. Das ist der schlechte deutsche Einfluss. Aber die Sache mit Mahmuts Freundin ist ja längst Vergangenheit, nicht der Rede wert. Schwamm drüber – schau nach vorn! Mahmut ist doch jetzt ein verheirateter Mann, er wird so etwas nie wieder machen. Und falls doch, sind wir alle für dich da!«

Was für ein Trost! Schande, Lug und Betrug, Schläge und Demütigung, all das sollte ich einfach schlucken und verzeihen. Ein Kind zu zeugen war offenbar leichtsinniger Blödsinn, auf einer Hochzeit aus purer Lebensfreude zu tanzen verdiente Schläge. Das war die beschränkte, ewig gestrige Welt der Familie, in die ich geraten war. Was sollte ich tun? Davonlaufen? Allein von Berlin in die Türkei zu meinen Eltern flüchten? Ich war abhängig von Mahmut, umso mehr, als ich schon wieder ein Kind von ihm erwartete.

Mahmut schwor, dass er weder mit dieser deutschen Frau noch mit ihrem Kind etwas zu tun habe: »Die beiden interessieren mich kein bisschen. Ich arbeite sogar schwarz, damit ich keinen Unterhalt zahlen muss.«

Mir tat der Gedanke weh, dass das Kind ohne Vater aufwachsen musste und so von Mahmut im Stich gelassen wurde.

Diese Ungerechtigkeit ließ mir keine Ruhe und ein paar Jahre später hatte ich genug davon. Ich ertrug es nicht länger, dass Mahmut keinen Unterhalt zahlen wollte. Mittlerweile verfügte ich durch Putzstellen über ein eigenes kleines Einkommen und so ging ich selbst zum Jugendamt und erteilte eine Einzugsermächtigung von meinem Konto zugunsten der Mutter des Kindes. Was konnte das Kind denn für dieses ganze Schlamassel? Wenn es schon keinen Vater hatte und so lieblos fallen gelassen wurde, dann sollte es wenigstens das ihm zustehende Geld bekommen. Die Angestellte beim Jugendamt verstand zunächst nicht, was ich ihr zu erklären versuchte. Immer wieder fragte sie mich, ob ich die Mutter des Kindes sei und das Geld haben wolle. Sie glaubte, es müsse sich um ein Missverständnis handeln, da ich mich aufgrund meiner miserablen Deutschkenntnisse nicht ausreichend verständlich ausdrücken konnte. Nein, wiederholte ich geduldig, ich sei die Ehefrau, die für das uneheliche Kind ihres Mannes zahlen wolle. Verblüfft erwiderte die Angestellte schließlich, so etwas habe sie noch nie erlebt.

Diese ständigen Lügen, diese Heimlichtuerei – mit der Zeit machte mich das krank. Irgendwann erfuhr ich, dass Mahmut sich von anderen Geld lieh. Ich hatte mich schon gewundert, warum wir regelmäßig Leute besuchten, die ich kaum kannte und auch nicht sonderlich mochte. Mahmut hatte Schulden bei ihnen und versuchte nun, sich mit ihnen gut zu stellen. Er brachte mich damit in höchst peinliche Situationen. Da ich nichts von dem geliehenen Geld wusste, bedankte ich mich bei unseren Bekannten nicht dafür, sondern saß ahnungslos mit ihnen zusammen. Sie mussten mich für furchtbar unhöflich und undankbar halten und redeten vermutlich hinter meinem Rücken schlecht über mich. Ich hielt Mahmut vor, dass er mich nicht über den Umfang seiner Schulden informiert hatte. Wenn er plötzlich sterben würde, könnte jeder kommen und Geld von mir verlangen. Mahmut hatte überhaupt kein Verantwortungsgefühl. Er dachte nur an seinen Vorteil.

8. Kapitel

Es ist spät geworden. Ich packe meine Sachen zusammen, überprüfe, ob alle Fenster geschlossen sind, und ziehe meine Schuhe an. Ich bin wieder länger geblieben, als ich soll. Aber ich kann es nun mal nicht leiden, wenn ich etwas nicht fertigbekomme. Jetzt sind neben der Grundreinigung eben alle Fenster geputzt, nicht nur die Hälfte. Eine unbezahlte Stunde, aber was soll's. Die Kundin wird sich freuen. In den meisten türkischen Familien müsste ich als Frau das Geld, das ich verdiene, meinem Mann geben. Es gilt oft schon als Fortschritt, wenn die Frau überhaupt arbeiten gehen darf.

In Geldangelegenheiten entscheidet allein der Mann. Ob ein Haus gekauft oder das Geld ins Casino getragen wird – das ist Männersache. Manche Frauen können dankbar sein, wenn ihre Kinder nicht verhungern. Die Rollenverteilung ist ganz einfach: Der Mann verdient das Geld, er ist der Ernährer der Familie, deshalb hat er das Sagen. Frauen gelten als Eigentum des Mannes. Sie dürfen nicht allein verreisen oder sich weiterbilden, geben mit der Heirat jede Selbstständigkeit auf und sorgen häufig nur noch für das Wohl der Familie.

Der Mann muss die Ehre der Frau verteidigen. Das bedeutet im Umkehrschluss, dass er sie in ihren Freiheiten einschränkt. Andererseits wird es insgeheim toleriert, wenn der

Mann fremdgeht. Häufig wissen Freunde und Familie über den Ehebruch Bescheid, aber keiner sagt etwas. Heimlichtuerei ist ein wichtiger Bestandteil in der türkischen Gesellschaft. Probleme werden einfach totgeschwiegen, denn sonst könnte der Ruf Schaden nehmen. Auch wenn nicht offen über die Seitensprünge eines Mannes geredet wird, so sind Männer doch stolz darauf und geben unter sich damit an.

Deutsche Freundinnen sind unter in Deutschland lebenden Türken sehr begehrt. Eine Affäre mit ihnen zeigt, wie gut der Mann sogar bei deutschen Frauen ankommt. Auch die Familien sind oft angetan, solange es nur um Sex und eine Liebelei geht. Denn für eine Hochzeit kommen deutsche Frauen nicht infrage. Sie werden alle als Schlampen betrachtet. Wenn eine türkische Frau mit einem Deutschen eine Beziehung eingeht, dann gnade ihr Gott! Wenn sie fremdgeht, ist sie eine Hure und wird geächtet – bestenfalls. In der Türkei sagt man: Die Frau, die fremdgeht, bringt das fremde Sperma mit nach Hause. Der Mann lässt sein Sperma ja woanders. Deshalb werden seine Seitensprünge als weniger schlimm empfunden. Überhaupt gilt für viele türkische Männer: Dann machen sie sich eben die Hände schmutzig, ist doch egal! Einmal waschen und der Schmutz ist weg.

9. Kapitel

Als ich im fünften Monat schwanger war, besuchte ich meine Eltern allein in der Türkei. Drei ganze Wochen lang. Ich wäre natürlich gern noch länger geblieben, aber Mahmut wollte nicht so lange auf seine Frau verzichten.

Meine Mutter war ganz begeistert davon, dass der nette Schwiegersohn seine Angetraute sogar allein in die Türkei reisen ließ. »Sieh mal«, sagte sie und tätschelte meine Wange, »so schlimm ist er doch gar nicht. Nicht alle Männer lassen ihre Frauen allein verreisen. Hab Geduld mit ihm und halte die Familie zusammen. Das wird alles noch.«

Was hatte ich für eine Wahl? Meine Mutter redete sich weiterhin ein, dass Mahmut ein guter Mann für mich sei. Ich lebte weit weg in einem fremden Land und alles Fremde erschien ihr erst einmal bedrohlich. Also musste ich beschützt werden und Mahmut war der perfekte Beschützer. So riet sie mir, mich von ihm immer zu Hause einschließen zu lassen, wenn er arbeiten ging. Ein guter Ehemann tue das in einer gefährlichen Stadt wie Berlin, damit seiner Frau nichts passiere.

Ich traute meinen Ohren nicht! »Und wenn mir in der Wohnung etwas zustößt? Wenn etwas mit dem Baby ist? Wer hilft mir denn dann?«, entgegnete ich entrüstet.

Doch ich konnte und wollte meinen Eltern keine Vorwürfe machen. Zwar beschwerte ich mich über Alltagsprobleme mit Mahmut, doch von den wirklich belastenden Dingen wie dem unehelichen Sohn, den Schulden, den Lügen, der Aggression erzählte ich weiterhin nichts.

Jetzt wollte ich mich erst einmal auf das Baby freuen, fertigte mit meiner Mutter Deckchen und Stoffwindeln an, kaufte mit meinem Vater Schwangerschaftskleidung und betrachtete immer wieder entzückt die beiden neu erstandenen kleinen Strampler.

Schon bald wurde die gute Stimmung allerdings wieder durch Mahmut getrübt. Es war vereinbart, dass wir einmal pro Woche miteinander telefonierten. Schon beim zweiten Gespräch beschwerte er sich bei meinem Vater, dass ich ihm zu Hause nicht gehorchte. Ich würde meine Freundin besuchen, obwohl er das nicht wolle. Ich fiel aus allen Wolken und musste mir erst einmal zusammenreimen, was er wohl meinte. Bisher hatte er doch nie etwas gegen diese Besuche gesagt.

Meine Mutter war gleich auf seiner Seite: »Dann geh doch nicht hin, wenn er das nicht will!«

»Was?«, schrie ich entsetzt. »Mahmuts Familie sagt ›Sitz!‹ und ich setze mich? Es gibt überhaupt keinen vernünftigen Grund, weshalb ich meine Freundin nicht besuchen sollte. Mahmut fällt mir in den Rücken, weil seine Mutter ihn aufgehetzt hat!«

Und dann erzählte ich meinen Eltern eine absurde Geschichte von vielen, die ich in Berlin jeden Tag erleben musste: Meine Schwiegermutter war eine recht lockere Frau. Sie tanzte, scherzte und lachte gern und machte dabei keine großen Unterschiede zwischen Männern und Frauen. Sie verstand sich gut mit dem Schwiegervater meiner türkischen Freundin. Nach einer Feier stand dieser eines Morgens in aller Frühe vor ihrer Tür, klopfte und rief sie leise. Allerdings hatten mein Schwager und seine Frau bei meiner Schwiegermutter geschlafen und so stand der alte Mann plötzlich ihrem sehr erzürnten Sohn gegenüber. Dieser jagte ihn mit viel Geschrei davon und verbot seiner Mutter jeden weiteren Kontakt. Meine Schwiegermutter war sehr beleidigt und meinte, wenn sie keinen Kontakt mehr zu ihm haben dürfe, dann müssten Mahmut und ich uns von der ganzen Familie fernhalten.

»Was habe ich denn damit zu tun?«, fragte ich sie. »Ich treffe mich doch mit seiner Tochter, die in einer ganz anderen Wohnung lebt. Sie ist meine einzige Freundin hier und jetzt soll ich sie nicht mehr sehen dürfen, weil du mit ihrem Vater nichts mehr zu tun hast?«

Mahmut war derselben Meinung wie ich und wir besuchten unsere Freunde weiterhin. Meine Schwiegermutter war erbost und nutzte nun meinen Aufenthalt bei meinen Eltern, um sich bei Mahmut zu beschweren, wie ungehörig und eigensinnig ich sei. Vorher hatte sie meine Qualitäten als Schwiegertochter noch überschwänglich gelobt und überall gepriesen, doch sobald ich einen eigenen Willen entwickelte, war ich ihr ein Dorn im Auge. Offensichtlich auf ihr Drängen hin beklagte sich Mahmut beim nächsten Telefonat wiederholt bei meinem Vater.

Dieser reagierte nun, da er wusste, worum es ging, ganz anders als meine Mutter. Er brüllte regelrecht in den Telefonhörer: »Mit meiner Tochter ist alles in Ordnung! Wenn dir etwas nicht passt, dann brauchst du Buket nicht mehr zu sehen und das Kind auch nicht!«

Nach dem Telefonat beschwichtigte ich meinen Vater, um ihn nicht noch mehr aufzuregen, und sagte ihm, dass ich in Berlin die Angelegenheit selbst klären würde. Rückblickend war das ein Fehler. Ich wäre besser bei meinen Eltern in der Türkei geblieben. Diese Streitigkeit war jedenfalls bald kein Thema mehr, ich besuchte weiterhin meine Freundin und meine Schwiegermutter blieb beleidigt.

Bei den ärztlichen Untersuchungen erfuhren Mahmut und ich bald darauf, dass wir ein Mädchen bekommen sollten. Wir hatten vereinbart, dass ein Junge Suleyman heißen sollte und bei einem Mädchen ich den Namen aussuchen dürfte. Voller Vorfreude forschte ich nun nach einem seltenen türkischen Namen mit einer schönen Bedeutung und entschied mich schließlich für Ceylin, das Tor zum Paradies. Mahmut war einverstanden. Ich streichelte meinen Bauch und sprach mit ihr, ich erzählte anderen von den Bewegungen der kleinen Ceylin. Ich war verliebt in dieses Baby und in den Namen, den ich ihm gegeben hatte.

An einem lauen Frühlingsabend im Jahr 1988 wurde ich wach, weil ich starke Schmerzen hatte und mir Wasser die Beine herunterlief. Mühevoll weckte ich Mahmut und wir fuhren ins Krankenhaus. Er übersetzte mir, was die Ärzte sagten. Es werde noch eine Weile dauern und ich solle mich erst einmal in die Badewanne legen. Prompt ließen die Schmerzen nach und ich genoss die Wärme. So schlimm ist eine Geburt ja gar nicht, dachte ich zufrieden.

Kurze Zeit später war ich ganz anderer Meinung: Ich solle nicht schreien, sondern drücken, ermahnte mich der Arzt, aber ich schrie – und wie! Dabei quetschte ich Mahmuts Arm, bis das kleine Menschlein hinausglitt und mir auf den Bauch gelegt wurde. Ich war so glücklich über diesen kleinen Körper. Seine Wärme spüre ich noch heute in meiner Erinnerung. Jetzt war ich Mutter mit gerade einmal 19 Jahren, hielt mein Kind im Arm und konnte dieses Wunder kaum fassen. Noch am selben Tag kam die gesamte Berliner Verwandtschaft und Bekanntschaft wie ein Wirbelsturm durch das Zimmer gefegt und ich musste allen von der Geburt erzählen, das Baby herumzeigen und mich drücken und küssen lassen.

Mein Kind wurde mir im Krankenhaus nur zum Stillen gegeben und anschließend wieder ins Babyzimmer gebracht.

Mit meiner schmerzenden Dammschnittnaht schlich ich ständig über den Gang dorthin, um durch die Fenster selig mein Kind zu betrachten. Wenige Tage nach der Geburt brachte die Krankenschwester die Unterlagen für die Namensgebung und ich sah dabei zu, wie Mahmut den Namen Ceylin eintrug.

Schließlich kam ich nach Hause und versuchte, meine Tochter mit den Stoffwindeln zu wickeln. Als Wickeltisch stellte ich zwei Unterschränke übereinander. Die Dammnaht schmerzte sehr und ich mühte mich mit den Tüchern ab, aber immer wieder entstand ein viel zu großes Windelpaket, in dem mein Kind regelrecht verschwand. Es hatte keinen Sinn, Fertigwindeln mussten her. Ich weckte Mahmut und sagte ihm das.

»Ja, okay, du kannst gehen«, war seine Antwort.

Ich war nicht sonderlich überrascht, dass er nicht auf die Idee kam, selbst Windeln zu besorgen. Stattdessen musste ich, geschwächt von der Geburt und wegen der Dammnaht watschelnd wie eine Ente, den weiten Weg zur Drogerie gehen. Dabei war ich in großer Sorge, dass Mahmut wieder einschlafen und das Baby vernachlässigen könnte. Also beeilte ich mich. Es war eine Quälerei. Zu den Schmerzen kam hinzu, dass aus meinen Brüsten Milch zu laufen begann. Mein Shirt war klatschnass, als ich wieder zu Hause ankam. Dort hatte inzwischen die Stoffwindel den Nabel des Babys wund gerieben und dieser fing an zu bluten.

Ohne mir eine Verschnaufpause zu gönnen, holte ich mir sofort telefonisch Rat bei meiner Schwiegermutter, versorgte dann mein Baby und war anschließend fix und fertig. Mahmut kümmerte das überhaupt nicht. Kinder waren seiner Meinung nach ausschließlich Frauensache. Ich war überfordert und überanstrengt. Dass ein Baby einen dermaßen aus der Bahn werfen konnte, hatte ich nicht geahnt. Mein Mann war mir überhaupt keine Hilfe, im Gegenteil: Ihn musste ich ja auch noch versorgen und er erwartete, dass ich funktionierte.

Ein paar Tage später kam der Brief mit der Geburtsurkunde. Darin stand der Name Ayse. Ich war wie vor den Kopf gestoßen. Diesen Allerweltsnamen konnte ich überhaupt nicht leiden. Völlig entsetzt rannte ich zu Mahmut. »Warum steht da Ayse, wir haben sie doch Ceylin genannt. Ich habe doch gesehen, wie du den Namen aufgeschrieben hast. Das kannst du nicht machen! Seit dem vierten Monat nenne ich sie Ceylin!«

Mahmut druckste herum, er war sichtlich verlegen. »Meine Mutter hat sich so gewünscht, dass die Kleine Ayse heißt, weil ihre Schwiegermutter doch Aysa hieß. Sie wollte für unser Kind einen Namen, der so ähnlich klingt. Ich konnte einfach nicht Nein sagen. Aber ich werde den Namen noch mal ändern lassen.«

Tatsächlich änderte er den Namen erneut, allerdings gab er nun an, dass das Kind zwei Vornamen tragen solle: Ayse Ceylin. Nun entbrannte zwischen uns ein heftiger Streit, welcher der beiden Namen der Rufname sein sollte. Mein Schwager meinte, es löse doch nur Verwirrung aus, wenn seine Familie das Kind Ayse nenne und ich darauf beharre, dass sein Name Ceylin sei. Seine Frau rief mich sogar an und fragte, wie ich sie denn nun nennen möchte, sie wolle dem Baby ein Armband mit Namenszug schenken. Es war eigentlich richtig von ihr, mich als Mutter danach zu fragen. Aber damals war ich noch viel zu schnell eingeschüchtert von Mahmuts Ausrastern und so gab ich mich schließlich geschlagen. Ich sagte ihr, Mahmut habe alles versaut und ich hätte einfach keine Lust mehr zu kämpfen. Sie könne den Namen Ayse in das Armband gravieren lassen.

Wieder fühlte ich mich völlig alleingelassen, keiner stand auf meiner Seite oder setzte sich für mich ein. Wenn Mahmuts Familie anwesend war, nannte ich mein Kind Ayse, wenn ich mit ihm allein war, Ceylin. Niemals werde ich Mahmut verzeihen, dass er mich so hintergangen hat und meine Tochter nun einen Namen trägt, den ich nicht mag.

Meine Schwiegermutter erzählte mir später ganz ahnungslos, dass Mahmut ihr vorgeschlagen habe, das Kind Ayse zu nennen, wegen der Ähnlichkeit zum Namen ihrer Schwiegermutter. Sie habe sich sehr über unsere Entscheidung gefreut. So viele Lügen! Manipulativ war sie ebenso wie ihr Sohn, aber in diesem Fall glaube ich ihr sogar. Denn Mahmut ließ keine Gelegenheit aus, um die Kontrolle an sich zu reißen. Was ich mir wünschte, dachte oder fühlte, spielte keine Rolle.

Ich klagte meinen Eltern mein Leid. Doch meine Mutter versuchte nur, mich zu beschwichtigen: »Ach, der Name ist doch nicht so wichtig!«

Mein Vater dagegen war voller Wut auf Mahmut: »Dein Mann sammelt immer mehr Minuspunkte! Schon wieder hat er bewiesen, dass er nicht normal ist. Mit ihm stimmt etwas nicht!«

Ich schluckte den Kummer hinunter, aber der Groll in mir wuchs und wuchs. Damals hatte ich noch nicht den Mut, mich gegen ihn zu wehren. Auch die Kraft und die Nerven dazu besaß ich nicht. Ich musste mich um ein Neugeborenes kümmern, war voller Sorge wegen Ceylins Bauchnabel, der ständig blutete, weshalb ich mir große Vorwürfe machte; außerdem hatte sie entzündete Augen, regelmäßig musste ich mit ihr zum Arzt und wir hatten Geldsorgen. Das allein war schon zu viel für mich als junge Mutter. Ich konnte nicht auch noch gegen meinen Mann und seine Familie ankämpfen.

Als Ceylin zur Welt kam, hatte sie gar keine Haare, keine Augenbrauen und keine Wimpern, aber graublaue Augen wie mein Vater. Weil das Kind so hellhäutig und haarlos war, musste ich mehrmals Kreuzverhöre von Mahmut über mich ergehen lassen, weil er glaubte, ich sei fremdgegangen. Seinen Kollegen sei auch schon aufgefallen, dass das Baby blond sei, was ja bei türkischen Eltern gar nicht sein könne. Solche Unverschämtheiten musste ich noch zusätzlich ertragen. Wie hätte ich denn fremdgehen sollen? Ich kannte keinen deutschen Mann, ich konnte kein Deutsch. Hielt Mahmut so wenig von mir, dass er ernsthaft glaubte, ich würde auf die Straße gehen und mich mit dem nächstbesten Deutschen einlassen? Allein diese Bezichtigung der Untreue wäre schon ein Trennungsgrund gewesen.

Meine Tage nach der Geburt bestanden aus Stillen, Windelnwechseln, Kochen und Wäschewaschen. Ein richtiges Wochenbett, in dem ich mich ausruhen konnte und von meinen Lieben umsorgt wurde, hatte ich nicht. Ich musste ständig Wäsche waschen, weil ich nur wenig Babykleidung besaß. Immerhin verfügten wir inzwischen über eine Waschmaschine. Nach der Fehlgeburt hatte sich Mahmut dazu durchgerungen, eine zu kaufen. Vorher hatte ich die Wäsche per Hand in der Badewanne gewaschen. Seine völlig verdreckte, schwere Arbeitskleidung musste ich sogar in einem riesigen Topf vorkochen, damit sich der Schmutz überhaupt löste. Er wechselte die Kleidung nicht regelmäßig, sondern arbeitete oft tagelang in schmutziger Wäsche. Nach dem Waschen tropfte die Kleidung über der Badewanne ab, weil ich allein gar nicht die Kraft aufbrachte, das ganze Wasser auszuwringen. Anschließend wurde sie zum Trocknen auf den Ofen gelegt. Mahmut hat mir bei dieser Arbeit nie geholfen.

Eine Woche nach der Geburt fiel mir die Decke auf den Kopf und ich wollte mit dem Baby nur noch raus aus der Wohnung. Meine Schwiegermutter schrie am Telefon entsetzt auf, als ich ihr das erzählte, und versuchte, mir den Ausflug auszureden. Schließlich ist es unter Türken ein ungeschriebenes Gesetz, dass eine frischgebackene Mutter 40 Tage lang nicht das Haus verlassen darf. Warum das so ist, konnte sie mir aber nicht beantworten. Also ging ich. Wir hatten jedoch keinen Kinderwagen, sondern nur eine geliehene Tragetasche. Ich mühte mich mit der unhandlichen Tasche ab, die zum dauerhaften Transport viel zu schwer war; alles tat mir weh, aber Ceylin kam zumindest ans Sonnenlicht und an die Luft und mir tat der Ausflug auch gut.

Ohne Kinderwagen konnte ich Ceylin nicht zum Einkaufen mitnehmen. Immer hatte ich Angst, dass ihr in meiner Abwesenheit etwas zustoßen könnte und Mahmut es nicht bemerkte, weil er so tief schlief. Diese Ängste waren keine Fantastereien einer überbesorgten Mutter, wie sich bald herausstellte.

Ceylin war inzwischen vier Wochen alt. Jedes Mal, bevor ich aus dem Haus ging, schärfte ich Mahmut ein, bloß nicht einzuschlafen. Ich verließ mich notgedrungen auf sein »Jaja, mach ich schon nicht« und hetzte los. Rund zwei Kilometer musste ich zum nächsten Supermarkt laufen. Als ich verschwitzt wieder zu Hause ankam, schrie Ceylin wie am Spieß und Mahmut schlief wie ein Toter. Verzweifelt rüttelte ich ihn wach und hielt ihm das schreiende Kind hin. Aber er bekam kaum etwas mit, drehte sich auf die Seite und schlief weiter.

Ich versuchte, Ceylin zu stillen, doch sie schrie mit knallrotem Kopf weiter. Ich wechselte die Windeln und sie schrie noch lauter. Mir fiel auf, dass sie ein Beinchen wie im Krampf anzog und nicht ablegen konnte. Ich massierte ihren Bauch und spürte eine harte Kugel unter der Haut. So wie sie schrie und krampfte, war mir klar, dass es etwas Schlimmes sein musste. Diesmal gelang es mir, Mahmut aus dem Bett zu holen, und wir fuhren zu einem Kinderarzt. Auch dieser hörte schon am Geschrei, dass das Kind ein ernstes Problem hatte, und stellte bei der Untersuchung einen Leistenbruch fest. Dieser war offenbar angeboren, aber bisher unerkannt geblieben. Durch Ceylins langes Schreien während meiner Abwesenheit hatte sich der Druck im Bauchraum erhöht, weshalb nun der Darm eingeklemmt war. Sie hatte starke Schmerzen.

Sofort wurden wir ins Krankenhaus geschickt. Mahmut stand unaufgeregt dabei und kam nicht einmal auf die Idee zu fragen, wie gefährlich ein Leistenbruch sei oder ob Folgeschäden zurückbleiben könnten. Ich hingegen hatte Tausende Fragen im Kopf, konnte aber nun mal kein Deutsch. Ich verfluchte meine Unmündigkeit und forderte Mahmut auf zu übersetzen. Voller Ungeduld erwartete ich die Antworten der Ärzte und ärgerte mich schwarz, wenn ein Arzt etwas ausführlich erklärte, aber Mahmut nur wenig davon übersetzte.

Wir wurden ins Kinderklinikum Lankwitz überwiesen, Ceylin schrie und schrie und ich weinte und weinte. Ich war völlig fertig mit den Nerven. Dazu kam, dass ich sie wegen der Operation, die für den kommenden Morgen angesetzt war, nicht stillen durfte. Sie schrie vor Schmerzen und vor Hunger und ich konnte nichts tun, um ihr zu helfen. Verzweifelt steckte ich ihr einen Schnuller in den Mund, um sie abzulenken. Nie zuvor hatte sie einen Schnuller genommen, doch jetzt sog sie mit aller Kraft daran, in der Hoffnung, dass Milch herauskäme. Sie sog so stark, dass der Schnuller einen tiefen Abdruck rund um den Mund verursachte. Es brach mir das Herz.

Am Morgen sollte sie als Erste operiert werden, also blieb ich mit ihr über Nacht im Krankenhaus, während Mahmut nach Hause fuhr. Vatergefühle waren ihm fremd. In dieser Nacht schlief ich überhaupt nicht – ich war voller Sorge, todtraurig und meine Brüste schmerzten vor lauter Milch. Ich musste Milch abpumpen; ein Teil davon wurde an andere Babys verteilt, während der Rest für Ceylin aufbewahrt wurde. Am Morgen wollte ich mit in den OP, aber das durfte ich natürlich nicht. Die Krankenschwestern nahmen einfach mein Kind mit. Ich blieb händeringend zurück, wusste nicht, was ich tun sollte und ob ich Ceylin lebend wiedersehen würde. Mahmut wollte schon früh am Morgen ins Krankenhaus kommen, aber er war nicht da. Ich setzte mich vor das Gebäude und heulte, dass es mich nur so schüttelte. Alle Leute, die vorbeigingen, sprachen mich an, aber ich verstand ja kein Wort. Ich werde diesen Tag nie vergessen. In so einem Moment vermisst man die eigene Mutter, die Familie unendlich. Ich saß ganz allein da, während mein Kind im OP aufgeschnitten wurde.

Irgendwann kam meine Freundin und fand mich völlig aufgelöst vor. Etwas später stieß auch Mahmut dazu. Es erschütterte mich, dass meine Freundin, die ja nicht zur Familie gehörte, noch vor dem Vater meiner Tochter im Krankenhaus eingetroffen war. Wieso machte er sich keine Sorgen, wieso dachte er nicht einen Moment daran, dass Ceylin etwas passieren könnte? Wieso hatte er sie vor der Operation nicht noch einmal sehen wollen? Die folgenden anderthalb Stunden kamen mir vor wie zehn. Ich ging zum OP, wanderte davor zitternd auf und ab und fragte mich unaufhörlich: Kommt sie, kommt sie, kommt sie?

Dann endlich wurde sie mir gebracht. Sie schlief und war dick bandagiert. Kurze Zeit später durfte ich sie endlich stillen und war so dankbar, dieses kleine, warme Wesen wieder an der Brust zu haben. Eine Woche lang blieben wir im Krankenhaus. Mahmut kam sehr unregelmäßig zu Besuch. Er war auf einer ganz anderen Wellenlänge, irgendwie unbeteiligt, sprach nicht mit den Ärzten, fragte mich nicht, wie es dem Baby ging, wie seine Tochter sich machte. Wenn er seine Pflichtbesuche absolvierte, war er ungepflegt und hatte schmutzige Hände, an denen manchmal noch Teig klebte.

Wieder zu Hause angekommen plagten uns arge Geldprobleme. Meine Freundin und ihr Mann wollten eine Fahrschule eröffnen und in die Wohnung der Schwiegereltern ziehen. Sie brauchten also ihre Wohnung mit der Hausmeisterstelle nicht mehr. Für Mahmut war es beschlossene Sache, dass wir die Wohnung übernehmen sollten und ich die Hausmeisterstelle. Aber mit Baby würden wir sicher nicht genommen, sagte er. Außerdem könne ich ja leider immer noch kein Deutsch. Statt zu erkennen, dass er mich damals zum Deutschkurs hätte gehen lassen sollen, machte er mir nun einen Vorwurf daraus. Mahmut nahm kurzerhand seine Schwester zum Vermieter mit und gab sie als seine Ehefrau aus. Betrug war seine Art, Probleme zu lösen.

Wir hatten schon einmal als Hausmeister die Urlaubsvertretung für meine Freundin und ihren Mann übernommen und die Hausverwaltung war mit unserer Arbeit zufrieden gewesen. Deshalb bekamen wir die Wohnung. Sie war zwar kleiner als unsere alte, aber die Stelle brachte Geld ein.

Ceylin war zwei Monate alt, als wir umzogen. Die Operation lag noch nicht lange zurück, sie brauchte noch besondere Pflege und Aufmerksamkeit. Trotzdem musste ich allein mit dem ganzen Umzugschaos fertigwerden. Mahmut arbeitete oder schlief. Sein Bruder schenkte uns zum Glück ein Bett und einen Schrank. Nach zwei Jahren konnten wir endlich wieder vernünftig schlafen. Meine Aufgaben als Hausmeisterin bestanden darin, die vier Treppenhäuser zu putzen, den Garten zu pflegen, also Bäume und Büsche zu beschneiden und Unkraut zu zupfen, sowie den Innenhof sauber zu halten. Fast 15 Jahre lang sollte ich diese Stelle behalten. Zum Glück war meine kleine Ceylin ein sehr pflegeleichtes Kind, das viel schlief. In dieser Zeit konnte ich arbeiten, und wenn ich zwischendurch nach ihr sah, lag sie noch genauso friedlich da wie zuvor.

Morgens um sechs musste ich die Haustür aufschließen und abends um acht wieder verriegeln.

Es erwies sich als gut, dass wir umgezogen waren, denn in dem neuen Haus lebten nur Deutsche. Durch meine Hausmeisterstelle war ich gezwungen, mit den Mietern und mit Handwerkern Deutsch zu sprechen. So lernte ich endlich ein paar Brocken. Alle waren nett und hilfsbereit. Geduldig versuchten sie, mir Deutsch beizubringen. Nachbarn kamen zu uns zum Kaffee und wir unterhielten uns, so gut es ging. Einer dieser Nachbarn meinte einmal zu mir: »Mahmut ist ein Pascha. Ein Pascha rührt keinen Finger.«

Schon kurz nach Ceylins Geburt bedrängte mich Mahmut wieder. Nur drei Monate später setzte meine Periode wieder ein und eine Woche darauf hatte ich unerträgliche Schmerzen. Die Schmerzen der Geburt waren nichts dagegen gewesen. Ich krallte mich zähneknirschend mit den Fingern in den Teppich, mein Baby schrie und Mahmut meinte, wir sollten den nächsten Morgen abwarten. Doch ich wollte sofort ins Krankenhaus. Dort angekommen sollte ich umgehend operiert werden – ich hatte eine Eileiterschwangerschaft. Ich wehrte mich gegen die sofortige Operation, schließlich hatte ich doch mein Kind dabei und wollte es erst nach Hause ins Bett bringen und versorgen. Aber die Ärzte ließen nicht mit sich reden. Mir war damals gar nicht klar, dass ich in akuter Lebensgefahr schwebte. Mein Schwager kam und nahm Ceylin mit zu sich. Mahmut fuhr allein nach Hause, er blieb nicht einmal bis zur Operation.

Danach rief ich im Aufwachraum offenbar immerzu nach meinem Kind. Die Krankenschwestern ließen meinen Schwager kommen und er brachte Ceylin mit. Die beiden durften zwar nicht zu mir herein, aber mein Schwager blieb mit dem Baby auf dem Arm im Türrahmen stehen, damit ich es sehen konnte. Ich war beruhigt und schlief ein. Mein Schwager war kein Unmensch; für diese wenigen Minuten war er extra ins Krankenhaus gekommen. Er hatte ein Herz.

Trotzdem sah ich Ceylin in den folgenden Tagen viel zu selten. Wieder quollen meine Brüste geradezu über und meine Milch wurde an andere Babys verteilt. Währenddessen versuchte meine Schwägerin, Ceylin die Flasche zu geben, aber sie nahm sie nicht – sie war meine Brust gewohnt. Schließlich rief sogar unser Kinderarzt im Krankenhaus an und erklärte, mein Kind sei relativ frisch operiert und bräuchte dringend Muttermilch. Es solle schnell eine Lösung gefunden werden. Am vierten Tag wurde schließlich ein Babybettchen in mein Zimmer gestellt und ich hatte mein Kind wieder bei mir.

Mein Bauch war wie bei einem Kaiserschnitt geöffnet worden und die Wunde verheilte nur langsam. Die Schwestern halfen mir, mein Kind zu versorgen. Sogar meine Zimmergenossin unterstützte mich. Das Baby war die Attraktion auf der Station. Alle waren freundlich zu mir und halfen, wo sie konnten. Auch mein Schwager und seine Frau waren weiterhin für mich da. Mahmuts Schwester besuchte mich ebenfalls. Allerdings gab sie mir die Schuld an der Eileiterschwangerschaft. Sie als Krankenpflegehelferin wisse nämlich, wie so etwas passiere. Wir hätten einfach nicht so heftig Sex haben dürfen. Mahmuts Leben bestand weiterhin aus Arbeit und Schlaf. Manchmal besuchte er mich. Dann behauptete er, er habe viel damit zu tun, die Wohnung herzurichten.

Nach zehn Tagen verließ ich auf eigene Verantwortung das Krankenhaus. Ceylin und ich mussten endlich wieder zur Ruhe kommen. Der Arzt meinte, ich solle nichts heben, mich nicht bücken, nicht weinen und am besten auch nicht lachen. Als ich zu Hause ankam, war mir eher zum Schreien zumute. Die Wohnung sah fürchterlich aus: Mahmut hatte hier etwas angesägt, dort etwas improvisiert, hier etwas gegessen und die Reste zur Seite geschoben, dort etwas gegessen und die Reste verschimmeln lassen – es war ein großes Durcheinander und es stank; nichts hatte er für Ceylin und mich vorbereitet. Meine Freundin besuchte mich und half, so gut es ging, das Chaos in Ordnung zu bringen. Auch meine Schwägerin und ihr Mann kamen kurz darauf vorbei. Während ich wutschnaubend und sehr schwerfällig aufräumte, musste ich mich auch noch dafür rechtfertigen, dass ich das Krankenhaus vorzeitig verlassen hatte.

»Wäre ich noch länger dortgeblieben, hätte ich mir den Weg durch die Wohnung freischaufeln müssen«, entgegnete ich bissig.

»Wo ist eigentlich dein Kind?« Suchend schaute sich meine Schwägerin um.

»Ceylin schläft«, antwortete meine Freundin für mich.

Meine Schwägerin herrschte sie grob an: »Wieso nennst du sie Ceylin? Sie heißt doch Ayse!«

»Es ist mir völlig egal, wie ihr sie nennt, für mich heißt sie Ceylin!«, stellte meine Freundin klar.

»Was ist denn das für eine? Zu so einer solltest du keinen Kontakt haben, Buket!«, fuhr meine Schwägerin mich an.

Die beiden stritten miteinander, schrien sich an und beleidigten sich.

Vor Schmerzen und Frust sank ich auf den Flurboden nieder und haderte mit ihrer Rücksichtslosigkeit. Schließlich platzte mir der Kragen und ich brüllte: »Lasst mich in Ruhe! Alle beide! Der Arzt meinte, ich dürfe nicht einmal lachen, und jetzt ärgere ich mich euretwegen schwarz und muss euch anbrüllen. Alle raus!«

Meine Freundin war ganz eingeschüchtert, aber sie hatte mit dem Streit ja nicht angefangen und ich erlaubte ihr schließlich zu bleiben, doch meine Schwägerin schickte ich weg. Jetzt war ich natürlich wieder die böse Schwiegertochter. Mahmuts Familie wollte mir nur Gutes tun und ich setzte sie unverschämterweise vor die Tür. Mit Mahmut bekam ich auch Ärger, weil ich meine Freundin seiner Meinung nach ebenfalls hätte hinauswerfen müssen. Ich hielt ihm vor, dass der Streit nur entbrannt war, weil er der Kleinen nicht ihren eigentlichen Namen gelassen hatte.

10. Kapitel

Für meinen nächsten Kunden putze ich ein Großraumbüro. Ich kann genau erkennen, an welchen Tischen Männer und an welchen Frauen sitzen. Die Plätze der Frauen sind recht aufgeräumt und sauber, auf den Tischen der Männer häufen sich klebrige braune Ringe von Kaffeetassen, Papierkram liegt herum, als hätte der Angestellte die Flucht ergreifen müssen, und Teller mit Essensresten sind stehen geblieben, die ich wegräumen muss. Deutsche und Türken scheinen sich in manchem doch nicht so sehr zu unterscheiden. Es ist zwar nicht meine Aufgabe, aber ich bin pingelig und spüle das verkrustete Geschirr in der kleinen Personalküche.

Ich denke an meine Kinder und der altbekannte Schmerz breitet sich in meiner Brust aus. Jede Mutter sollte selbst entscheiden können, wie sie ihr Kind nennen möchte. Sie trägt das Kind schließlich im Bauch, sie schenkt ihm mit der Geburt das Leben, sie hat all die Mühen und die Schmerzen, sie kümmert sich darum, dass das Kind an Leib und Seele gesund aufwächst. Die türkische Tradition, einem Kind immer den Namen des Großvaters oder der Großmutter zu geben, erscheint mir lächerlich. Irgendwann heißen dann alle Kinder einer Familie gleich. Und sie sollen auch noch stolz darauf sein. Individualismus, meinen viele Türken, sei etwas Schlechtes. Auch das mag an mangelnder Bildung liegen. Nur was sie kennen, halten sie für gut. Neues wird oft grundsätzlich abgelehnt.

Auch den türkischen Aberglauben kann ich nicht begreifen. Aberglauben gibt es ja in jeder Kultur. Aber die Türken nehmen den ihren wirklich ernst! Es wird geglaubt, was seit jeher überliefert wird. Nichts davon wird weitergedacht oder hinterfragt. Die meisten abergläubischen Vorstellungen sind geradezu zum Lachen, aber das Lachen vergeht einem schnell, wenn man von den eigenen Freunden, die man normalerweise für kluge Köpfe hält, scharf zurechtgewiesen wird. So muss sich irgendwann einmal ein witziger Mensch ausgedacht haben, dass man nachts kein Kaugummi kauen dürfe, weil es sich dann in das Fleisch von Toten verwandele. Dieses Märchen wird fortwährend weitererzählt und viele Türken kauen folglich nachts kein Kaugummi mehr.

Als schlimm empfinde ich auch die Vorstellung, dass Mädchen nicht auf einem Pferd oder Esel reiten dürfen, weil sie sonst ihre Jungfräulichkeit verlieren. Gerade auf dem Land bringt das für die Mädchen große Nachteile mit sich. Sie müssen aufgrund dieses Aberglaubens lange Strecken laufen, während die Jungen reiten können.

Wenn man behutsam Zweifel an der Glaubhaftigkeit solcher Geschichten anbringt, sind alle, die sie für wahr halten, schwer beleidigt, weil man sie der Lüge bezichtigt. Ganz schnell wird man so zum Ketzer, wobei ich mich schon immer gefragt habe, was dieser Aberglaube mit dem Koran zu tun haben soll. Tatsächlich glauben viele Leute, dass auch Tiere im Ramadan fasten. Unerhört, wenn man sie dann auf fressende Katzen oder pickende Vögel aufmerksam macht. Ich will damit nicht sagen, dass alle Menschen, die abergläubisch sind, dumm sind. Sie können nur nicht von ihrem Aberglauben lassen, weil er ihnen von klein auf eingetrichtert wurde.

Vieles kommt auch aus dem Schamanismus. Wie in Tibet werden bunte Tücher über den Gräbern von angesehenen Menschen an Bäume gebunden. Beim Verknoten wünschen sich die Besucher etwas. Das wiederum ist ein schöner, hoffnungsvoller Brauch. Deshalb sollte es doch jeder so halten können, wie es ihm gefällt. Und ich sollte auch nach Sonnenuntergang unkommentiert Kaugummi kauen dürfen!

11. Kapitel

Zwei Monate später flogen wir mit unserer fünf Monate alten Ceylin nach Istanbul zu Mahmuts älterer Schwester. Sie hatte ein Baby, das neun Monate älter war als Ceylin. Meine Kleine war ein bequemes, molliges Baby. Das andere Kind, auch ein Mädchen, war flinker und lief schon. Sie war Ceylin deutlich überlegen und fand Spaß daran, diese zu schubsen und zu beißen. Wenn Ceylin wieder einmal gebissen worden war, schimpfte meine Schwägerin nicht mit ihrer Tochter, sondern mit mir. Schließlich hätte ich nichts dagegen unternommen.

Wir verstanden uns gar nicht mehr gut und ich fühlte mich sehr unwohl. Zu alledem ging auch noch meine Narbe am Bauch auf und Wundsekret lief aus. Mahmut meinte, ich solle durchhalten, bis wir wieder in Berlin seien – die Behandlung dort sei besser. Allerdings wollten wir auch noch meine Eltern besuchen. Das bedeutete, fast 1 000 Kilometer mit dem Bus in die Südtürkei und einige Tage später wieder zurück nach Istanbul zu fahren. Was für Strapazen! Und dann noch mit einem Baby!

Unser Urlaub wurde erst richtig zur Tortur, als wir unseren Rückflug nach Berlin verpassten. Meine Schwägerin hatte türkische Pizza bei einer Bäckerei bestellt und darauf bestanden, dass wir sie noch gemeinsam aßen. Zeitlich waren wir schon sehr knapp dran, daher passte uns das eigentlich gar nicht, aber wir wollten nicht unhöflich sein. Mit Sack und Pack eilten wir anschließend völlig gestresst zum Flughafen und erreichten das Flugzeug nicht mehr. Mahmut bekam einen Wutanfall und zeterte herum. Schließlich musste er am nächsten Tag wieder arbeiten. Mit dem ganzen Gepäck quälten wir uns also wieder durch Istanbul zurück zu meiner Schwägerin. Immerhin konnte Mahmut den nächsten Flug nehmen, aber für mich gab es kein Ticket mehr. Eine ganze Woche lang musste ich allein bei meiner Schwägerin bleiben. Es war die Hölle mit ihr und ihrem beißenden Kind. Außerdem schrie meine Schwägerin bei jeder Kleinigkeit, die Ceylin anstellte: »Ich schmeiß sie vom Balkon!« Dabei war Ceylin ein zurückhaltendes Kind. Sie schaute in der Gegend herum, aß und schlief. Wie froh war ich, als ich endlich zurück nach Berlin kam. Die Wohnung sah wieder einmal aus wie ein Saustall.

Eigentlich sollte ich wegen der Operationsnarbe zwei Jahre lang kein Kind bekommen. Aber als ich aus der Türkei zurückkam, war ich schon wieder schwanger. Mein Vater meinte am Telefon zynisch, dass wir die Bevölkerungszahl nicht eigenhändig anheben müssten, mein Arzt schimpfte mit mir und für Vorfreude hatte ich keine Zeit. Es waren nicht die gleichen Voraussetzungen wie bei Ceylin. Aus gesundheitlichen Gründen stand sogar eine Abtreibung im Raum, aber Mahmut und seine Familie wollten das auf keinen Fall, denn vielleicht werde es ja ein Junge. Als ich das hörte, wuchs meine innere Wut und ich betete zu Allah, dass es bitte, bitte ein Mädchen werden solle.

Die Schwangerschaft verlief zunächst normal. Ceylin stillte ich weiter, sie war ja selbst noch ein Baby. Die Kleine lag auf meinem größer werdenden Bauch und nuckelte zufrieden an meiner Brust. Meine Schwiegermutter war gegen das Stillen und machte mir Vorwürfe, ich würde das Kind vergiften, weil meine Milch durch die Schwangerschaft verdorben sei. Ein solcher Aberglaube erzeugt doch nur Probleme – und nichts steckt dahinter! Ich wusste nicht, wie ich es schaffen sollte, zwei kleine Kinder zu versorgen. Mein dicker Bauch machte es mir schon jetzt unmöglich, mich richtig um Ceylin zu kümmern. Wie sollte ich das erst bewältigen, wenn der Säugling da war? Dazu kamen noch die Hausmeisterstelle und zwei Putzjobs. Ich wusste, wie kräftezehrend es sein kann, sich um ein Kind zu kümmern, und hatte einen Heidenrespekt vor dem, was mir nun mit zwei Kindern bevorstand.

Verzweifelt bat ich meine Mutter, nach der Geburt nach Berlin zu kommen. Aber sie wollte nicht: »Ich weiß doch noch nicht mal, wie man euren Ofen anmacht. Außerdem habe ich selbst drei Männer zu Hause, um die ich mich kümmern muss. Und ich muss immer die Uniform deines Vaters bügeln. Wie sähe das denn aus, wenn er mit zerknitterter Uniform zur Arbeit ginge!«

Weder mein Vater noch meine Brüder brauchten dieses Übermaß an Fürsorge. Alle waren in der Lage, einen Haushalt zu führen und sich Essen zuzubereiten. In ihrer Rolle als Hüterin des Heimes und Versorgerin der Familie ging meine Mutter jedoch auf und fühlte sich selbst unentbehrlich.

Ich nehme es ihr immer noch sehr übel, dass sie damals nicht gekommen ist. Die wahren Gründe dafür waren ihre Angst vor der Fremde und ihre Hilflosigkeit als Analphabetin. Mich ließ sie mit 16 Jahren völlig allein in ein fremdes Land gehen, dessen Sprache ich nicht sprach. So gesehen war ich in Deutschland auch lange Zeit Analphabetin. Und nun war sie zu feige, um nach Deutschland zu kommen und ihre völlig überforderte Tochter mit zwei Babys zu unterstützen.

Im siebten Monat drohte mir eine Frühgeburt. Ich musste zu einem Spezialisten. Der stellte zwar fest, dass das Kind gesund war, aber ich sollte auf mich aufpassen und mich schonen. Was für ein Witz! Wie soll man sich schonen, wenn man praktisch alleinerziehend mit einem Baby dasteht und auch noch alles andere ohne Hilfe bewältigen muss? Immerhin konnte uns der Arzt sagen, dass wir ein Mädchen bekommen würden. Ich freute mich unglaublich, Gott hatte mein Gebet erhört.

Mahmut meinte dazu emotionslos: »Na ja, schade, aber macht nichts. Wir können es ja weiter versuchen. Du kannst das Kind dieses Mal nennen, wie du willst.«

Er wollte wiedergutmachen, was er bei Ceylin angerichtet hatte. Aber dafür war es zu spät. Ich entschied mich für den Namen Sevil. An diesen Namen hängte ich dieses Mal nicht mein Herz. Ich traute Mahmut nicht mehr und war mir nicht sicher, ob er den Namen nach der Geburt nicht wieder ändern würde.

Im achten Monat bestand erneut die Gefahr einer Frühgeburt und ich bekam einen Ring eingesetzt, der den Muttermund verschließen sollte. Ich durfte nichts Schweres mehr tragen. An einem heißen Tag im Sommer 1989 hatte ich das Gefühl, dass das Kind jeden Moment kommen könnte. Ich trug nach einem Einkauf schwere Tüten, Ceylin tat einen Schritt vor und fünf wieder zurück – wir kamen überhaupt nicht voran und ich brach fast zusammen. Reiß dich am Riemen!, ermahnte ich mich selbst, nahm Ceylin auf den Arm und schaffte es irgendwie nach Hause. Ich war körperlich am Ende. Trotz der drohenden Frühgeburt ging Mahmut nie einkaufen – er kümmerte sich um nichts.

Eines Nachts hatte ich plötzlich starke Schmerzen. Ich wartete zwei Stunden ab und weckte dann Mahmut. Gemeinsam zogen wir Ceylin an. Immer wieder musste ich mich stöhnend am Türrahmen festhalten und meine kleine Tochter machte mich prompt nach. Wir fuhren mit dem Auto zu meinem Schwager, um Ceylin bei ihm abzugeben. Mahmut zuckelte durch die Gegend, anstatt wie sonst aufs Gaspedal zu treten.

Das wiederum machte mich rasend. Ich schrie ihn an, er solle schneller fahren, sonst käme das Kind noch im Auto zur Welt. Die Presswehen hatten bereits eingesetzt. Im Krankenhaus schoben mich die Ärzte sofort in den Kreißsaal und nach der zweiten Wehe war Sevil da.

Mahmut war gar nicht dabei gewesen, er erledigte irgendwo den Papierkram. Ich legte Sevil auf meinen Bauch und genoss ihre Wärme genauso wie damals bei Ceylin. Und ich dankte ihr, dass die Geburt so schnell vonstattengegangen war und ich nicht hatte leiden müssen. Die Schwangerschaft war so anstrengend gewesen und nun wurde ich zumindest mit einer leichten Geburt belohnt. Ich blieb fünf Tage im Krankenhaus, während derer mir mein Schwager wieder regelmäßig meine kleine Ceylin brachte. Sie freute sich über ihr Schwesterlein und bestaunte es von allen Seiten.

Zu Hause hatte ich nichts für das Baby vorbereitet. Ohne Geld ist das schließlich kaum möglich. Von einem Bekannten bekamen wir ein verwanztes Bett. Beide Kinder waren nach kurzer Zeit mit Stichen übersät. Als ich das bemerkte, bekam ich einen Heulkrampf. Wir warfen das Bett hinaus und fuhren ein Hochbett kaufen. Währenddessen ließen wir die Kinder bei meiner Schwiegermutter, worüber sich später meine Schwägerin beklagte. Wie konnten wir ihre arme Mutter nur mit einer stundenlangen Betreuung unserer Kinder behelligen?, zeterte sie. In dieser Familie wurde eben immer mit zweierlei Maß gemessen: Ich war nur die Schwiegertochter, ich hatte allein klarzukommen und den Rest der Familie nicht in Anspruch zu nehmen. Dabei war es für mich schon schlimm genug, nach der Geburt mit gerissenem Damm ein Bett kaufen gehen zu müssen. Nun musste ich mich auch noch rechtfertigen, nicht beide Kinder mitgenommen zu haben.

Bei Ceylin war das Stillen problemlos verlaufen – nach Sevils Geburt bildete sich kaum Milch. 40 Tage lang kam diese nur tröpfchenweise. Meine Ärztin meinte, das hätte psychische Gründe, ich wäre zu sehr im Stress. Also bereitete ich sowohl den Tee für Ceylin als auch die Milch für Sevil in Fläschchen zu. Das ewige Fläschchenschütteln machte mich fertig. Zu allem Überfluss bekam Sevil auch noch Verstopfung und Ceylin Keuchhusten. Ich war nur noch mit Windelnwechseln und Flaschenschütteln beschäftigt. Schlafen konnte ich kaum. Mit Sevil auf dem Arm saß ich Ewigkeiten lang da und versuchte, ihr ein Bäuerchen zu entlocken. Dabei wünschte ich mir sehnlichst eine Roboterhand, die dem Kind einfach nur immer wieder leicht auf den Rücken klopfte. Wäsche waschen, Windeln wechseln, füttern, Wäsche waschen, Windeln wechseln, Fläschchen geben. Manchmal saß ich einfach nur da und heulte, beide Kinder schrien und ich war seelisch und körperlich am Ende meiner Kräfte.

Nie wieder ein Kind!, schwor ich mir. Mit diesem Mann nie wieder! Ich kam mit dem Waschen und Auskochen der Fläschchen nicht hinterher und kaufte kurzerhand eine Spülmaschine.

Meine Schwägerin höhnte: »Jetzt habt ihr auch noch eine Spülmaschine, kein Wunder, dass euch das Geld fehlt! Ich habe auch zwei Kinder und brauche keine Spülmaschine.«

Sie ließ unerwähnt, dass sie die bestmögliche Unterstützung von ihrer Mutter bekam. Für sie wurde geputzt, gekocht, gewaschen und gebügelt. Ich hatte niemanden, der mir half. Wieder einmal bereute ich es sehr, nach Deutschland gekommen zu sein. Irgendwann war es wieder einmal nötig, einkaufen zu gehen. Ich lieh mir von einer Nachbarin einen Buggy, in dem ich Sevil unterbrachte. Ceylin musste laufen, wollte aber nicht. Wir kamen keinen Schritt voran. Ich zwang Mahmut daraufhin, einen gebrauchten Zwillingswagen zu kaufen. Danach ging vieles leichter. Allerdings hatte ich nun die Sorge, dass der Kinderwagen im Hausflur geklaut werden könnte. Deshalb trug ich nach jedem Einkauf zuerst Sevil nach oben, dann die Tüten, dann den Kinderwagen, und wenn ich wieder hinunterging, hatte Ceylin den ersten Treppenabsatz immer noch nicht erreicht, also schleppte ich zuletzt auch noch sie in die Wohnung.

Dann kam der Mauerfall am 9. November 1989. Ich sah die Bilder im Fernsehen und heulte und heulte. Ich freute mich so, dass die Menschen in beiden Teilen Deutschlands wieder zueinandergefunden hatten.

Mahmut verstand mich nicht. »Was bist du denn für eine? Das betrifft doch nur die Deutschen, was geht dich das an?«

12. Kapitel

Das Großraumbüro scheint international besetzt zu sein. Auf den schmalen Tischen ist nicht viel Platz für Persönliches, trotzdem finden sich in Form von kleinen Figuren, Fotos oder Notizen in fremden Sprachen Hinweise auf die Herkunft der Leute. Auch eine türkische Miniaturflagge steckt in einem Radiergummi. Gleich neben dem FC-Bayern-Anspitzer. Ist das schon Integration?

Die erste Generation von Türken, die nach Deutschland kam, wollte hier Geld verdienen, um ein Haus oder einen Traktor für ihr Leben in der Türkei kaufen zu können. Die Gastarbeiter nahmen sich vor, wieder in die Heimat zurückzukehren, wenn sie das erreicht hätten. Schließlich blieben sie jedoch länger als gedacht, denn so viel Geld konnten sie gar nicht sparen. Aus einem Jahr wurden zwei Jahre, Frau und Kinder holten sie nach und kauften ein Auto, um in der Türkei damit anzugeben. Daraufhin war das Ersparte weg, also mussten sie wieder von vorn anfangen.

In den türkischen Dörfern kamen sie auf keinen grünen Zweig, in Deutschland jedoch erhielten sie mehr Geld für ihre Arbeit und mehr Möglichkeiten, welches zu verdienen. Die türkischen Männer hatten in Deutschland außerdem viel mehr Freiheiten als in ihren Heimatdörfern. Sie konnten hier mit deutschen Frauen schlafen, wann immer sie wollten. Doch leider fand dennoch bei vielen nie eine Identifikation mit ihrem Gastland und den Deutschen statt. Die aßen schließlich Schweinefleisch und waren daher in ihren Augen Ungläubige.

Ungebildete, arme Leute kamen aus der Türkei nach Deutschland. Ganz einfache Leute, die nicht von ihren alten Gewohnheiten und ihrem Aberglauben lassen konnten und Mittel suchten, um ihre noch ärmere Verwandtschaft in den türkischen Dörfern neidisch zu machen. Ganz nach dem Motto: Hast du was, bist du was. Die Türken in Deutschland berichteten andererseits häufig nicht die Wahrheit über ihr Leben in der Fremde. So kannte ich einen türkischen Tellerwäscher und Küchenputzer in einer amerikanischen Kaserne, der seinen Verwandten erzählte, er sei der Vorkoster für hochrangige Offiziere und verdiene damit viel Geld. Die Verwandten waren sehr beeindruckt. Beim Essen wurde man in Deutschland reich, das war ja das reinste Paradies!

Mit elender Schufterei für vergleichsweise wenig Geld kann man jedoch nicht gut angeben. Auch nicht mit zahlreichen laufenden Krediten oder Unterstützung vom deutschen Staat. Das Schamloseste ist für mich in diesem Zusammenhang der rücksichtslose Betrug auf Kosten des Sozialamts und die Missachtung der deutschen Gesetze. Die typisch türkische Art, Probleme aus dem Weg zu räumen, wird so auf deutschem Boden mitunter weitergeführt. Gibt es einen Konflikt, wird Allah ihn schon lösen, glauben viele. Dann wird erst gehandelt, wenn einem das Wasser bis zum Hals steht. Um Geldprobleme zu beseitigen, arbeitet man nicht unbedingt, sondern trickst.

Mehrere Familienmitglieder teilen sich zum Beispiel einen Führerschein. Kein Problem, denn die Männer heißen ohnehin alle wie der Großvater und sehen sich ähnlich. Mit gefälschten Unterlagen wird doppelt Sozialhilfe kassiert. Und dann heißt es auch noch: Die dummen Deutschen! Was juckt es mich, wenn es Deutschland schlecht geht? Ich bin doch Türke!

Diese Menschen stehen zum Teil bis heute auf einem solchen Standpunkt. In manchen ihrer Dörfer gibt es erst seit den 1980er-Jahren fließendes Wasser und Strom. Die Gesellschaft dort ist egoistisch, jeder denkt nur an seinen Vorteil, deshalb sind viele Gegenden lange Zeit rückständig geblieben. Viele wirtschaften in die eigene Tasche. Oft gibt es in den Dörfern riesige Moscheen. Ich fragte einmal den Imam eines Dorfes, wie viele Menschen denn morgens zum Beten kämen. Vier, meinte er.

Wenn man in einem dieser Dörfer irgendwo einen Stein hinlegt und Jahrzehnte später wiederkommt, wird der Stein meist noch an derselben Stelle liegen. Die Bewohner allerdings sind auch auf die allerkleinsten Fortschritte stolz, selbst wenn diese in anderen Gegenden längst selbstverständlich sind. Die Rückständigkeit bleibt in ihren Köpfen. Wenn sie keine Bildung erhalten und immer nur unter sich sind, können sie sich nicht weiterentwickeln. Aus Mahmuts Dorf sind 60 Familien in Berlin. Nur zwei Schwiegertöchter stammen nicht daher. Ich und eine weitere. Beide haben wir inzwischen die Flucht aus der Familie ergriffen. Viele Türken in Berlin und sicherlich auch in anderen deutschen Städten haben sich in ihren eigenen Kreis zurückgezogen und drohen darin zu ersticken, in ihrer Religion, ihrer Mentalität, ihrem Türke-Sein.

Das Leben der Frauen spielt sich bei diesen Leuten hauptsächlich in der Wohnung ab. Viele von ihnen können auch nach Jahrzehnten in Deutschland kein Wort der Sprache und kennen die Stadt, in der sie leben, gar nicht wirklich. Sie erziehen ihre Söhne nach wie vor zu Paschas und machen es den Töchtern schwer, einen freieren Lebensstil zu wählen, obwohl diese auf deutsche Schulen gehen und deutsche Freunde haben. Den Kindern wird nichts Neues gezeigt, es besteht kein Interesse an ihrer Bildung oder ihrer Förderung. Die Mütter kochen, backen und reden. Sie veranstalten Treffen, bei denen sie füreinander Geld sammeln. Ein eigenes Einkommen haben ja die wenigsten. Und so plätschert ihre Zeit dahin.

Die Männer hingegen gehen arbeiten, verbringen oft viel Zeit im Casino und beim Raki-Trinken. Immerhin haben sie mehr Kontakt zu den Einheimischen. Ihre Sprachkenntnisse sind daher meist besser als die der Frauen und sie haben oftmals auch deutsche Freunde, noch lieber allerdings deutsche Freundinnen. Doch die Deutschen bleiben für sie Ungläubige. Deshalb können sie mit deutschen Frauen sexuell allerlei ausprobieren. Diese sind mangels religiöser Einschränkungen viel offener und williger. Es drohen keine rachsüchtigen Verwandten im Hintergrund; ob eine Frau später bei der Eheschließung Jungfrau ist oder nicht, ist den Deutschen ja egal. Und wenn sie schwanger wird, ist das eben Pech für Frau und Kind. Denn eine Heirat kommt nicht infrage und auch einen deutschen Bastard will keine türkische Familie haben.

Die Mütter loben die Manneskraft ihrer Söhne, aber überwachen eifersüchtig die Flirts ihrer Töchter. Die schlimmsten Wachhunde für eine junge Frau sind andere Frauen. Bösartig verraten sie ihre Geschlechtsgenossinnen, wenn eine etwas wagt, das sich die anderen nie trauen würden. Die viel gerühmte Männersolidarität gibt es unter diesen Frauen leider nicht. Wenn ein Mädchen es mit viel Heimlichtuerei doch einmal geschafft hat, unerkannt mit einem deutschen Jungen zusammen zu sein, und es möglicherweise sogar zum Sex gekommen ist, hat sie ein Riesenproblem. Denn nach der Hochzeitsnacht mit ihrem türkischen Ehemann will die ganze Familie das blutbefleckte Laken sehen. Deshalb haben manche Mädchen vor der Ehe nur Analsex oder lassen sich aus Angst davor, dass ihr Geheimnis aufgedeckt wird, das Jungfernhäutchen ersetzen. In vielen Familien wird es auch nicht gern gesehen, wenn die Töchter

Kontakt zu deutschen Freundinnen haben. Diese könnten ja einen schlechten Einfluss auf sie ausüben und die türkischen Mädchen könnten einen ähnlichen Freiheitsdrang entwickeln wie sie. Oder gar ihre Rechte verteidigen.

Es gibt jedoch auch moderne türkische Familien, in denen alle Töchter studiert haben und beruflich Karriere machen. Aber heiraten müssen sie dennoch oft einen Türken! Und anschließend wird von der Frau doch wieder erwartet, dass sie in ihre traditionelle Rolle schlüpft. Wenn ihr Arbeit, Kinder und Haushalt zu viel werden, muss sie eben aufhören zu arbeiten! Wenn sie es ihrem Mann nicht recht machen kann und es Eheprobleme gibt, ist sie wohl zu schwach für diese Aufgabe!

13. Kapitel

Als Sevil fünf Monate alt war, musste ich einfach mal allein raus aus der Wohnung. Ich legte die Kinder ins Bett, und als sie schliefen, lief ich um den Block. Das tat so gut! Ich hatte zwar die ganze Zeit Angst, dass die Kinder aufwachten, aber ich brauchte diese wenigen Minuten der Freiheit. Während ich ging, fragte ich mich, was nun aus meinem Leben werden sollte. Ich hatte einmal Lehrerin werden wollen, das war nun nicht mehr möglich. Jetzt hatte ich zwei kleine Kinder und einen Scheißmann. Immerhin gehörten seit Sevils Geburt die Geldprobleme der Vergangenheit an. Ich hatte das Gefühl, dass die Kleine uns Glück gebracht hatte. Die Schulden waren endlich abbezahlt und durch die Hausmeisterstelle kam zusätzliches Geld rein. Unsere Lebensqualität steigerte sich langsam, allerdings mussten wir weiterhin mit Kohle heizen. Selbst in der Schwangerschaft hatte ich Briketts schleppen müssen. Es dauerte immer ewig, den Ofen anzuheizen, und die Asche musste anschließend entsorgt werden.

Ich wollte endlich eine elektrische Heizung haben und Mahmut besorgte schließlich eine von einem Bekannten. Dies führte nun allerdings zu einer hohen Stromrechnung. Dann wechselten der Hauseigentümer und die Hausverwaltung. Das Haus sollte saniert und Zentralheizungen sollten eingebaut werden. Überall im Gebäude wurde renoviert, ständig war mit den Mietern und den Handwerkern etwas zu organisieren. Das war die anstrengendste Zeit meiner Hausmeistertätigkeit. Eine Nachbarin bekam mit, dass ich sogar nachts putzte, und setzte sich mit den anderen Mietern dafür ein, dass ich einen Zuschlag bekam. Ich putzte immer nachts, weil dann die Kinder schliefen. Vorher hatte ich gar keine Zeit dafür. Auch unsere Wohnung sollte renoviert werden. Ich bestand darauf, dass unser Badezimmer vergrößert wurde, damit die Waschmaschine hineinpasste. An einem Freitag rissen die Handwerker die Wand zwischen dem Badezimmer und der Küche ein und gingen um 14 Uhr entspannt in den Feierabend. Uns ließen sie übers Wochenende Schutt und Trümmer zurück.

Wir beschlossen, in die Türkei zu fahren. Nun hatten die Handwerker einige Wochen ungestört Zeit, um die Wohnung fertigzustellen. Sevil war inzwischen zehn Monate alt. Der Kofferraum unseres Autos war so vollgestopft mit Säften und Gläschen für die Kinder, dass der Wagen nach unten sackte. Meine Schwägerin sah nur den hängenden Kofferraum und streute hinter meinem Rücken das Gerücht, ich brächte meinen Eltern unzählige Geschenke mit, obwohl wir angeblich kein Geld hätten.

Es war eine schreckliche Fahrt. Wir stritten uns, und wenn Mahmut wütend war, raste er wie ein Verrückter und überholte sogar rechts. Ich litt Höllenqualen wegen der Kinder. Sogar mein Schwager meinte einmal, angesichts von Mahmuts Fahrstil sei es ein Wunder, dass wir noch nicht umgekommen seien. Mahmut müsse einen Schutzengel haben. Vielleicht seinen Vater, der bei einem Autounfall ums Leben gekommen war. Sevil lag in einer abenteuerlichen Position in ihrer Babywippe, über die wir einfach nur den Gurt gespannt hatten. Ceylin lag oder saß auf der Rückbank. Einen Kindersitz hatten wir nicht, weil ich gar nicht wusste, dass es so etwas gab. Ich rutschte abwechselnd nach vorn und nach hinten. Die Windeln der Kinder wechselte ich während der Fahrt oder bei kurzen Pausen.

Wieder besuchten wir in der Türkei aus Höflichkeit kurz meine Schwägerin und fuhren dann zu meinen Eltern. Sie waren glücklich und nahmen mir viel Arbeit ab, während wir bei ihnen waren. Auch ich war glücklich. Zusammen feierten wir Sevils ersten Geburtstag. Doch es gab erneut Streit mit Mahmut. Eines Abends forderte er mich auf mitzukommen, als er ins Bett gehen wollte. Natürlich war er auf Sex aus. Ich lehnte ab, da ich mich gerade mit meiner Mutter unterhielt; wir tauschten uns ausgiebig aus und es wurde spät. Am nächsten Morgen kam Mahmut mit seinem berüchtigten langen Gesicht aus dem Zimmer.

»Was hast du? Was ziehst du denn für ein Gesicht?«, fragte ich ihn ahnungslos.

Ich hatte in der letzten Zeit immer wieder peinlich darauf geachtet, ihn nicht zu reizen. Nun war er wütend, weil er auf mich gewartet hatte und ich nicht gekommen war. Er hatte also auf Sex verzichten müssen. Wir fingen an, uns zu streiten, und mein Vater wollte wissen, was Mahmut denn nun schon wieder habe.

»Wie meinst du das?«, fuhr Mahmut ihn an. »Was soll das heißen: schon wieder? Was erzählst du deinen Eltern über mich, Buket? Bin ich etwa ein schlechter Ehemann? Gib mir meinen Pass und ich haue ab!«

Nun brüllte auch mein Vater: »Gib Mahmut bloß den verdammten Pass! Soll er doch verschwinden!«

Meine Mutter fing an zu heulen und Mahmut warf mir vor, dass ich immer überheblich werde, sobald wir bei meinen Eltern seien.

»Na und?«, gab ich zurück. »Lass mich doch! Nur einmal im Jahr bin ich für kurze Zeit bei meinen Eltern. Lass mich doch wenigstens hier überheblich sein.«

Sogar diese einzige schöne Zeit im Jahr hat er mir jedes Mal vermiest. Die Stimmung nach einem solchen Streit war immer unerträglich.

Wir fuhren mit den Kindern auch zu seinem Dorf, damit er das Grab seines Vaters besuchen konnte. Wie habe ich es gehasst, so lange aus dem Koffer leben zu müssen. Wieder wohnten wir mit den Ziegen unter einem Dach. Auf der Rückreise nach Berlin ging in Österreich unser Auto kaputt, nachts in den Bergen, und wir hatten keinen Werkzeugkasten dabei, mit dem Mahmut allerdings ohnehin nichts hätte anfangen können. Er parkte kurzerhand am Straßenrand, die Lastwagen rauschten an uns vorbei und Mahmut und die Kinder schliefen ein. Ich wickelte mich in eine Decke, nahm eine Taschenlampe zur Hand und leuchtete zitternd vor Kälte auf die Straße, in der Hoffnung, dass uns jemand helfen würde. Wir hatten Glück, ein Kleinbus hielt an und schleppte uns zu einer Tankstelle ab. Unser Auto wurde sofort repariert und wir konnten weiterfahren. Nach all diesen Strapazen freute ich mich auf unser renoviertes Zuhause, auf ein sauberes Bad, eine geordnete Küche und mein eigenes Bett.

Fünf Wochen waren wir in der Türkei gewesen. Als wir in die Wohnung kamen, sprang einer der Handwerker erschrocken vom Sofa auf. Wir hatten ihn geweckt. Eine einzige Wand hatten sie in den fünf Wochen eingezogen. Und sie hatten sich bei uns eingenistet, sogar bei uns geschlafen – überall lag Dreck, ihre Materialien waren in der ganzen Wohnung verstreut. Sie waren geschockt, uns zu sehen – wir nicht minder. Die Wände, der Ofen, alles musste noch gemacht werden.

In den kommenden Wochen wurden die beiden Kachelöfen weggeklopft, die neuen Heizungen eingebaut und die restlichen Wände gezogen und verputzt. Mitten in dem Chaos mussten wir irgendwie mit den beiden Kleinen leben. Mahmut verlegte irgendwann selbst die Fliesen in der Küche, damit es schneller ging. Schwarze Hochglanzfliesen auf dem Boden fand er sehr schick. Wischte ich allerdings einmal darüber und blickte anschließend über die Schulter zurück, sah ich schon neue Flecken. Für den Essbereich wählte er graue Fliesen mit Motiv. Leider beherrschte er das Fliesenlegen aber überhaupt nicht. Trat man seitlich auf eine Fliese, hob sie sich. Darunter war nichts und irgendwann brach die Fliese durch.

Ein Jahr später, im Sommer 1991, verbrachten wir wieder unseren Urlaub in der Türkei. Mahmut hatte sich vorher noch einen Traum erfüllt: Für 4 600 DM hatte er sich einen gebrauchten 5er-BMW gekauft. Damit fuhren wir nun los. Nach einer kurzen Strecke mussten wir bereits wieder volltanken und so ging es die ganze Fahrt über weiter. Ich musste seltener auf die Toilette, als dieses Auto Benzin benötigte. Schon vor der Reise hatte ich beim Fahren seltsame Geräusche gehört. In Bulgarien machte der Wagen schließlich einen solchen Lärm, dass man sein eigenes Wort nicht mehr verstand. Der Auspuff war kaputt – morgens um drei Uhr.

Mahmut zerdrückte fachmännisch eine leere Coladose und stopfte sie in das Loch, das sich im Auspuff gebildet hatte. Nach zwei Metern Fahrt war die Dose natürlich weg. Schließlich knallte Mahmut wegen völliger Übermüdung auch noch gegen eine Bordsteinkante. Es störte ihn nicht weiter, dass der Reifen von diesem Moment an eierte – kommentarlos fuhr er weiter. Erst in der Türkei ließ er den Wagen reparieren.

Wir holten seine Schwester mit ihren Kindern in Istanbul ab, denn Mahmut wollte zum Schlachtfest in sein Dorf fahren. Zusammengequetscht saßen wir im BMW: drei kleine Kinder, ein Jugendlicher und drei Erwachsene. Die Kinder stritten, schubsten und knufften sich und wir Erwachsenen mussten ständig dazwischengehen und schlichten. Die Fahrt verlief also äußerst turbulent. Im Dorf hatten meine Schwiegermutter und der Rest der Familie ein dreistöckiges Ferienhaus bauen lassen, damit die Leute sehen konnten, wie weit sie es gebracht hatten. Alle Familienmitglieder hatten für diese Angeberei hohe Kredite aufgenommen.

Eine Woche später war das Schlachtfest vorbei. Meine Eltern hatte ich immer noch nicht gesehen. Vom Dorf aus fuhren Mahmut und seine Schwester in die nächste größere Stadt, um einzukaufen. Ich kochte und passte auf die Kinder auf. Als Mahmut zurückkam, verkündete er, er werde in der Stadt ein Haus bauen – einen fünfstöckigen Rohbau für 96 000 DM. Ich war wie vom Donner gerührt.

»Von welchem Geld denn?«, fragte ich ihn.

»Ich habe einen Kredit aufgenommen.«

»Was ist denn jetzt los, wie kommt er darauf?«, fragte ich bestürzt meine Schwägerin.

»Ein Bekannter hat ihm dazu geraten und er hat bereits den Vertrag unterschrieben.«

»Was? Ohne das mit mir zu besprechen?«

Ich beherrschte mich mühevoll.

»Mahmut, was willst du denn mit diesem Haus?«, redete ich auf ihn ein.

»Verkaufen.«

»Was? Verkaufen? Einen Rohbau?«

»Ja, für 240 000 DM.«

»Wer würde dir denn für diesen Preis einen Rohbau abkaufen?«

»Schluss jetzt! Das wird so gemacht«, schnitt er mir das Wort ab.

Ich war fassungslos. Wir fuhren weiter zu meinen Eltern und ich erzählte ihnen verzweifelt von Mahmuts Plänen. Mein Vater nahm meinen Mann zur Seite und besuchte mit ihm Bekannte, die sich beim Bau auskannten und wussten, wie viel so ein Rohbau wirklich wert war. Mein Vater war davon überzeugt, dass Mahmut betrogen worden war. Seine Bekannten erklärten, dass man für die Summe, die Mahmut investiert hatte, ein komplettes Haus kaufen könne. Ich bestand darauf, dass Mahmut den Vertrag rückgängig machte. Der sträubte sich erst, aber schließlich ließen wir die Kinder bei meinen Eltern und fuhren die rund 700 Kilometer bei 40 Grad Celsius zurück.

Als wir mit Mahmuts Vertragspartner sprachen, wusch der seine Hände in Unschuld: »Wenn Mahmut nicht zugegriffen hätte, hätte ich das Haus gebaut. Das Grundstück gehört mir. Ich bin nur großzügig zurückgetreten, weil ich Mahmut das gute Geschäft gönnen wollte. Außerdem habe ich 2 800 DM als Vorschuss aus eigener Tasche bezahlt. Ich kann euch das Geld auch gar nicht zurückgeben, weil die Bauarbeiten damit schon beglichen worden sind.« Ich tat einen Schritt auf diesen Betrüger zu und sah ihm fest in die Augen. »Morgen reisen wir ab und morgen will ich das Geld sehen. Und der Vertrag wird vernichtet«, erklärte ich entschlossen.

Am Abend gab Mahmut vor, sich mit Bekannten zu treffen, und kam anschließend mit dem Geld wieder. Ich vermute, dass er es sich geliehen hatte. Er wollte nicht, dass ich es nachzählte, also war es wohl nicht der volle Betrag. Laut Mahmut war der Vertrag vernichtet worden, aber das Geld war offenbar nicht zurückzubekommen. Ich kochte innerlich und der Groll in mir wuchs stetig. Deshalb war ich froh, mich nach unserer Rückkehr in Berlin wieder mit Arbeit ablenken zu können.

Unsere Nachbarin war Kindergärtnerin. Sie meinte, Ceylin solle in die Kita gehen und Deutsch lernen. Und ich hätte es auch leichter, wenn ich sie für ein paar Stunden abgeben könnte. Netterweise erledigte sie die Anmeldung für mich. Im Herbst 1991 bekam dann sogar Sevil einen Kitaplatz und ich hatte wieder mehr Luft zum Atmen. Rückblickend kann ich mich nicht mehr erinnern, wann Sevil Zähne bekam, wann sie zu krabbeln und zu laufen anfing. Neben der Arbeit war die

Zeit mit den zwei Kleinen einfach zu hektisch und zu stressig. Es tut mir weh, dass ich diese wichtige Phase im Leben meiner zweiten Tochter nicht bewusst wahrnehmen konnte. Stets war ich mit Putzen, Kochen, Waschen, der Hausmeisterstelle und den Putzstellen beschäftigt und musste nebenbei noch den Alltag mit den Kindern bewältigen. So sah mein Leben aus.

In der Kita war meinen beiden Kleinen alles fremd – sie verstanden schließlich kein Wort Deutsch. Bei einem Sommerfest sollten die Kinder aus Ceylins Gruppe gemeinsam ein Pinguinlied vortragen. Meine Tochter wusste gar nicht, wie ihr geschah, als eine Erzieherin sie beim Singen am Hemdzipfel nahm, sie in diese und jene Richtung zog und sie im Kreis herumdrehte, um Pinguinbewegungen nachzuahmen. Sevil war in der Babygruppe, Ceylin in der für die größeren Kinder. Mit der Zeit konnte zumindest Ceylin ein paar Brocken Deutsch und so wurde sie manchmal von Sevils Erzieherinnen gefragt, was ihre kleine Schwester wolle oder was für ein Problem sie habe.

Von einer Bekannten erfuhr ich zu dieser Zeit von einem Deutschkurs mit Hauptschulabschluss am bfw, dem Berufsfortbildungswerk. Die ausschließlich weiblichen Teilnehmer dieses Kurses sollten auch noch Geld bekommen. Natürlich war Mahmut dagegen, dass ich daran teilnahm. Ich versuchte, ihm beizubringen, dass ich endlich Deutsch lernen musste. Zum Glück hatte er selbst die Nase voll davon, ständig zum Kinderarzt oder sonst wohin mitkommen und übersetzen zu müssen. Ich bewarb mich also um einen Platz und der Direktor der Einrichtung fragte mich, ob ich ihn verstünde. Ja, antwortete ich. Damit war ich angenommen.

Ein Jahr war für den Erwerb des Hauptschulabschlusses veranschlagt, ein weiteres halbes Jahr für den des erweiterten Hauptschulabschlusses. Es handelte sich um ein Projekt des Berliner Senats zur Integration von Ausländerinnen und als Lockmittel bekamen wir für die Teilnahme sogar rund

1 500 DM im Monat. Ich empfand das als ein Geschenk des Himmels. Wegen des Geldes hatte Mahmut schließlich eingewilligt, aber eigentlich passte es ihm nicht, dass ich die Schulausbildung machte. Ich war schon vor dem Kursstart furchtbar aufgeregt und kaufte mir voller Vorfreude wie ein Schulkind schöne Stifte und Hefte.

Die erste Woche sollte zum Kennenlernen dienen. Eine der Teilnehmerinnen war Polin, die restlichen waren Türkinnen. Ab der zweiten Woche prasselte dann der Unterrichtsstoff auf uns ein: Deutsch, Chemie, Biologie, Mathe und weitere Fächer. Ich dachte, ich würde irre. Sieben Stunden lang, von 8 bis 15 Uhr, büffelte ich jeden Tag in der Schule, dann holte ich die Kinder von der Kita ab, machte den Haushalt, putzte das Haus und die Dachgeschosswohnungen zweier Bankdirektoren und nachts kochte ich für den nächsten Tag vor und lernte nebenher. Ich schrieb im Unterricht alles mit und las es mir selbst später laut vor, damit es sich einprägte. Von mir wurde verlangt, Referate zu halten, ohne dass ich wusste, was das überhaupt war. Vor dem Vortrag korrigierte unser Lehrer meinen Text fünf-, sechsmal. Am Anfang war alles rot, dann wurden die Korrekturen langsam weniger. Natürlich gab es auch Kursteilnehmerinnen, die gar keine Lust hatten zu lernen. Sie waren auf das Geld aus und sprachen untereinander nur Türkisch.

Irgendwann wurde es mir zu viel. »Wie wollt ihr denn weiterkommen, wenn ihr nur Türkisch sprecht? Wir sind doch hier, um Deutsch zu lernen und um mit den Menschen in diesem Land reden zu können!«, herrschte ich sie an.

Sie fühlten sich verraten und verstanden mich nicht. »Was gehen uns die Deutschen an?«, fragten sie. »Warum sollen wir denn nicht einfach das Geld nehmen, wenn wir es geschenkt bekommen?«

Zu Dankbarkeit oder gar einer Gegenleistung konnten sie sich nicht aufraffen. Also legte ich einfach fest, dass für jedes türkische Wort im Unterricht zehn Pfennig in die Kaffeekasse gezahlt werden mussten. Ich führte Buch darüber und in der Pause gab es jedes Mal ein Gefeilsche um die richtige Anzahl der türkischen Wörter, die gesprochen worden waren. Schließlich gab ich auf und dachte mir: Ist mir doch egal, dann lernen sie eben kein Deutsch, sie werden dadurch nur Nachteile haben.

Ich war heilfroh, dass ich selbst gut vorankam und mich mittlerweile schon mit Mahmuts deutschen Freunden unterhalten konnte, wenn diese zu Besuch waren. Es machte mir Freude, Worte wie »wunderbar« oder »großartig« zu verwenden. Ich hob mich dadurch von Mahmut ab, der sich nur mit einer Art Gossensprache verständigte. Aber es war eine unglaubliche Anstrengung, die Schule, den Arbeitsalltag und die Familie unter einen Hut zu bekommen.

Von der Schule aus ging ich einmal direkt zum Einkaufen. Schwer bepackt kam ich nach Hause; es war vereinbart, dass Mahmut die Kinder von der Kita abholte. Ich rief ihn sogar von unterwegs an, um ihn daran zu erinnern. Als ich in die Wohnung kam, öffnete mir ein Arbeitskollege Mahmuts die Tür. Mahmut lag noch im Bett. Kaum war ich über die Schwelle getreten, nahm mir sein Kollege die Taschen ab, und als er meinen Rucksack anhob, fragte er mich, ob ich verrückt sei, so schwer zu schleppen. Ich war in heller Aufregung, weil die Kinder noch nicht abgeholt worden waren. Da lief Mahmuts Arbeitskollege sofort los und holte meine Töchter ab, während ich voller Wut das Essen zubereitete. Mahmut hatte wieder einmal bewiesen, dass auf ihn überhaupt kein Verlass war – nicht einmal dann, wenn es um seine eigenen Kinder ging. Nur ein einziges Mal hatte er seine Töchter abholen sollen und tat es nicht. Ich startete keinen weiteren Versuch.

14. Kapitel

Einige Monate vor meinem Schulabschluss starben kurz hintereinander unser Nachbar und seine Frau. Ihre Wohnung lag im zweiten Stock und hatte drei Zimmer. Ich wollte unbedingt aus unserer Erdgeschosswohnung in das höhere Stockwerk ziehen. Mahmut war wegen der höheren Miete und der Umzugskosten dagegen. Aber ich setzte mich durch und wir bekamen die Wohnung. Endlich mehr Licht und Luft! Noch in derselben Nacht trug ich so viel wie möglich nach oben, weil ich es nicht erwarten konnte. Allerdings musste die Wohnung zunächst renoviert werden. Wieder lebten wir ein paar Wochen auf einer Baustelle und verfügten noch nicht einmal über eine Toilette, sondern mussten das Kindertöpfchen benutzen. Wir hatten einen Handwerker aus der Nachbarschaft beauftragt, aber dieser kam nicht. Verärgert lauerte ich ihm vor seiner Wohnung auf und überredete ihn, am nächsten Tag mit der Arbeit zu beginnen.

Eines Tages saß ich konzentriert über meinen Büchern und lernte. Mahmut fragte mich irgendetwas und ich antwortete nicht sofort. Er rastete völlig aus und brüllte: »Du gehst nicht mehr zur Schule! Ich verbiete es dir!«

In der Folge schloss er mich und die Kinder ein, wenn er zur Arbeit ging – vier Tage lang. Und nach dieser Behandlung verlangte er abends noch Sex. Es kam ein Telegramm von der Schule, dass man sich Sorgen um mich mache und ich dringend am Unterricht teilnehmen müsse, um mich auf die Prüfungen vorzubereiten. Da gab Mahmut klein bei und ließ mich wieder hingehen, aber offenbar brodelte es weiter in ihm. Ein paar Tage später, an einem Sonntag, kam wie so oft sein Arbeitskollege Manfred zu Besuch. Ich musste ein Referat vorbereiten. Weil schönes Wetter war, bat ich Mahmut, mit den Kindern nach draußen zu gehen. Manfred bot sich an, mit mir Deutsch zu üben. Unter viel Gemurre zog Mahmut mit den Kindern los. Manfred war Alkoholiker und wir hatten kein Bier im Haus, also schlug er vor, in ein Café in der Nähe zu gehen. Dort könne er ein Bier und ich einen Kaffee trinken. Wir übten ein wenig Deutsch und er beantwortete meine vielen Fragen.

Auf dem Heimweg kam uns Mahmut auf der Straße entgegengelaufen, mit erboster Miene, hochrotem Kopf und ohne die Kinder. Ohne Vorwarnung holte er aus und schlug mir mit aller Kraft ins Gesicht. Er brüllte mich an: »Wo kommst du her? Warum bist du nicht zu Hause?«

Immer wieder schlug er zu. Manfred war geschockt und wollte dazwischengehen, doch ich rief ihm zu, er solle besser verschwinden. Gleichzeitig versuchte ich, Mahmut zu beschwichtigen: »Manfred hat doch nur mit mir Deutsch geübt, Mahmut. Er wollte bloß ein Bier trinken, deshalb waren wir im Café.«

Doch Mahmut zerrte mich einfach nach Hause und ich heulte wie ein Schlosshund. Die Kinder saßen in der Wohnung vor dem Fernseher. Ich heulte und heulte, mein Gesicht schwoll an und schmerzte bei jeder Bewegung. »Warum tust du das?«, fragte ich meinen Mann. »Warum schlägst du mich, was habe ich denn verbrochen?«

»Woher soll ich denn wissen, dass ihr einfach nur in einem Café seid?«

»Du kannst doch fragen und mir dann glauben, was ich sage!«

»Und was hätte ich meiner Mutter sagen sollen, wenn sie plötzlich zu Besuch gekommen wäre und du nicht da bist?«

Das also war der wahre Grund für die Schläge auf offener Straße: die Angst vor dem, was seine übermächtige Mutter denken könnte. Die Befürchtung, seine Ehre könnte beschmutzt werden, weil er seine aufmüpfige Frau nicht im Griff hatte – weil er seiner Sklavin nicht Herr war!

Später kam Manfred noch einmal bei uns vorbei. Mahmut ließ ihn nicht in die Wohnung, sondern fragte ihn auf der Straße danach aus, ob etwas zwischen uns beiden liefe. Sein Freund entgegnete fassungslos, was eigentlich in seinem Kopf vorgehe. Wenn er Sex mit mir hätte haben wollen, wäre er doch nicht ins Café gegangen.

Das war das erste Mal, dass ich ihm drohte, mich von ihm scheiden zu lassen. »Ich möchte ein normales Leben führen!«, erklärte ich ihm. »Ich möchte einen Beruf haben und für die Zukunft der Kinder sorgen. Nicht einmal mein Vater hat mich geschlagen, weil ich meinen eigenen Kopf habe.«

Tagelang heulte ich, weil ich dieses Leben nicht mehr ertragen konnte. Außerdem litt ich darunter, dass die Kinder alles mitbekamen. Immerzu musste ich stark sein, immer die Zähne zusammenbeißen. Aber dass Mahmut mich so ungerecht behandelte, überstieg meine Kräfte. Ich tat, was ich nur konnte, und bekam doch nur Schläge dafür.

Mahmut verstand nicht, dass ich so außer mir war. »Habe ich dich etwa krankenhausreif geschlagen? So ein Theater für ein paar Backpfeifen! Andere schlagen ihre Frauen tot.«

Bald darauf, im Herbst 1992, machte ich meinen Schulabschluss. Ich war bei den Prüfungen schrecklich aufgeregt und las selbst beim Betreten des Prüfungsraums noch in meinen Unterlagen.

Auch das letzte bisschen Stoff wollte ich mir noch in den Kopf prügeln. Das bringe jetzt auch nichts mehr, wurde mir von den Prüfern gesagt. Ich bestand! Nach der Vergabe der Zeugnisse ging ich mit meinen Mitschülerinnen zum Feiern in eine Pizzeria. Ich rief Mahmut an und teilte ihm stolz mit, dass ich bestanden hätte und wir noch etwas essen gingen. Er schrie mich an: »Du kommst sofort nach Hause! Warum treibst du dich herum?« Daraufhin knallte er den Hörer auf. Das war wie eine weitere Ohrfeige für mich – was hatte ich denn getan? Störte es ihn mehr, dass ich mit anderen essen ging oder dass ich entgegen seinen Erwartungen bestanden hatte? Warum konnte er mir nicht einfach gratulieren?

Nun wollte ich unbedingt auch den erweiterten Hauptschulabschluss machen, ich hatte quasi Blut geleckt. Mit Engelszungen musste ich auf Mahmut einreden, damit er es mir erlaubte. Immer wieder betonte ich, dass ich doch Geld für den Unterrichtsbesuch bekäme. Es hing mir zum Hals heraus, immer wieder um Selbstverständlichkeiten kämpfen zu müssen. Eine deutsche Frau, die in jungen Jahren die Schule abgebrochen hatte, durfte in meiner Klasse mit einer Sondergenehmigung den Abschluss nachholen. Sie war sehr nett und lud mich zu sich zum Lernen ein. Mahmut wollte nicht, dass ich allein zu ihr ging, also kam er mit – mit den Kindern. Auch meine Freundin hatte Kinder, wie sollte man bei dem Tumult lernen? Mahmut hasste diese Frau. Weil sie Deutsche war, unterstellte er ihr, einen schlechten Einfluss auf mich zu haben. Außerdem war sie ihm wohl nicht geheuer, weil sie, im Gegensatz zu ihm, etwas im Kopf hatte.

»Du weißt langsam zu viel«, sagte er zu mir. »Frauen müssen immer eine Stufe unter dem Mann bleiben.«

Verbissen lernte ich für die Prüfungen, aber wegen der Kinder konnte ich mich nicht richtig konzentrieren.

Kurzerhand setzte ich die beiden Kleinen eines Tages im Frühsommer 1993 in einen Flieger Richtung Türkei. Ich bat ein junges Paar, während des Fluges auf sie aufzupassen, wir tauschten unsere Kontaktdaten und am Ankunftsort holte mein Vater die Kinder ab. Es war ein komisches Gefühl, sie wegzugeben, aber ich wollte die Prüfungen unbedingt bestehen. Von diesem Schulabschluss hing meine berufliche Zukunft und somit auch meine finanzielle Unabhängigkeit ab, mittels derer ich mich von Mahmut würde befreien können. Dieser bemerkte meine Entschlossenheit, wusste, wo sie hinführen könnte, und fing an, sein bisheriges Verhalten zu bereuen. Er wollte sich nicht von mir trennen, doch ich glaubte nicht mehr an eine bessere Zukunft mit ihm. Sobald ich einen anständig bezahlten Beruf gefunden hätte, würde ich Mahmut mit den Kindern verlassen. Allerdings war es unwahrscheinlich, dass er uns einfach gehen lassen würde. Ich hatte große Angst vor seiner Unberechenbarkeit, auch wegen der Kinder. Mit dieser Angst war ich ganz allein. Ich wagte es nicht, mich jemandem anzuvertrauen, nicht einmal meinen Eltern.

Dass ich wenige Wochen später auch die Prüfungen zum erweiterten Hauptschulabschluss bestand, erzählte ich Mahmut gar nicht mehr. Er hatte mich geschlagen und mich vier Tage lang mit den Kindern in der Wohnung eingesperrt, damit ich nicht zur Schule gehen konnte. So viele Hindernisse hatte er mir in den Weg gelegt, um mich von einem Erfolg abzuhalten. Ich hatte überhaupt keine Lust, ihm von etwas zu erzählen, das mir Freude bereitete.

Die Zeit, in der die Kinder in der Türkei bei ihren Großeltern waren, nutzte ich neben der Prüfungsvorbereitung dafür, mich sterilisieren zu lassen. Schon direkt nach Sevils Geburt hatte ich mir das vorgenommen. Mahmut hatte sich damals geweigert, auf die Kinder aufzupassen, damit ich zum Arzt gehen konnte. Netterweise übernahm sein Arbeitskollege Manfred spontan die Kinderbetreuung. Doch der Arzt, den ich aufsuchte, wollte mich nicht sterilisieren. »Frau Kaya, Sie sind noch so jung«, meinte er. »Vielleicht wollen Sie später noch einmal ein Kind haben oder Ihr Mann möchte eines.«

»Aber das ist mein Bauch und gerade von meinem Mann will ich nie wieder ein Kind haben!«, sagte ich entrüstet.

Der Arzt blieb ungerührt. »Es ist zwar Ihr Bauch, Frau Kaya, aber ich muss Sie operieren. Und ich weigere mich, das zu tun.«

Daraufhin versuchte ich, Mahmut dazu zu bewegen, sich sterilisieren zu lassen. Doch der fürchtete um seine Männlichkeit und darum, anschließend vielleicht nicht mehr so zu können, wie er wollte. Dabei wäre der Verlust seiner Potenz für mich ein weiterer Gewinn gewesen.

Beim zweiten Versuch ging ich zu einem anderen Arzt. Bei der Untersuchung wurde eine Zyste entdeckt. Ein Eierstock musste entfernt werden.

»Prima«, sagte ich zu dem Arzt. »Was ist mit dem anderen Eierstock? Können Sie den auch rausnehmen?«

Der Arzt war etwas pikiert. »Frau Kaya, wir müssen uns jetzt erst einmal um die Zyste kümmern. Daraus kann auch Schlimmeres entstehen.«

Eine Zyste oder gar Krebs interessierte mich nicht. Ich wollte nur keine Kinder mehr bekommen müssen. Schließlich vereinbarte ich mit dem Arzt, dass er mich bei der Entfernung des Eierstocks auch sterilisierte. Ich erzählte Mahmut davon, um ihm deutlich zu machen, dass auch ich meinen Willen durchsetzen konnte. Mahmut war mit meiner Entscheidung überhaupt nicht einverstanden. Ihm fehlte ja noch ein ehelicher Sohn. Doch ich hatte bereits alles in die Wege geleitet und er hätte nichts tun können, außer mich wieder zu schlagen und einzusperren. Aber er war vorsichtig, weil die Scheidung im Raum stand.

In einem Zehlendorfer Klinikum wurde ich operiert. Mahmut versprach mir, nach der OP etwas zu essen vorbeizubringen. Ich wollte gern einen Hamburger. Doch Mahmut kam und kam nicht – leider war ich das ja schon gewohnt. Spät am Abend kam er dann doch noch ins Krankenhaus, allerdings ohne Hamburger. Drei Tage blieb ich in der Klinik; anfangs konnte ich kaum laufen, doch mein erster Gang führte mich zu McDonald's, wo ich acht oder neun Hamburger verschlang. Als es mir etwas besser ging, flog ich für eine Woche allein in die Türkei zu meinen Eltern und den Kindern. Mahmut, der Angst vor einer Scheidung hatte, gab mir mit auf den Weg, ich solle mich erholen und es mir gut gehen lassen. Und ich solle noch mal in Ruhe über uns beide nachdenken.

Mein Bruder Ferhat besaß damals im Süden der Türkei nahe Adana einen Lebensmittelladen, den er nach meiner ersten Tochter Ayse-Market genannt hatte. Gegenüber von dem Laden wohnte ein Mädchen, in das sich mein Bruder unsterblich verliebt hatte. Sie war auch in ihn verliebt und er hielt bei ihren Eltern um ihre Hand an. Die waren jedoch nicht sonderlich begeistert davon, weil mein Bruder kein sicheres Einkommen hatte. Sie ließen ihn zappeln und er litt darunter.

Ich lernte das Mädchen kennen und mochte es sofort. Die beiden waren so verliebt! Solche Gefühle hatte ich leider nie kennenlernen dürfen. Ich versprach meinem Bruder, mit ihrer Mutter zu reden, und forderte das Mädchen auf, bei der nächsten Zusammenkunft der beiden Familien selbstbewusst zu meinem Bruder zu stehen und offen zu sagen, dass es ihn auch liebe.

Ihrer Mutter versicherte ich, dass die Gefühle der beiden auf Gegenseitigkeit beruhten und dass ihre Tochter sich vor

Liebeskummer die Augen ausweine. Die Mutter gab zu, meinen Bruder zu mögen, aber sie hielt die beiden für zu jung und fragte sich, ob eine so frühe Ehe nicht vielleicht ein Fehler sei. Wären meine Eltern nur so weitsichtig gewesen, statt mich mit 14 zu verheiraten. Mein Bruder und das Mädchen waren ja schon über 20! Ich erklärte der Mutter, ich würde nicht lockerlassen, bis die beiden verheiratet seien, denn wahre Liebe müsse unterstützt werden. Einige Tage später kam es zu einem großen Familientreffen. Meinen Vater nervten diese Treffen mittlerweile schon, denn es war bereits das dritte dieser Art und langsam verlor er die Lust daran, für seinen Sohn um die Hand dieses Mädchens zu betteln. Ihr Onkel war das Oberhaupt der Familie, er gab sich abweisend und glaubte nicht, dass sie ebenfalls verliebt war. Ich forderte sie wie besprochen auf, zu ihrer Liebe zu stehen. Verschüchtert und nervös nestelte sie an ihrem Kleid herum, sagte aber dann mit fester Stimme: »Ich bin in Ferhat verliebt und ich will ihn heiraten.«

Wie sie uns später erzählte, bekam sie, sobald wir alle weg waren, für dieses Geständnis von ihrem Onkel eine kräftige Ohrfeige. Er empfand es als peinlich, dass sie vor allen Anwesenden von Liebe sprach, und ermahnte sie, so etwas schicke sich nicht. Die Eltern des Mädchens waren empört über die Reaktion ihres Verwandten und stimmten nun ihrerseits endlich der Hochzeit ihrer Tochter zu. Somit stellte sich ein Teil der Familie gegen das Oberhaupt, das schließlich nachgeben musste. Nie wieder habe ich mit diesem Onkel ein Wort geredet. Bei jeder Familienfeier habe ich ihn geflissentlich übersehen.

Heimlich planten mein Bruder, seine Zukünftige und ich einen Ausflug ans Meer. Ein romantisches Treffen noch vor der Hochzeit war eigentlich ein absolutes Tabu, deshalb reisten wir getrennt und mit einem Tag Abstand voneinander an – dabei wollten wir diesen Aufenthalt nur zum gegenseitigen Kennenlernen nutzen.

In dieser Zeit rief Mahmut bei meinen Eltern an, redete kurz mit den Kindern und wollte dann mich sprechen. Ceylin antwortete arglos, dass ich am Meer sei. Blind vor Wut ließ sich Mahmut meinen Vater geben. »Was soll das?«, herrschte er ihn an. »Wieso ist Buket allein am Meer? Warum lasst ihr das zu, was treibt sie da?«

Mein Vater war wegen dieses Wutausbruchs sehr verärgert. »Wie kommst du darauf, dass sie allein ist? Sie ist mit ihrem Bruder dort. Und überhaupt kann ich deine Art nicht ertragen. Weißt du was? Buket bleibt jetzt bei uns und die Kinder auch!«

Als ich am nächsten Tag mit meinem Bruder zurückkam, erzählte mir meine Mutter, dass Mahmut wieder völlig ausgerastet sei und mein Vater die Nase von ihm voll habe.

Kurz darauf rief Mahmut erneut an und ich sprach mit ihm. Er habe mir doch selbst geraten, dass ich es mir gut gehen lassen solle, hielt ich ihm vor; und nun überschüttete er mich mit Anschuldigungen, anstatt einfach zu fragen, warum ich ans Meer gefahren sei.

Auf der unendlichen Liste von Mahmuts Minuspunkten war ein weiterer hinzugekommen. Selbst wenn er gar nicht da war, hatte ich Ärger mit ihm. Er erlaubte mir zwar großzügig, allein in die Türkei zu reisen, aber ich konnte trotzdem nicht so unbeschwert sein, wie ich wollte. Immer gab es Streit und Stress mit ihm, selbst über eine solche Distanz hinweg.

Dennoch flog ich mit den Kindern zurück nach Berlin. Es mag seltsam klingen, aber trotz aller Probleme war Berlin mittlerweile zu meinem Zuhause geworden. Ich verfügte dank der Hausmeisterstelle über ein eigenes kleines Einkommen und sah für mich und die Kinder in Deutschland eine bessere Zukunft als in der Türkei. Mein Vater hatte vorgeschlagen, dass wir bei ihnen bleiben sollten. Doch ich erwiderte, ich käme mit der Situation schon zurecht. Welche Perspektiven hatte ich denn, wenn ich wieder bei meinen Eltern einzog? Meine Mutter bestärkte mich in meiner Entscheidung, zu meinem Mann zurückzukehren, für sie war die Familie schließlich heilig. Sie selbst hatte sich zwar schon früh von ihrem ersten Mann getrennt, doch aus dieser Ehe waren keine Kinder hervorgegangen. Ihrer Auffassung nach musste die Einheit der Familie um jeden Preis geschützt werden, auch wenn die Ehefrau dafür vieles zu erdulden hatte.

Mahmut erwartete uns bei der Rückkehr mit einem Blumenstrauß am Flughafen. Das waren die ersten Blumen, die ich von ihm bekam. Doch sein schlechtes Gewissen hielt nicht lange an.

Nach diesem Sommerurlaub ging ich zum Arbeitsamt, weil ich einen anspruchsvolleren Beruf ausüben und nicht immer nur putzen gehen wollte. Mahmut sagte ich davon nichts. Auf dem Amt wurde mir mitgeteilt, dass meine Deutschkenntnisse nicht gut genug seien. Ich ließ mich davon nicht entmutigen, denn ich hatte schließlich bereits zwei deutsche Schulabschlüsse in der Tasche. Mit Unterstützung des Arbeitsamts begann ich, nach einer Möglichkeit zu suchen, den Realschulabschluss zu erwerben. Der Direktor meiner Hauptschule gab mir ein Empfehlungsschreiben für eine Volkshochschule mit, an der man den Abschluss machen konnte. Der Unterricht fand wieder tagsüber von 8 bis 15 Uhr statt, nur waren meine Mitschüler dieses Mal überwiegend deutsche Jugendliche, die die Schule abgebrochen hatten und ihren Abschluss nun nachholten. Mahmut war gegen meinen Schulbesuch.

Ich versuchte, an seine Vernunft zu appellieren: »Ich will richtig Deutsch lernen und den Kindern eine Zukunft bieten!«

»Wenn ich von der Arbeit komme, will ich meinen Tee haben. Ich erwarte, dass meine Frau zu Hause für die Familie sorgt. Wenn du den ganzen Tag zur Schule gehst, werden die Kinder nicht richtig erzogen«, entgegnete er grob.

Trotzdem ging ich weiter zum Unterricht, in der Hoffnung, dass sich Mahmuts Ärger mit der Zeit schon legen würde. Keine zwei Wochen hielt ich durch, weil Mahmut jedes Mal, wenn ich nach Hause kam, ein Höllentheater veranstaltete. Ich hatte keine Kraft mehr, ihm etwas entgegenzusetzen, also gab ich schließlich auf. Meine Lebensaufgabe sah ich nun nur noch darin, alle Energie in meine Töchter zu stecken, damit sie einmal ihr Abitur machen und studieren konnten und niemals in eine solch demütigende und hoffnungslose Abhängigkeit wie ich gerieten.

Weder ich noch meine Familie haben Mahmuts Beweggründe, mich kleinzuhalten, je nachvollziehen können. Was schadet es denn einer Familie, wenn die Frau Bildung erwirbt? Geht es in einer Ehe nur um Macht und Unterdrückung?

Wenn ich nicht gerade putzen ging, war ich nun wieder zu Hause und quasi Mahmuts Sklavin. Mein Plan, unabhängig zu werden und ihn zu verlassen, war in weite Ferne gerückt. Ich bereitete ihm seinen Tee zu, wenn er von der Arbeit kam, und mittags gingen wir ins Bett, um Sex zu haben. An jedem verdammten Tag. Nach wie vor gehörte es zu meinen Hauptaufgaben, Mahmut frühmorgens zu wecken. Ich hatte dabei nicht nur wie gewohnt größte Mühe, ihn aus dem Bett zu holen, jetzt schlief er auch noch an den unmöglichsten Stellen einfach weiter. Eines Nachts rief mich sein Chef an und fragte, wo Mahmut bliebe. Ich lief zum Auto hinunter und fand am Steuer meinen schlafenden Mann. Ein anderes Mal stand das Auto zwar nicht mehr vor unserem Haus, befand sich nun aber mit dem schlafenden Mahmut vor der Bäckerei. Als ein paar Tage später einer von Mahmuts Kollegen zur Nachtschicht fuhr, sah er, wie eine Polizeistreife am Straßenrand Mahmuts Wagen kontrollierte. Mahmut schlief schon wieder. Und auch während der Arbeit schlief er ein.

Hätte er nicht so geschuftet, wäre er seinen Job bestimmt los gewesen. Dennoch musste er während unserer Ehe 17-mal die Arbeitsstelle wechseln. Immer wieder stritt er sich mit Kollegen oder Vorgesetzten und prügelte sich mit ihnen. Deshalb waren sowohl er als auch ich schon früh der Meinung, dass es vielleicht besser wäre, wenn er seine eigene Bäckerei hätte. Auf dem Weg zur Kita lief ich mit meinen beiden Kleinen immer an einer Bäckerei vorbei und beobachtete oft, wie am frühen Morgen das Mehl von einem großen Lkw geliefert und in die Silos verladen wurde. Wie stolz muss man darauf sein, dachte ich damals, all dieses Mehl selbst verarbeiten und verkaufen zu können.

15. Kapitel

Im Frühsommer 1994 ließ Mahmuts Mutter eine Minivilla auf einem geerbten Grundstück in der Türkei erbauen. Bauherr war der dubiose Mann, der Mahmut drei Jahre zuvor mit dem Vertrag für den Rohbau übers Ohr gehauen hatte. Seine kriminellen Machenschaften konnten die Familie offenbar nicht von einer Zusammenarbeit abhalten.

Von der Türkei aus rief meine Schwiegermutter bei Mahmut an und bat ihn, einen Kredit aufzunehmen. Ich bekam davon nichts mit. Er ging zur Bank und beantragte den Kredit bei einer türkischen Angestellten. Diese teilte ihm mit, dass seine Frau auch unterschreiben müsse. Mahmut tat ganz unschuldig: »Aber sie kann nicht herkommen, sie muss zu Hause auf die Kinder aufpassen.«

Dafür hatte die Türkin vollstes Verständnis. »Na, dann nehmen Sie den Vertrag einfach mit und lassen Ihre Frau zu Hause unterschreiben.« Ein deutscher Angestellter hätte ihm den Vertrag sicherlich nicht mitgegeben. Zu Hause fälschte er meine Unterschrift und schickte 15 000 DM in die Türkei – das Haus seiner Mutter wurde gebaut.

Einige Wochen später hörte ich von einem Nachbarn, dass Mahmut eine Villa in der Türkei bauen lasse. Der Nachbar wollte mir zu dem Haus gratulieren und wusste nicht, dass ich keine Ahnung davon hatte. Mahmut konnte es wohl nicht lassen, vor ihm damit anzugeben. Ich stellte ihn zur Rede, als er von der Arbeit kam. Ganz ruhig fragte ich ihn, was das alles zu bedeuten habe, und verlangte, dass er die Sache rückgängig machte. Er fuhr mir über den Mund: »Stopp jetzt! Du redest zu viel. Das Haus wird gebaut und Punkt.«

»Okay, und wie hast du den Kredit bekommen?«

»Ich habe deine Unterschrift gefälscht.«

Ich fühlte mich, als würde kochendes Wasser über mich geschüttet – er sagte das so völlig ohne Bedauern, ohne Reue, ohne Respekt. Ich war für ihn wie ein Ding, das lediglich seine Bedürfnisse zu befriedigen hatte und selbst keinerlei Rechte oder Bedeutung besaß. Da schwor ich mir, selbst ein Haus zu bauen, falls jemals wieder ein Kredit in meinem Namen aufgenommen werden sollte. Damit mir und meinen Kindern auch etwas für die Zukunft bliebe. Nie wieder sollte mithilfe meines Namens Geld in Autos oder andere Besitztümer von Mahmuts Familie fließen.

Mein trostloses Leben plätscherte weiter vor sich hin. Als meine Schwiegermutter und meine Schwägerin wieder einmal zu Besuch kamen, sprachen wir über Geld und ich sagte, dass Mahmut und ich davon nicht allzu viel hätten. Die beiden erzählten mir, dass ein großes Fotogeschäft in Berlin eine Putzhilfe suche. Eigentlich wollte ich nicht noch eine Putzstelle annehmen, aber das konnte ich ja schlecht zugeben, wenn ich nun schon erzählt hatte, dass es uns an Geld mangelte. Also bewarb ich mich und wurde eingestellt. Eigentlich waren eineinhalb Stunden Arbeit pro Tag vereinbart. Aber nach dem ersten Arbeitstag waren die Inhaber des Ladens so zufrieden mit mir, dass sie mir eine Acht-Stunden-Stelle anboten. Ich sollte das ganze Lager putzen. Mit den anderen Angestellten verstand ich mich sehr gut. Weil ich immer wie eine Maus in alle Ecken und Winkel kroch, mussten sie mich manchmal suchen und riefen dann immer: »Wo bist du, Mäuschen?«

Um sieben in der Früh ging ich an die Arbeit, die Kinder brachte ich um sechs zur Kita. Bis drei Uhr nachmittags arbeitete ich und eilte dann im Laufschritt zur Kita, um die Kinder abzuholen. Anschließend kaufte ich mit ihnen noch schnell ein, kochte, machte den Haushalt, erledigte meine Aufgaben als Hausmeisterin und putzte schließlich die zwei Dachwohnungen. Dazu kamen am Abend stets unzählige Besuche der türkischen Verwandten und Bekannten, wonach ich noch bis zwei Uhr in der Nacht mit Aufräumen beschäftigt war.

Mahmut freundete sich oft mit sehr jungen Leuten an, vor denen er sich mächtig aufplustern konnte und die sich noch nicht trauten, anderer Meinung zu sein als er. Einer dieser Freunde schaffte sich einen Rottweiler an, um den er sich aber nicht kümmerte. Wenn er arbeiten ging, brachte er den Hund einfach zu uns. Es war ein gutmütiges Tier und Ceylin spielte gern mit ihm, aber Sevil hatte Angst vor ihm. Also musste ich den Hund stundenlang an der Heizung festbinden und konnte ihn erst frei herumlaufen lassen, wenn Sevil schlief. Dieses Tier haarte die ganze Wohnung voll. Mit einer Fusselrolle kroch ich über die Teppiche und versuchte, die Haare zu entfernen. Ich wusch sogar die Wäsche seines jungen türkischen Besitzers. Dessen Sachen tat ich immer zuerst in die Badewanne, denn sie waren übersät mit Hundehaaren. Seine deutsche Freundin war zusammen mit ihm oft zu Besuch. Als die beiden sich trennten, schlief sie sogar etliche Male bei uns und heulte sich bei mir aus. Als einmal keiner zu Hause war, als sie klingelte, holte sie sich von unserer Nachbarin die Ersatzschlüssel und konnte anschließend gar nicht verstehen, warum mir das nicht passte.

Meine türkische Freundin kam zudem jeden Donnerstag, um sich bei uns ihre türkische Lieblingsserie anzuschauen. Ständig war jemand zu Besuch, es war ein einziges Kommen und Gehen. Keine freie Minute war mir vergönnt, alle stahlen mir mit größter Selbstverständlichkeit meine Zeit. Das konnte so nicht weitergehen! Eines Abends schickte ich kurzerhand meine Freundin fort, schließlich mussten meine Kinder jeden Tag um 5.30 Uhr aufstehen und entsprechend früh ins Bett gehen. Der deutschen Ex-Freundin von Mahmuts Bekanntem sagte ich, sie solle nicht mehr kommen; ich konnte mich nicht auch noch permanent mit den Bedürfnissen und Problemen von Besuchern auseinandersetzen.

In dieser Zeit war Mahmut einige Monate lang arbeitslos. Weil er den Bruder seines Chefs verprügelt hatte, war er entlassen worden. Ich forderte ihn auf, mich zu unterstützen. Er sollte wenigstens die Kinder morgens in die Kita bringen und die Wohnung ein wenig in Ordnung halten. Eines Tages kam ich früher als sonst von der Arbeit und überraschte Mahmut mit meinem unerwarteten Erscheinen. Die Kinder saßen mit einer Chipstüte vor dem Fernseher. Er hatte sie nicht in die Kita gebracht. Ich fragte dort nach und erfuhr, dass meine Töchter oft nur einmal in der Woche von ihm dort abgegeben wurden. Während ich mir beide Arme und Beine ausriss, um fünf aufstand, die armen Kinder schon um sechs zur Betreuung abgab, zur Arbeit fuhr, dort bereits völlig erschöpft ankam, den ganzen Tag arbeitete, mich beeilte, die Kinder wieder abzuholen, und zu Hause bis in die Nacht hinein weiterackerte, war Mahmut zu bequem, um auch nur die Wohnung zu verlassen! Die Kinder fanden die Chips und das Fernsehen natürlich toll. Aber mit väterlicher Verantwortung hatte das rein gar nichts zu tun!

Im Sommer desselben Jahres wurde Ceylin eingeschult. Da ihre Muttersprache Türkisch war, sollte sie in eine Integrationsklasse gehen. Ich war dagegen, weil ich wollte, dass sie mit deutschen Kindern zusammen unterrichtet wurde. Man lernt schließlich schneller, wenn man gefordert wird, als wenn man es zu einfach hat. Zu meiner großen Erleichterung ließ sich der Direktor in einem Gespräch davon überzeugen, Ceylin einer normalen Klasse zuzuweisen.

Bei der Einschulungsfeier war die ganze Familie ein wenig aufgeregt. Sogar Mahmut war mitgekommen. Ceylin konnte ihre große Schultüte kaum halten und wurde von ihrer kleinen Schwester Sevil sehr bewundert. Als der Direktor die Namen der Kinder aufrief, um sie den einzelnen Klassen zuzuordnen, sprach er den Namen Ayse Ceylin fürchterlich falsch aus. Ohne eine Miene zu verziehen, stand Ceylin auf, ging selbstbewusst zu ihm und sagte: »So heiße ich nicht.«

Sie wurde eine gute Schülerin. Zwar war sie verträumt und lernte eher langsam, aber es gab nie Anlass, sich Sorgen zu machen.

Im Sommer 1995, nach über zwölf Jahren verkorkster Ehe, kamen zum ersten Mal meine Eltern nach Berlin. Ich arbeitete damals immer noch in dem Fotoladen. Meine Mutter war entsetzt über das Leben, das ich führte.

»Am frühen Morgen gehst du aus dem Haus und kommst erst am späten Nachmittag wieder. Was ist das für ein Leben hier? Die Frauen in der Türkei müssen nicht arbeiten und können bis zum Mittag schlafen!«

Schon oft hatte ich ihr erzählt, wie hart mein Alltag in Berlin war, doch offensichtlich nahm sie mich erst ernst, als sie die Realität mit eigenen Augen sah. Die in Deutschland lebenden Türken verbreiteten ja nur allzu oft erfolgreich das Gerücht, man müsse hier nur wenig arbeiten und bekomme viel Geld dafür. So ernten sie Bewunderung für den Lebensstandard, den sie mit ihrer Auswanderung erreicht haben. Nur die wenigsten geben zu, dass das Leben in Deutschland zwar viele Freiheiten bietet, aber mitunter genauso anstrengend ist wie andernorts. Meine Mutter hatte offensichtlich jahrelang geglaubt, ich würde übertreiben und auf hohem Niveau jammern.

Nun taten ihr auch die Kinder leid. Sie waren den ganzen Tag in der Kita und in der Schule, konnten nicht im Freien spielen und zu Hause mussten sie gehorchen. Endlich begriffen meine Eltern, wie schwer ich es hatte.

Als sie wieder abgereist waren, begann ich, meinen Führerschein zu machen. In unserer Wohngegend musste man für immer mehr Parkplätze bezahlen. Mahmut stellte das Auto nach der Arbeit stets kostenpflichtig ab und nahm sich vor, es nach kurzer Zeit umzuparken. Natürlich tat er das nie. Uns flatterte ein Strafzettel nach dem anderen ins Haus, in einem Jahr summierten sich auf diese Weise 1 700 DM. Ich bearbeitete Mahmut lange Zeit, doch eine Garage zu mieten. Zwar tat er es irgendwann, parkte aber aus Bequemlichkeit weiterhin auf der Straße. Da reichte es mir endgültig und ich stellte ihn vor vollendete Tatsachen: »Du kannst einfach nicht mit Geld umgehen, Mahmut! Ich mache jetzt den Führerschein, damit ich dein Auto umparken kann. Ich habe es satt, so viel Geld zum Fenster hinauszuschmeißen!«

Als ich ihm voller Stolz von meiner ersten Fahrstunde erzählte, passte ihm das überhaupt nicht. Ich war schon begeistert, dass sich das Auto tatsächlich bewegt hatte, doch Mahmut störte sich an meinem Enthusiasmus: »Beim nächsten Mal komme ich mit. Es gefällt mir nicht, dass du allein mit einem Mann im Auto sitzt!«

»Ich will aber nicht, dass du mitkommst, Mahmut!«, wehrte ich mich. »Das macht mich nur nervös und dann wird das nie etwas mit dem Führerschein!«

»Dann darfst du nicht mehr zur Fahrschule gehen«, verfügte er einfach brutal. Stets betonte er: »Du bist meine Frau. Du tust, was ich dir sage!«

Seitdem darf mich niemand mehr »meine Frau« nennen. Ich werde niemals mehr jemandes Besitz sein!

Ich ging einfach weiter zu den Fahrstunden, wenn Mahmut arbeitete. Die Theorie-Unterlagen auf Türkisch verstand ich nicht, doch als ich die deutschsprachigen Unterlagen zur Hand nahm, war plötzlich alles klar. Also lernte ich auf Deutsch und bestand die Prüfung auf Anhieb. Auch die praktische Prüfung gelang mir sofort. Alle waren verblüfft – keiner aus dem ganzen Bekanntenkreis hatte beides beim ersten Versuch bestanden. Da ich in einem Auto mit Automatikgetriebe fahren gelernt hatte, kauften wir von unserem Ersparten einen gebrauchten Automatikwagen. Auf Anraten meines Fahrlehrers fuhr ich nach der Prüfung die ersten Male ohne Begleitung. Ich hatte eine Heidenangst davor, gondelte dann aber einmal nachts, als die Kinder schliefen, vier Stunden lang in Berlin herum. Mit einem Kuschelbären im Auto, einer Kassette und Zigaretten. Das tat meinem Selbstbewusstsein gut und die Straßen kamen mir am Tage nicht mehr so bedrohlich vor.

Von da an schnappte ich mir, wann immer es ging, die Kinder und fuhr sie in den kommenden Jahren zum Rudern, zum Reiten, zum Taekwondo, zum Trampolinspringen und zu unzähligen Ausflügen in und um Berlin. Ich glaube, wir lernten Berlin und Brandenburg dabei besser kennen als so mancher Berliner. Auch zum Arzt und zum Logopäden konnte ich nun endlich allein mit den Kindern fahren und die elende Schlepperei der Einkäufe hatte ein Ende. Dafür zitterte ich nun im Winter so manches Mal wartend im Auto, während die Mädchen ihre Kurse besuchten.

Auch Mahmut kutschierte ich herum. Wieder einmal hatte er seine Arbeitsstelle wechseln müssen und nun andere Arbeitszeiten. Ich fuhr ihn also nachmittags zur Arbeit oder holte ihn in den frühen Morgenstunden ab. Die Kinder blieben derweil, obwohl sie noch so klein waren, allein zu Hause. Doch weil es nicht anders ging, gewöhnten sie sich schnell daran. Manchmal musste ich stundenlang im Wagen auf Mahmut warten, weil er Überstunden machte. Immerhin bekamen wir nun keine Strafzettel mehr. Selbst meine Schwiegermutter war stolz darauf, dass ich den Führerschein gemacht hatte. Anfangs versprach sie, mir ein neues Auto zu kaufen, steuerte dann aber nichts zu unserem Automatikwagen bei, und ich erinnerte sie nie an ihr Versprechen. Sehr oft fuhr ich sie durch die Gegend, zu Arztbesuchen oder Einkäufen. Auch für den Rest der Familie spielte ich die Chauffeurin. Einmal lieh ich mir von meiner Schwiegermutter Geld zum Tanken und gab es ihr pflichtbewusst kurz darauf zurück – sie nahm es wortlos. Eigentlich hatte sie mir ein Auto schenken wollen, und jetzt schenkte sie mir nicht einmal das Benzingeld!

Etwa anderthalb Jahre lang arbeitete ich in dem Fotogeschäft, bis Ende 1995. Irgendwann jedoch wollte ich nicht mehr den ganzen Tag als Reinigungskraft schuften. Wenn ich zur Schule ging, störte Mahmut das offenbar, aber wenn ich putzen ging, war es für ihn in Ordnung. Von meinem Geld konnten wir uns eine neue Küche kaufen, eine neue Couchgarnitur und etliches mehr – das war für ihn sehr bequem. Jemand riet mir, in dem Fotogeschäft nicht selbst zu kündigen, sondern mir kündigen zu lassen, um Arbeitslosengeld kassieren zu können. Das verstand ich damals nicht. Wieso würde ich Geld bekommen, wenn ich nicht arbeitete? Als ich das Arbeitslosengeld nach dem ersten halben Jahr hätte neu beantragen müssen, weigerte ich mich zunächst. Das schien mir *haram* zu sein, eine Sünde. Es war ja meine freie Entscheidung, nicht zu arbeiten, weshalb also sollte mich der Staat unterstützen? Mahmut setzte mich allerdings so unter Druck, dass ich für ein weiteres halbes Jahr Arbeitslosengeld beantragte.

»Willst du die Deutschen reich machen, indem du auf ihr Geld verzichtest, oder was? Wenn die Deutschen nun mal so doof sind und dir für nichts Geld bezahlen, dann kannst du das ruhig ausnutzen!«, wies er mich zurecht.

Den ganzen Tag zu Hause zu sein machte mich jedoch irgendwann wahnsinnig. Ich wollte endlich einen richtigen Beruf erlernen.

Mahmut brachte immer Bargeld mit, wenn er von der Arbeit nach Hause kam. Überwiegend arbeitete er schwarz. Stolz reihte er dann die blauen Hunderter vor mir auf dem Tisch auf, woraufhin ich allerdings wütend die Scheine wegfegte und zischte: »Die Kinder haben keinen Vater und ich habe keinen Mann! Ich will das Geld nicht!«

Er wusste nichts von seinen Töchtern. Er wusste nicht, wann sie laufen oder sprechen gelernt hatten, ob sie Zahnspangen trugen, welche Sportkurse sie mit ihren sechs und sieben Jahren mittlerweile besuchten – es interessierte ihn nicht. Am Sonntag spielte er immer den großzügigen Vater und führte die Mädchen zu McDonald's aus. Dafür liebten sie ihn.

Im Sommer 1996 kam die kleine Sevil auf dieselbe Schule wie Ceylin. Ich war stolz auf meine beiden Schulkinder. Allerdings zeigte sich schon bei der Einschulung, dass Sevil längst nicht so selbstsicher war wie ihre große Schwester. Zitternd vor Aufregung tapste sie unbeholfen zum Direktor, als sie aufgerufen wurde, und wollte sich am liebsten hinter ihren Mitschülern verstecken. Sie trug eine Brille und eine Zahnspange und fühlte sich damit sehr unwohl. Sevil war eine fleißige Schülerin, hatte aber Schwierigkeiten damit, vor der Klasse zu sprechen. Immer wieder musste sie von den Lehrern ermuntert werden, aktiv mitzuarbeiten. Mit ihren Klassenkameraden kamen beide Mädchen problemlos klar. Die deutschen Eltern werden sich bei den Einschulungen meiner Töchter wohl gewundert haben, denn deren Mutter war eine junge, schlanke Türkin, die statt eines Kopftuchs einen aufreizend kurzen Minirock trug.

Schon seit ein paar Jahren brachte mir Mahmut ab und zu ein Kleid oder einen Rock mit. Die Kleider waren durchsichtig, ließen den ganzen Rücken frei, lagen wie eine Wurstpelle eng auf der Haut und die Röcke bedeckten knapp das Hinterteil. Für eine Türkin galt so etwas als Nuttenkleidung. Ich wollte die Sachen nicht anziehen. Ich kam mir darin nur seltsam und nicht sexy vor. Weil mein Mann es jedoch verlangte, trug ich sie dennoch, ich Idiotin. Es war schizophren: Mahmut war krankhaft eifersüchtig, aber ich sollte mich auf offener Straße in Kleidern zeigen, die Reizwäsche gleichkamen. Er freute sich, wenn andere Männer glotzten. Stolz führte er mich als seinen Besitz spazieren. Wenn ich mich weigerte, die geschenkten Kleider anzuziehen, war er wütend und eingeschnappt.

Seine Familie registrierte die kurzen Röcke nur allzu genau. Sie waren in ihren Augen ein Zeichen dafür, dass ich begann, mich als Deutsche zu fühlen und die Heimat Türkei hinter mir zu lassen – dabei wollte ich das keinesfalls vermitteln. Und eigentlich wollte ich auch gar nicht so aussehen und angegafft werden. Ich wollte Jeans und Pulli tragen und mich in meiner Haut wohlfühlen können. Mahmut hingegen kleidete sich wie ein Penner, mit schmutzigen Karottenhosen und ausgeleierten T-Shirts. Er musste mir nicht gefallen, ich gehörte ja ihm und nicht umgekehrt. Oft kam er zu spät zur Arbeit und hatte dann keine Zeit mehr, sich umzuziehen. Also ließ er einfach seine Jeans an und kam damit dann vor Dreck starrend nach Hause.

Mahmuts Freund Manfred war einmal dabei, als ich vor dem Waschen die Taschen von Mahmuts Hosen entleerte. Ich holte Hände voller Zigarettenkippen hervor. Manfred war entsetzt. »Igitt, ist das widerlich! Was bist du denn für einer?«, meinte er zu Mahmut. »Meine Freundin würde mich rausschmeißen!«

Mahmut konnte kein Problem erkennen. »Was geht dich das an? Ich habe bei der Arbeit keine Zeit, zu den Mülltonnen zu gehen.«

Außerdem hatte er schließlich eine Dienstmagd, die den Dreck wegmachte. Zu Hause aschte er auch weiterhin auf den Boden, als sei es das Normalste der Welt. Nach außen hin präsentierte er sich gern als charmanter, weltoffener Mann. Er protzte mit seinem BMW und drehte dessen Stereoanlage voll auf, aber wenn er lächelte, sah man die ungeputzten gelben Zähne und das Lederlenkrad umfassten schmutzverkrustete Hände mit schwarzen Fingernägeln.

In einem Moment verzweifelter Entschlossenheit räumte ich eines Tages im Herbst 1997 eine Ecke meines Kleiderschranks frei und deponierte dort ein paar Kleidungsstücke von mir und den Kindern. Ich wollte das Nötigste schnell zur Hand haben, wenn ich eines Tages tatsächlich abhauen musste. Dieser Fluchtgedanke hatte in letzter Zeit immer mehr Gestalt angenommen und ich wartete nur auf den Moment, in dem ich endlich die Kinder schnappen und weggehen konnte – denn Mahmuts Aggressivität nahm immer mehr zu. Als ich einmal zu unseren Nachbarn ging, um mich mit ihnen zu unterhalten, jagte er eine halbe Stunde später die Treppe hoch und brüllte herum, ich solle sofort wieder runterkommen. Verängstigt gehorchte ich und er schubste mich auf der Treppe grob vor sich her. Als ich mit einer Freundin zusammen etwas später als vereinbart von einer Verabredung zurückkam, erwartete er mich schon mit wildem Blick auf der Straße und zerschlug zu Hause eine Flasche Orangensaft auf der neuen Essecke, die ich mühevoll mit meiner Freundin transportiert und aufgebaut hatte. Mit seinen Ausbrüchen und seiner rohen Gewalt hielt er mich in ständiger Furcht, blindwütig zerstörte er unser Mobiliar, obwohl wir uns das Geld dafür mühsam erarbeiten mussten. Wenn er sich dann irgendwann beruhigt hatte, wollte er Sex.

Ich war jedes Mal verängstigt wie eine kleine Katze und versuchte, mich unter den Wellen seiner Raserei hinwegzuducken.

Aber meine persönliche Veränderung war nicht aufzuhalten. Meine Deutschkenntnisse und die Erfahrungen, die ich vor allem bei der Arbeit als Hausmeisterin sammelte, der Führerschein, der regelmäßige Umgang mit Menschen, all das hatte mich selbstbewusster gemacht. Vermutlich schmeckte Mahmut das gar nicht und er wurde deshalb immer gröber zu mir. Einmal beteiligte ich mich bei uns zu Hause an einer politischen Diskussion.

Irgendwann schrie er mich an: »Du vergisst wohl, dass du eine Frau bist!«

»Ja und? Darf ich deshalb nicht mitreden?«

»Nein!« Er drohte mir mit erhobener Hand. »Pass bloß auf, sonst fängst du dir wieder eine! Du bist meine Sklavin, hol mir ein Bier!«

Ein arbeitender Mahmut war auszuhalten, ein schlafender Mahmut war auszuhalten, aber ansonsten war mein Mann unerträglich. Ich war immer bemüht um Ordnung im Haushalt und Harmonie in der Familie, doch Mahmut konnte beides im Handumdrehen mit seiner Rücksichtslosigkeit und Unberechenbarkeit zerstören. Machtlos fing ich dann wieder von vorn an und er zerstörte aufs Neue. Die Kinder bekamen von alldem wenig mit. Sie wollten mir in späteren Jahren nicht glauben, dass es nicht auch schöne Momente gegeben hatte. Nein, die hatte es nicht gegeben. Es gab erträgliche Momente, weil meine Ansprüche an mein Leben ohnehin nur noch sehr gering waren, aber diese erträglichen Momente waren nur von kurzer Dauer und wurden immer wieder von neuen furchtbaren Situationen verdrängt.

Ich war immer bemüht, meine Töchter zu beschützen und zu behüten. Ich wollte sie das Zerwürfnis zwischen Mahmut und mir nicht spüren lassen, sie sollten unbeschwert aufwachsen können. Nie habe ich schlecht über ihren Vater geredet – ich wollte wenigstens nach außen hin den Frieden in der Familie wahren. Lange Zeit versuchte ich, die perfekte Tochter, die perfekte Ehefrau, die perfekte Hausfrau und die perfekte Mutter zu sein, doch daran geht man mit der Zeit kaputt, ohne dass es jemand merkt. Wenn man dann nicht mehr kann, wird einem vorgeworfen, schwach und egoistisch zu sein. Eine Mutter hat offensichtlich immer zu funktionieren, ansonsten hat sie versagt. Ein eigenes Leben, eigene Träume oder auch nur ein Wort des Dankes standen zumindest mir nicht zu.

In mir wuchs immer mehr der Wunsch, in die Türkei zurückzukehren. Bevor die Kinder die Oberschule besuchten, wollte ich wieder in meine Heimat. Ich versuchte, Mahmut die Idee schmackhaft zu machen, den Traum von einer eigenen Bäckerei dort zu verwirklichen. Mit seinem Wissen um die Herstellung deutscher Backwaren und der deutschen Arbeitsmoral konnten wir es in der Türkei sehr weit bringen. Dort kennt man bis heute nicht die Vielfalt an Broten und Gebäck, wie sie in Deutschland Standard ist. In meinen Tagträumen malte ich mir aus, dass wir ein erfolgreiches Geschäft führen würden und mir stets der Rückhalt meiner Familie sicher wäre. Mahmut ließ sich überzeugen und meine Eltern fuhren im Sommer 1998 in unsere Heimat in der Westtürkei, um ein geeignetes Haus für uns zu finden. Mein Vater war gerade pensioniert worden und wir wollten alle gemeinsam in einem Haus mit angeschlossener Bäckerei leben.

16. Kapitel

Lange Zeit fanden meine Eltern nichts Passendes, zogen jedoch bereits mit meinem Bruder Levent um und wohnten erst einmal zur Miete. Als Mahmut und ich mit den Kindern im Sommer 1999 in die Türkei reisten, wollten wir uns selbst nach einem Haus umsehen. Und wir fanden ein wunderbares Gebäude mit zwei großen Wohnungen und einem großzügigen Erdgeschoss, das man problemlos zu einer Bäckerei umbauen konnte. Wir hatten beide Geld gespart und wollten zusätzlich einen Kredit aufnehmen. Nach der Besichtigung fuhren wir zu meinen Eltern und besprachen die Einzelheiten.

Plötzlich forderte mich Mahmut auf, mit ihm spazieren zu fahren. Auf der Fahrt stellte er klar, dass er das Haus nicht kaufen wolle. »Ich will nicht mit deinen Eltern zusammenleben«, erklärte er.

»Aber ich lebe doch seit über zehn Jahren in unmittelbarer Nähe zu all deinen Verwandten und bin ständig euren Launen ausgesetzt! Ich passe mich an und fühle mich trotzdem noch wie eine Außenseiterin. Warum kannst du nicht einmal einen Schritt auf mich zugehen?«

Als wir zu meinen Eltern zurückkamen, heulte ich.

Meine Mutter kam angelaufen. »Warum weint Buket denn?«, fragte sie besorgt.

»Na, sie kann doch mal heulen. Was macht das schon?«, schleuderte ihr Mahmut gereizt entgegen.

Mein kleiner Bruder Levent, damals noch ein Student von 20 Jahren, konnte es nicht ertragen, mich weinen zu sehen. »Wie meinst du das?«, fragte er Mahmut. »Macht es dir etwa nichts aus, wenn meine Schwester weint?«

Mahmut sah ihn herablassend an. »Halt die Klappe und setz dich, Bursche. Du hast hier gar nichts zu melden.«

Erbost fuhr Levent ihn an: »Ich schlag dich tot, du Mistkerl, wenn du meine Schwester noch einmal zum Weinen bringst!«

Bevor sie sich prügeln konnten, ging mein Vater dazwischen, doch sie stritten noch stundenlang heftig weiter.

Am nächsten Morgen sah ich, wie Mahmut den Kindern etwas zuflüsterte. Anschließend kamen die Mädchen zu mir gelaufen und redeten auf mich ein: »Mama, warum willst du in der Türkei leben? Wir wollen das nicht. Wir wollen nach Hause, nach Berlin.«

Wir kauften das Haus nicht. Meine Eltern erwarben für sich eine kleine Wohnung und Mahmut und ich fuhren mit den Kindern zurück nach Berlin. Ich war wütend und furchtbar enttäuscht, dass Mahmut im letzten Moment meinen Traum zerstört und alle vorherigen Vorhaben über den Haufen geworfen hatte. Aber ich hatte gelernt zu resignieren. Dann gab es nun also wieder eine Planänderung und meine Zukunft würde sich in Deutschland abspielen. Die Mädchen hatten hier immerhin mehr Möglichkeiten und ich wollte alles dafür tun, dass sie ihre Chancen nutzen konnten.

Von dem für das Haus angesparten Geld kauften wir in Berlin erneut einen gebrauchten 5er-BMW. Ich selbst hatte zu Mahmut gesagt, er solle sich doch mal etwas gönnen, wo er so viel arbeite. Außerdem hatte ich unsere bisherigen Schrottautos satt. Dauernd waren sie kaputt, was auch an mangelnder Pflege lag. Mahmut füllte einfach keine Kühlflüssigkeit nach, kein Frostschutzmittel und er wechselte das Öl nicht. Er vergaß sogar zu tanken. Er fuhr immer nur und kümmerte sich ansonsten um nichts.

Das neue Auto kostete 30 000 DM und wir bezahlten bar. Der Angestellte des Autohauses war Deutscher, als sich jedoch bei Vertragsabschluss der Besitzer des Ladens als Türke herausstellte, begannen bei mir alle Alarmglocken zu schrillen. Leider kannte ich mich mit den Begrifflichkeiten im Vertrag nicht hinreichend aus und stolperte daher nicht über die Formulierung »laut Vorbesitzer unfallfrei«. Mündlich wurde mir vom Händler versichert, das Auto hätte niemals einen Unfall gehabt. Zudem überreichte er mir ein Serviceheft, das belegte, dass der Wagen regelmäßig von einer BMW-Werkstatt gewartet worden war.

Dennoch blieb ich misstrauisch und wir ließen das Auto vor dem Sommerurlaub in einer ADAC-Werkstatt untersuchen. Die Bremsen waren abgeschliffen, die Motorhalterung war kaputt, dazu kamen unzählige andere Mängel, ganz offensichtlich von mindestens einem schweren Unfall verursacht. Fassungslos zeigten wir dem ADAC-Mitarbeiter unser Serviceheft und ein Werkstattleiter ging der Sache nach. Es stellte sich heraus, dass in der BMW-Werkstatt, wo das Auto regelmäßig durchgecheckt worden war, ein türkischer Angestellter die Servicehefte der Kunden mit Stempeln versah, ohne die Fahrzeuge wirklich überprüft zu haben.

Daraufhin riefen wir unseren Autohändler an. Dieser machte uns das Angebot, den Wagen zurückzunehmen und uns die Kaufsumme zu erstatten. Er behauptete, dass dem 26-jährigen türkischen Vorbesitzer bei 60 km/h auf der Autobahn ein Reifen geplatzt sei. Ich herrschte ihn an, dass ein 26-jähriger Türke auf der Autobahn wohl kaum 60 km/h fahre. Ich stand dabei, als ein Angestellter einen Laptop an den Wagen anschloss und auf dem Bildschirm daraufhin eine lange Mängelliste erschien. Doch ein Mangel nach dem anderen verschwand plötzlich aus der Liste. Der Angestellte löschte offenbar gerade die Hinweise vom Bordcomputer. Wütend ging ich dazwischen und fuhr den Verkäufer an: »Das Auto bekommst du nicht wieder, denn dann verkaufst du es einfach weiter. Ich lasse nicht zu, dass noch jemand durch deine Verantwortungslosigkeit zu Schaden kommt. Das ist mir das Geld nicht wert.«

Ich erstattete Anzeige. Der Autohändler musste eine hohe Strafe bezahlen und der türkische Werkstattangestellte verlor seine Stelle. Später, als ich vor Mahmut auf der Flucht war und er ganz Berlin auf der Suche nach mir auf den Kopf stellte, ging er sogar zu diesem Autohändler und fragte, ob er wisse, wo ich sei. Der Mann erinnerte sich an mich und beschimpfte mich als schlimme Frau, die nur Ärger und Probleme mache.

Wir behielten den Wagen also und ließen ihn generalüberholen. Ich appellierte an Mahmuts Vernunft: »Um die anderen Autos hast du dich nicht gekümmert. Dieser Wagen ist dein Traum, ein sehr teurer Traum. Dieses Auto wirst du pflegen.«

Doch er tat es nicht. Einmal fuhr ich die Kinder zu einem Computerkurs, in einem völlig verdreckten Wagen. Es ekelte mich an, darin zu sitzen. Während sie ihren Kurs besuchten, putzte ich mit Tränen in den Augen an einer Tankstelle den BMW. Auch dieses teure Auto wusste Mahmut nicht zu schätzen. Mit dem Geld, das wir dafür investiert hatten, hätte ich mir eine bessere Zukunft bei meinen Eltern in der Türkei aufbauen können.

Einmal sollte Mahmut ausnahmsweise die Kinder von ihrem Sportkurs abholen. Er setzte sie einfach vor unserer Haustür ab und fuhr wieder davon. Als ich mich wunderte, wo er blieb, erzählten mir die Kinder, er müsse noch irgendeinen Arbeitskollegen nach Hause bringen. Dieser Arbeitskollege sei allerdings merkwürdig, sehr jung und er lache die ganze Zeit und rede auf unangenehm proletenhafte Weise. Mahmut kam erst drei Stunden später wieder. Ich fragte ihn nach seinem Arbeitskollegen, doch er wich mir aus. Sobald die Kinder im Bett waren, hakte ich nochmals nach und er rückte mit der Wahrheit heraus: Der angebliche junge Kollege war der Sohn seiner früheren deutschen Freundin – sein Sohn.

Mir klappte die Kinnlade herunter. »Was? Nach so vielen Jahren nimmst du plötzlich Kontakt zu ihm auf? Warum? Weil du nun einen dicken BMW hast? Willst du damit angeben und auf einmal sein Freund werden? Wie alt ist er überhaupt, 15? Wenn du ihn sehen willst, kann er doch hierherkommen. Aber ich will nicht, dass du die Kinder anlügst!«

Wieder einmal war ich viel zu gutmütig. Mahmut erzählte mir, dass sein Sohn große Probleme in der Schule habe und kriminell geworden sei. Wir luden ihn dennoch ein. Meine Töchter waren ihm gegenüber sehr skeptisch, sie mochten vor allem seine Art zu reden nicht. Mich erinnerten seine Hände, seine Mimik und Gestik an Mahmut. Er besaß dieselbe Grobschlächtigkeit wie sein Vater. Immer öfter kam er nun zu Besuch und aß wie eine siebenköpfige Raupe. Wir nahmen ihn auf Ausflüge mit und unterstützten ihn mit Geld.

Ich fragte ihn, warum es in der Schule nicht gut laufe: »Liegt es an deinen kiffenden Freunden? Ich helfe dir gern, wo ich nur kann, du darfst sogar hier wohnen. Hauptsache, du machst die Schule fertig und kümmerst dich um deine Zukunft.«

Später erfuhr ich, dass Mahmut all die Jahre über hinter meinem Rücken Kontakt zu seinem Sohn gehalten hatte, der laut seiner eigenen Aussage ja angeblich gar nicht sein Sohn war, und zu seiner Ex-Freundin. Diese Erkenntnis regte mich schon nicht mehr sonderlich auf. Mahmut hatte mich so oft angelogen, dass ich regelrecht abgestumpft war.

Kurz vor Silvester rief sein Sohn bei mir an. Er brauche dringend 500 DM.

»Wofür denn?«, fragte ich ihn.

»Na, für Feuerwerk.«

»Entschuldige mal, dafür gebe ich dir doch nicht so viel Geld!«, wies ich ihn zurecht.

»Bitte, Buket«, bettelte er. »Das neue Jahrtausend beginnt doch nur einmal. Da muss es richtig knallen!«

Doch ich lehnte ab.

Wir sahen ihn noch ein paar Mal, dann brach er den Kontakt ab.

Noch vor der Jahrtausendwende hatte ich durchgesetzt, dass wir uns von nun an ein Hotelzimmer nahmen, wenn wir in die Türkei fuhren. Wer uns sehen wollte, konnte dorthin kommen und ein paar Stunden mit uns verbringen. Ich hatte nämlich die Nase voll vom Herumfahren, von den Besuchen auf den Dörfern, vom ständigen Kofferpacken. Ich wollte die freien Tage ausschließlich im Hotel verbringen und mich endlich wie im Urlaub fühlen. Meine Eltern kamen uns dort besuchen. Aus Mahmuts Familie kam niemand.

Als Mahmut eines Tages wie üblich Sex verlangte, forderte er mich auf: »Komm, öffne mal die Vorhänge. Lass ein bisschen Licht herein.«

Dann nahm er mich. Als er wieder von mir abließ, standen auf dem Balkon gegenüber ein paar Männer und sahen zu uns herüber. Am nächsten Tag ließ Mahmut von vornherein die Vorhänge offen. Während des Aktes kamen immer mehr Männer auf den Balkonen gegenüber zusammen und johlten. Mahmut genoss die Situation, ich verging vor Demütigung. Er hatte größten Gefallen daran, andere an unserem Sex teilhaben zu lassen. Selbst in der Türkei reichte meine unangemessen aufreizende Bekleidung offenbar nicht mehr aus, um ihm einen Kitzel zu verschaffen. Er forderte mich in diesem Urlaub sogar auf, mich oben ohne an den Strand zu legen. Doch ich wollte nicht, weil ich mich schämte.

Daraufhin wurde er aggressiv. »Es gefällt mir nun mal und du hast zu tun, was mir gefällt!«

Ich fügte mich – und fühlte mich sehr unwohl. Ich war sehr schlank, hatte kaum Busen und wurde von vielen sogar für Mahmuts dritte Tochter gehalten. Aber eine türkische junge Frau in Hotpants oder gar oben ohne erregte natürlich Aufmerksamkeit. Und Mahmut geilte sich daran auf.

Doch er sah mich in den letzten Jahren wohl anders als zuvor. In seinen Augen war ich nun offenbar nicht mehr die süße, tugendhaft kindliche Ehefrau, die er eifersüchtig bewachen musste und Tag für Tag vernaschen durfte. Es erregte ihn nun, mich als Sexobjekt zu präsentieren und andere zum Voyeurismus einzuladen.

Unser Nachbar, ein gelernter Masseur, hatte mir schon öfter angeboten, mich zu massieren, weil ich nach der Arbeit immer so verspannt war. Dass Mahmut nichts dagegen einzuwenden hatte, wunderte mich sehr. Vor ein paar Jahren noch hatte er mich grün und blau geschlagen, weil ich mit seinem Freund in ein Café gegangen war, und nun machte es ihm nichts aus, wenn mich ein anderer Mann berührte? Jedenfalls räumte ich eines Tages mit diesem Nachbarn den Keller auf. Wir hatten schwer zu schleppen und wieder bot er mir anschließend eine Rückenmassage an. Na gut, dachte ich, warum nicht. Ich stellte mich auf ein kräftiges Durchwalken der Muskulatur ein, doch er begann, mich zu streicheln, und wollte mit mir ins Bett gehen. Angewidert jagte ich ihn aus der Wohnung. Entrüstet erzählte ich Mahmut kurz darauf von dem Vorfall und erwartete, dass er den Nachbarn verprügeln würde. Aber er fand gar nichts dabei, dass mich ein fremder Mann berührt hatte. Stattdessen nahm sein Gesicht einen ganz schwärmerischen Ausdruck an.

Wenn Besuch da war, passierte es mir manchmal, dass ich mich trotz meiner kurzen Röcke selbstvergessen bückte oder auf eine Leiter stieg, um etwas zu holen. Dabei war ich mir meiner Reize überhaupt nicht bewusst und hatte nicht die Absicht, mich lasziv zu bewegen. Diese Kleidung war für meine Hausarbeit eher unpraktisch. Manchmal fing ich in solchen Situationen die gaffenden Blicke der Männer auf und schämte mich in Grund und Boden. Mahmut hingegen leckte sich vor Lust die Lippen.

17. Kapitel

Schließlich machte sich Mahmut in Berlin tatsächlich auf die Suche nach einer Bäckerei, die er übernehmen konnte. Er hatte keinen Meisterbrief und wollte sich deshalb zusammen mit einem Kollegen, der Meister war, selbstständig machen. Dieser fragte ihn, wie viel Milliliter ein Viertelliter habe, um ihn zu testen – Mahmut konnte es nicht beantworten. Sogar ich wusste das und schämte mich für ihn. Sein Kollege lachte ihn aus und meinte, das werde dann wohl doch nichts mit ihnen beiden.

In all den Jahren beobachtete ich beim Einkaufen immer wieder einmal alte Paare und fragte mich, ob ich mit Mahmut so lange zusammenbleiben könnte. Immer stärker wuchs in mir die Gewissheit, dass wir nicht gemeinsam alt werden würden.

Im Sommer 2000 wechselte Ceylin aufs Gymnasium. Ich war so stolz! Ich träumte davon, dass meine Kinder eines Tages eine Universität besuchen und anschließend einen anerkannten Beruf ausüben würden. Doch die Lehrer waren am Gymnasium deutlich anspruchsvoller, als Ceylin es von der Grundschule gewohnt war. Sie hatte plötzlich große Probleme, dem Unterricht zu folgen, und ihre Noten rutschten allesamt in den Viererbereich ab. Als Sevil zwei Jahre später auf dieselbe Schule kam, erging es ihr nicht anders. Während Ceylin noch versuchte mitzuhalten, war Sevil häufig desinteressiert und geistig abwesend. Ihr fiel es auch schwer, bei ihren Mitschülern Anschluss zu finden. Sie war nach wie vor sehr zurückhaltend und igelte sich immer mehr ein.

Ich wollte im neuen Jahrtausend unbedingt einen Beruf erlernen. Mein Leben konnte nicht nur aus Putzen bestehen. Also ging ich zum Arbeitsamt und besuchte im Sommer für drei Monate einen Orientierungskurs. Ich musste in unterschiedlichen Schulfächern Klausuren schreiben, damit mein Bildungsstand ermittelt werden konnte. Immer wieder gab es deswegen Diskussionen mit Mahmut – das machte mich krank! Er konnte nicht verstehen, warum ich etwas lernen und in einem Beruf arbeiten wollte, der mir Spaß machte. Allerdings suchte er immer noch nach einer eigenen Bäckerei und war dadurch abgelenkt. Ich bestärkte ihn darin, sich selbstständig zu machen. Erst vor Kurzem hatte er wieder Streit bei der Arbeit gehabt: Seine Kollegen hatten versucht, ihn zu verprügeln, und er musste fliehen. In seinem BMW raste er davon und nahm dabei einen Pflanzkübel mit. Das Auto war auf der Unterseite schwer beschädigt.

Im Herbst 2000, als ich etwa einen Monat lang meinen Kurs besucht hatte, erzählte er mir, er könne die Bäckerei seines alten Chefs übernehmen.

»Prima!«, sagte ich. »Probiere es aus und lass uns nicht immer nur darüber reden!«

Wir wollten uns bei dem Besitzer des rund 2 000 Quadratmeter großen Grundstücks einmieten. Die Bäckerei mit einem kleinen Café im Verkaufsraum lag im Erdgeschoss eines frei stehenden Hauses mit zwei großen leer stehenden Wohnungen im ersten Stock und einem ausgebauten Dachgeschoss. Der Vorbesitzer verlangte rund 70 000 DM für das Inventar und die Übernahme des Kundenstamms. Wenige Tage später erklärte Mahmut mir: »Ich übernehme die Bäckerei und du kümmerst dich um gar nichts! Ich habe sogar schon eine deutsche Verkäuferin gefunden.«

Ich war skeptisch und sah mir das Geschäft zum ersten Mal an. Alles war schwarz vor Schmutz, bis zu den Knien stand man in jedem Raum im Müll, es herrschte ein absolutes Chaos. Wenigstens waren die Siloanlagen mit Mehl gefüllt, für das wir immerhin 1 700 DM gezahlt hatten. Unglücklicherweise stellten wir fest, dass es voller Würmer war. Trotz dieser unhygienischen Zustände wollte Mahmut sofort mit dem Backen und dem Verkauf beginnen. Parallel machte ich mich daran, den gröbsten Schmutz zu beseitigen. Für den Anfang besorgte Mahmut von einer anderen Bäckerei Backwaren und wir versuchten, Herr der Lage zu werden.

Am zweiten Tag zählte Mahmut das eingenommene Geld und starrte verzweifelt auf die lächerlichen 160 DM. Er war den Tränen nahe. »Ich hab Scheiße gebaut. Das hier wird nie was und unser ganzes Geld ist weg. Wir können gleich den Laden dichtmachen!«

»Das war doch erst der zweite Tag! Was erwartest du? Die Leute wissen noch gar nicht, dass du den Laden neu eröffnet hast und die Ware eine ganz andere ist als vorher. Es wird am besten sein, wenn wir das Geschäft noch einmal für eine Woche schließen und hier alles auf Vordermann bringen. Lass uns außerdem ein Plakat draußen aufhängen, dass hier eine neue Bäckerei aufmacht, dann wissen die Kunden Bescheid.«

Gesagt, getan. Alle Freunde und Bekannten halfen mit. Wir knieten zusammen auf dem Boden und kratzten den Dreck weg, strichen die Wände, die Fensterrahmen und sogar die Fassade und kauften eine neue Ladentheke. Die alte war von 1938 und der Dreck auf ihr vermutlich auch. Um die neue Theke in den Laden zu verfrachten, mussten acht Männer mit anpacken. Obwohl wir Tag und Nacht arbeiteten, konnten wir die Bäckerei erst zehn Tage später wiedereröffnen.

Schon vor der erneuten Eröffnung wurden wir von Kunden angesprochen. Sie waren gespannt auf das neue Angebot, denn beim alten Bäcker sei seit Jahren schon tote Hose gewesen. Manche allerdings vermuteten, wir würden uns nicht lange halten können, denn quer gegenüber gab es eine sehr beliebte Bäckerei, deren Besitzer auch noch der Vorsitzende der Bäckerinnung war. Wir wollten mit dieser jedoch nicht konkurrieren, sondern andere Backwaren anbieten. Mahmut buk Kleeblattbrötchen, drei kleine Bötchen in einem, mit Sonnenblumenkernen, Sesam und Mohn. Wir integrierten so die türkische Körnervielfalt in deutsche Backwaren. Anfangs half ich der Verkäuferin, die Mahmut eingestellt hatte, und lernte so, wie man Kasse und Kunden bedient. Außerdem putzte ich den Laden und räumte ihn auf. Meinen Kurs konnte ich nachmittags weiterhin besuchen.

Bald merkte ich allerdings, dass der Laden nicht wirklich gut lief. Ich musste mich noch mehr einmischen, indem ich weitgehend die Koordinierung der Einkäufe und Bestellungen übernahm. Mahmut buk in der Nacht und stöhnte, so anstrengend habe er sich das nicht vorgestellt, ohne Unterstützung zu backen. Er dachte, er würde in Zukunft ein paar Stunden backen und ich als Frau des Chefs käme am Abend auf hohen Hacken anstolziert, würde die Kasse machen und anschließend mit dem BMW wieder davonbrausen. Seinen schillernden Erfolg als Unternehmer samt dekorativer Ehefrau hatte er bereits vor Augen gehabt. Der harte Weg dorthin wurde schlichtweg ausgeblendet. Dabei hatte er sein halbes Leben in Bäckereien gearbeitet und hätte es besser wissen müssen.

Ich brach meinen Kurs ab, um noch mehr mit anpacken zu können. Voller Energie krempelte ich die Ärmel hoch und der Wahnsinn nahm seinen Lauf: Jeden Tag brachte ich die Kinder zur Schule, fuhr dann zum Geschäft, machte dort sauber, spülte ab, half beim Backen und im Verkauf. Dabei lernte ich den Bäckerberuf von Grund auf kennen. Weiterhin arbeitete ich als Hausmeisterin, reinigte also das ganze Gebäude, pflegte Hof und Garten, putzte drei weitere Wohnungen, holte am Nachmittag die Kinder von der Schule ab, brachte sie zu ihren Freizeitaktivitäten, machte unseren eigenen Haushalt und half oft sogar noch nachts in der Bäckerei mit.

Wenn ich nicht in der Bäckerei war, rief mich ständig unsere Verkäuferin an: Frau Kaya, die Lieferung ist da; Frau Kaya, hier wurde etwas falsch bestellt; Frau Kaya, es gibt ein Problem, können Sie bitte kommen. An manchen Tagen fuhr ich bis zu sieben Mal zwischen der Bäckerei und unserer Wohnung hin und her.

Notgedrungen lernte ich, alle möglichen Backwaren herzustellen. Immer wieder gab es Engpässe, wenn unsere Verkäuferin krank war und wir auf die Schnelle keinen Ersatz auftreiben konnten. Ich weiß noch, wie ich einmal gefüllte Streuselschnecken machen sollte. Mahmut wies mich an, Pudding in die Spritztüten zu füllen und auf den Teig zu geben. Weil die Spritztüten sehr groß waren und ich sehr klein war, musste ich auf einen Hocker steigen. Ich drückte die Spritztüten mit aller Kraft, aber sosehr ich mich auch abmühte, es kam kaum Pudding heraus – was für eine schweißtreibende Arbeit! Anschließend suchte ich noch ewig den Puderzucker. Ständig herrschte Chaos in der Bäckerei, ständig mussten wir improvisieren.

Wir belieferten auch ein Hotel, eine Pension und eine Schule, diese Kunden hatten wir vom Vorbesitzer übernommen. Diese Schule lag 80 Kilometer entfernt in Potsdam – eine so lange Fahrt für 160 Brötchen! Einmal fuhren wir gemeinsam dorthin. Ich war so müde von der Arbeit, dass ich auf dem Beifahrersitz mit der Straßenkarte in der Hand einschlief. Bald versuchte ich, Mahmut davon zu überzeugen, diesen Auftrag zu kündigen, weil die lange Fahrt in unserem spritfressenden BMW in keinem Verhältnis zum Verdienst stand.

Er sah es schließlich ein. Im Gegensatz zum Vorbesitzer der Bäckerei buken wir alles von Hand. Dieser hatte eine Brötchenanlage gehabt, in die man oben den Teig hineingab und die unten die fertigen Brötchen auswarf. Deshalb hatte er viel mehr Lieferaufträge annehmen können als wir. Mahmut sah schließlich ein, dass er das Backen auf Dauer nicht allein bewältigen konnte. Er sprach einen ehemaligen Kollegen an, der Konditormeister war. Zweimal in der Woche kam dieser nun zum Backen vorbei. Das schien gut zu funktionieren und ich sollte fortan wieder öfter im Verkauf helfen und zusätzliche Verkäuferinnen einstellen.

Diese Aufteilung behielten wir bei. Ich war von nun an für das Verkaufspersonal zuständig und Mahmut Chef in der Backstube.

Immer wieder fragten mich Kunden nach Backwaren, die wir nicht anboten, nach Butterkuchen, Streuselkuchen und Obstplunder zum Beispiel. Ich bat den Konditormeister, auch so etwas herzustellen. Was er dann jedoch lieferte, waren Kirschstreusel-, Aprikosenstreusel-, Butterstreuselkuchen, also keineswegs das, wonach die Kunden gefragt hatten. Ich kam mir veräppelt vor! Schließlich schaute ich mir in anderen Bäckereien das Sortiment an. Von da an ging ich sowohl Mahmut als auch seinem Kollegen damit auf die Nerven, dass ich ihnen ständig Backwaren der Konkurrenz vor die Nase hielt und das Gleiche von ihnen verlangte.

Mahmuts Konditormeister kannte einen Firmenvertreter, der Material für Bäckereien verkaufte. Dieser hatte immer wieder Restposten für 200 DM im Angebot, unter anderem Fünf-Liter-Eimer Marmelade, denen für Versuchszwecke eine Kelle entnommen worden war und die nun nicht mehr verkauft werden konnten. Wir waren interessiert und gaben dem

Konditormeister regelmäßig 200 DM zur Weitergabe an den Vertreter. Eines Tages kam dieser persönlich vorbei und ich wollte ihm selbst das Geld aushändigen.

»Welches Geld?«, fragte er überrascht, als ich ihn ansprach.

»Na, die 200 DM für die Restposten«, erwiderte ich ebenso überrascht.

Es stellte sich heraus, dass der Vertreter unserem Konditormeister die Waren stets umsonst überlassen hatte und dieser sich das Geld in die eigene Tasche steckte. Damit war die Zusammenarbeit mit ihm beendet und Mahmut musste zunächst allein weiterarbeiten, denn so schnell fanden wir keinen Ersatz.

Es dauerte ewig, Mahmut davon zu überzeugen, all die unrentablen Lieferungen einzustellen. Wenn er völlig fertig von der Arbeit kam, war er reizbar und uneinsichtig, und es war unendlich mühsam, mit ihm zu diskutieren. Ich arbeitete selbst ununterbrochen und musste das letzte Quäntchen Energie auch noch für diese Diskussionen verschwenden. Endlich fanden wir einen neuen Konditor aus Jugoslawien. Er verstand sich aufs Kuchenbacken. Doch immer mehr Kunden wurden auf uns aufmerksam und somit kamen immer mehr Bestellungen hinzu. Also suchten wir auch noch einen weiteren Bäcker und fanden einen jungen Mann, der gerade seinen Gesellenbrief gemacht hatte. Von da an nahm unser Arbeitspensum ein wenig ab, aber durch ihn gewannen wir wiederum neue Kunden hinzu, denn sein Kastenweißbrot war sehr beliebt. Zwei Monate nach der Eröffnung der Bäckerei hatten wir schon rund 700 DM in der Tageskasse.

Leider kümmerte sich außer mir keiner um die Kinder, den Haushalt und die Haustiere, einen Hund und ein Meerschweinchen, die wir mittlerweile hatten. Die Mädchen unterstützten mich nicht, machten zu Hause nur Unordnung und ließen den Hund allein. Sie vergaßen oft sogar, vor der

Schule mit ihrer Lilli Gassi zu gehen. Die pinkelte dann in ihrer Not auf die Teppiche, die ich mühsam säubern musste.

Als ich beschloss, die Tiere wegzugeben, zog ich den Hass der Kinder auf mich. Um für das Meerschweinchen ein neues Zuhause zu finden, hängte ich einen Zettel an die Tür der Bäckerei und es kam in die liebevolle Obhut der Tochter einer Kundin. Dass es dem Hund aufgrund der mangelnden Pflege schlecht ging und er immer dünner wurde, konnte ich irgendwann nicht mehr mit ansehen. Deshalb gab ich ihn einem Bekannten, der einen Bauernhof hatte. Für die Kinder war ich nun natürlich die Buhfrau, dabei hatte ich sie oft genug gewarnt, dass ich die Tiere weggeben würde, wenn sie sich nicht um sie kümmerten. Leider hatten sie mich nie ernst genommen. Sie sahen nicht ein, dass ich neben der Arbeit nicht auch noch für die Tiere sorgen konnte und es nicht dulden wollte, dass die Wohnung stank, weil niemand den Käfig sauber gemacht oder den Hund ausgeführt hatte.

Eines Morgens hatte Mahmut starke Magenschmerzen. Klagend legte er sich auf den Boden des Büroraums der Bäckerei. In der Zwischenzeit gingen im Verkauf die Brötchen aus. Also musste ich wohl oder übel in der Backstube einspringen. Meine Brötchen sahen zwar wie Eier aus, aber die Kunden waren nachsichtig und kauften sie trotzdem. Mahmut konnte es anschließend kaum fassen, dass ich das hinbekommen hatte, und erzählte allen, dass ich jetzt sogar schon in der Lage war, selbstständig zu backen.

Über Weihnachten 2000 kamen meine Eltern aus der Türkei zu Besuch, um mich zu unterstützen. Sie putzten und schafften Ordnung in der Bäckerei, meine Mutter erledigte unseren Haushalt und kochte für uns. Ich kümmerte mich nun hauptsächlich um das Café der Bäckerei und fuhr wie immer zigmal am Tag zwischen der Wohnung und der Bäckerei hin und her. Am Abend kochte ich im Laden Wasser auf, weil wir dort kein warmes hatten, und wusch damit den Dreck vom Boden, der sich im Laufe des Tages angesammelt hatte – und das jeden Tag. Dabei wurde ich den Hintergedanken nicht los, dass ich mich jetzt auch noch um eine Bäckerei zu kümmern hatte und ein eigener Beruf weiterhin nicht in Reichweite war.

An Weihnachten schlossen wir den Laden für drei Tage, dazu hatte sich Mahmut allerdings nur mühsam überreden lassen. Ich hatte genug vom vielen Diskutieren, denn wir waren alle am Ende unserer Kräfte, meine Eltern waren da und ich wollte endlich mal wieder in Ruhe Zeit mit meinen Kindern verbringen. Meine Töchter weinten immer noch um ihren Hund Lilli. Also beschloss ich, Lilli mit ihnen zu besuchen.

Der Hündin ging es prächtig, sie war zum Lieblingshund des Dorfes geworden und durfte dort den ganzen Tag auf eigene Faust umherstreifen. Beim Abschied war das Tier offenbar hin- und hergerissen zwischen uns und seinem neuen Herrchen. Es tat mir im Herzen weh und die Kinder heulten wie Schlosshunde, aber ich wusste, dass ich das Richtige getan hatte.

Zu Silvester boten wir in der Bäckerei zum ersten Mal gefüllte Pfannkuchen an. Die Kunden waren begeistert. Bald waren die Pfannkuchen ausverkauft, aber die Nachfrage wurde nicht kleiner. Die einzigen, die noch vorhanden waren, waren krumm und schief geworden und wir hatten sie eigentlich wegwerfen wollen, doch auch diese wurden uns schier aus den Händen gerissen. Ohne selbst davon probiert zu haben, verkauften wir die Pfannkuchen bis zum allerletzten Krümel. Es war ein schönes Gefühl, die Kunden so zufrieden zu sehen und zu wissen, dass wir das mit unserer eigenen Hände Arbeit erreicht hatten.

Über Neujahr verschönerte ich mit meinen Eltern den Verkaufsraum und das Café. Ich besorgte neue Tischdecken, nähte Gardinen und klebte Spiegelfliesen auf. Das musste alles in der Nacht geschehen, denn tagsüber durfte der Verkauf nicht gestört werden. Meine Eltern hatten vom Hausbesitzer die Schlüssel zu einer der leer stehenden Wohnungen über der Bäckerei bekommen. Auf Matratzen schliefen sie in einem kargen, sonst möbellosen Raum, um uns jederzeit schnell zur Hand gehen zu können.

Später erzählten sie mir, dass meine Töchter sie in unserer Wohnung sehr unfreundlich behandelt hätten. Sie hätten nicht gewollt, dass ihre Großeltern in ihren Zimmern schliefen, und ihnen sogar die Türen vor der Nase zugeknallt. Als ich das erfuhr, schämte ich mich für meine Kinder. Meine Eltern hatten eine solche Behandlung am allerwenigsten verdient. Doch auch Mahmut mochte sie nicht um sich haben, weil sie ihm auf die Finger schauten. Seine Haltung ihnen gegenüber übertrug sich offenbar auf unsere Kinder.

Ohnehin hatte ich das Gefühl, dass mir meine beiden Töchter langsam entglitten. Ich hatte einfach nicht genug Zeit für sie. Wenn ich mit ihnen redete, ging es meist nur noch um Organisatorisches, und unsere gemeinsamen Ausflüge wurden immer seltener. Ein Vorfall hat mich regelrecht wachgerüttelt: Nach der Arbeit und dem Einkaufen kam ich eines Abends nach Hause. Mahmut schlief und die Kinder waren nicht da. Ich wusste nicht, wo sie sein könnten, und fand zu meinem Entsetzen auch noch eine leere Wodkaflasche auf dem Boden. Kurz darauf klingelte es und ein Sanitäter und ein Polizist schleppten eine völlig betrunkene Ceylin in die Wohnung. Sie war damals erst zwölf Jahre alt. Ceylin blinzelte mich an, lallte »Mama, ich liebe dich« und fiel danach in einen komatösen Schlaf.

Die ganze Nacht wachte ich an ihrem Bett, streichelte sie, hielt einen Spiegel vor ihren Mund, um mich zu vergewissern, dass sie noch atmete. Als Mahmut wach wurde, brüllte er Sevil an, warum sie nicht besser auf ihre Schwester aufgepasst habe.

Ich ging dazwischen: »Was brüllst du hier herum? Sie kann doch nicht die Verantwortung für ihre ältere Schwester übernehmen. Immerhin hat sie es geschafft, Hilfe zu holen! Wo warst du denn die ganze Zeit? Hast du etwa auf deine Töchter aufgepasst?«

Wir erstatteten Anzeige gegen den Tankstellenverkäufer, der Ceylin den Wodka verkauft hatte. Er war wohl bei den Jugendlichen dafür bekannt, nicht nach dem Alter zu fragen, wenn er alkoholische Getränke verkaufte. Meine Tochter weigerte sich allerdings, ihn zu identifizieren, und er konnte weiterhin sein Unwesen treiben. Ich wollte in Zukunft besser auf meine Kinder achten, ich wollte wissen, was sie machten und was sie bewegte. Es musste sich etwas ändern.

Nach Silvester verbrachten meine Eltern, meine Schwiegermutter und Mahmuts alter Arbeitskollege Manfred die Abende bei uns. Es ging immer lustig zu, alle redeten in verschiedenen Sprachen durcheinander. Doch selbst die ausgelassene Stimmung konnte mich nicht völlig von meinen düsteren Gedanken ablenken. Dass Mahmut zu Hause nicht auf Sauberkeit achtete und sich verantwortungslos verhielt, wusste ich ja schon. Aber in der gemeinsamen Zeit mit ihm in der Bäckerei bekam ich noch mit, wie er arbeitete. Auch dabei war er unfassbar unhygienisch. Seine Arbeitskleidung starrte vor Dreck und ich musste ihn regelrecht zwingen, sie ab und an in die Waschmaschine zu stecken. Seine Hände wusch er genauso wenig wie den Rest seines Körpers. Pausenlos steckte er sich eine Zigarette an und behielt sie auch beim Backen im Mundwinkel. Ob Asche in den Teig fiel, kümmerte ihn nicht.

Unseren Bäckermeister fand ich einmal heulend vor der Tür. Er hatte wie so oft die gesamte Backstube lupenrein geputzt, nur damit sein Chef sie innerhalb weniger Minuten wieder komplett verdreckte. Vollkommen sprachlos war ich, als ich von den Mitarbeitern erfuhr, dass Mahmut ins Waschbecken der

Backstube gepinkelt hatte, um sich den Weg zur Toilette zu sparen. Gegenüber den Kunden und Angestellten war er genauso verantwortungslos wie gegenüber seiner Familie. Sämtliche Mitarbeiter brachte er in unangenehme Situationen, wenn er Bestellungen aufnahm und anschließend wieder vergaß.

So manches Mal wären meine Verkäuferinnen und ich vor Scham am liebsten im Boden versunken, wenn zum Beispiel bestellte Torten nicht geliefert werden konnten, weil der Konditormeister gar nichts von der Bestellung gewusst hatte. Die Gesundheit der Kunden gefährdete Mahmut, indem er manches Mal den Teig nicht richtig durchbuk oder Produkte aus Dinkelmehl mit Weizenmehl streckte, um Geld zu sparen. Unvergessen bleibt auch der Moment, als ein Kunde eine Tüte voll frischer Baguettes in Empfang nahm, die sich in seinem Arm bogen wie verwelkte Blumen, weil der Teig noch zu weich war.

Mahmut machte den Angestellten Versprechungen, die er nicht hielt. So versprach er ihnen zum Beispiel Gehaltserhöhungen, die sie nie bekamen. Er zahlte das Gehalt nicht immer pünktlich und manchmal nur schwarz. Am schlimmsten waren jedoch seine aufbrausende Art, seine Beleidigungen und sein Hang, Verantwortung auf andere abzuwälzen, sobald etwas nicht gut lief. Als ich nun mit ihm zusammenarbeitete, erkannte ich nicht nur, dass er sich in der Bäckerei genauso gehen ließ wie zu Hause, sondern auch, dass seine Arbeit nicht so anstrengend war, wie er mich all die Jahre hatte glauben machen.

Wie seit Jahr und Tag verschlief Mahmut immer wieder den Beginn seiner Nachtschicht, was dazu führte, dass der Geselle sich manchmal vor dem Laden auf der Straße seinerseits schlafen legte, weil Mahmut einfach nicht erschien und sich weigerte, ihm einen Schlüssel zur Bäckerei zu geben. Wenn Mahmut dann in aller Eile auftauchte, musste das Backen doppelt so schnell vonstattengehen, um rechtzeitig die frischen Backwaren verkaufen zu können. Dann herrschte er den armen Jungen an, weil der seiner Meinung nach nicht schnell genug war oder in der Eile Fehler machte. Der Geselle beschwerte sich oft bei mir darüber, wie frustrierend es sei, mit Mahmut zusammenzuarbeiten – er tat mir wirklich leid.

Auch meine Eltern bekamen das ganze Elend hautnah mit und ärgerten sich schwarz über Mahmut. So ließ er zum Beispiel Hefeteig einfach stehen und schlief ein. Der ging auf und quoll über den Rand der Bleche. Alles tropfte auf den Boden. Da er die schweren Bleche mit dem Teig ganz oben auf die Regale gelegt hatte, konnte sie niemand außer ihm herunterholen. Ein anderes Mal warteten Kunden auf ihre Brötchen, die Mahmut eigentlich aus dem Ofen hatte holen wollen. Allerdings hatte er es vergessen und war nun unauffindbar. Mein Vater wollte die Kundschaft nicht länger warten lassen, nahm schnell selbst die heißen Bleche aus dem Ofen und hetzte mit der für ihn ungewohnten Last zum Verkaufsraum. Dabei blieb er vor aller Augen am Türrahmen hängen, stürzte schwer und alle Brötchen kullerten über den Boden. Er schämte sich fürchterlich, dabei hätte ihn Mahmut gar nicht erst in eine solche Lage bringen dürfen.

Mahmut baute ständig Mist und seine Familie und seine Angestellten hatten das auszubaden. Dabei waren alle guten Willens, packten mit an und brachten sich zur Not das Grundwissen über Zutaten, Mengenverhältnisse und Backzeiten selbst bei, wenn Mahmut mal wieder nicht da war, weil er verschlief. Mein Vater stand sogar manchmal nachts mit dem Gesellen in der Backstube und buk Brötchen. Die beiden verstanden sich ohne Worte, doch wenn Mahmut dazukam, war die Atmosphäre im Handumdrehen vergiftet.

Immer musste ich auf ihn warten, damit wir mit dem Auto zusammen nach Hause fahren konnten. Ich zitterte im Wagen vor Kälte und er kam einfach nicht. Oder ich erledigte weitere Arbeiten in der Bäckerei, während ich auf ihn wartete. Doch irgendwann hielt ich es nicht mehr aus – wir brauchten ein zweites Auto! Ich konnte meine kostbare Zeit nicht ewig damit verplempern, auf ihn zu warten. Als Hausmeisterin musste ich zum Beispiel zu bestimmten Zeiten den Schnee vor unserem Haus beseitigen. Das war Mahmut allerdings völlig egal. Was nützt es schon, pflichtbewusst zu sein, wenn der Partner einem mit seiner Verantwortungslosigkeit immer wieder in die Parade fährt?

Als wir dann endlich einen zweiten Wagen hatten, flatterten uns erneut Strafzettel ins Haus. Ich hatte eine Garage, doch Mahmut war zu faul, sich um eine weitere zu kümmern. Unser hart verdientes Geld warf er auf diese Weise ohne Sinn und Verstand zum Fenster hinaus. Dazu kamen noch Ungereimtheiten bei den Einnahmen in der Bäckerei. Wenn ich die Kasse machte, war immer mehr Geld darin, als wenn eine der Verkäuferinnen sie machte. Mit meinem Vater heckte ich einen Plan aus, um der Sache auf den Grund zu gehen, und er legte sich eines Abends vor dem Laden auf die Lauer. Mittels der Spiegelfliesen konnte er die Verkäuferin gut beobachten und erwischte sie dabei, wie sie sich 20 DM in die Tasche steckte. Daraufhin hielt er sie im Laden fest, bis ich dazukam. Ich feuerte sie augenblicklich. Großzügig wie ich war, hatte ich immer ihr Gehalt aufgerundet und sie konnte sich stets so viele Backwaren mitnehmen, wie sie wollte. Das war nun der Dank dafür! Wir suchten uns eine neue Verkäuferin.

Vor Wut auf Mahmut schäumten meine Eltern nur so, aber sie schimpften mit mir. »Warum bringst du ihm überhaupt noch den Tee ans Bett? Er kann aufstehen und sich in die Küche setzen. Du machst viel zu viel für ihn!«

Als ich sie nach ihrem Aufenthalt in Berlin zum Flughafen brachte, teilte ich ihnen ernst mit: »Ich werde bald nicht mehr unter ihm leiden – das wird ein Ende nehmen.«

Ich hatte mir fest vorgenommen, ihn zu verlassen. Seine ständige schlechte Laune und die Aggressivität waren für mich nicht mehr zu ertragen! Er redete noch nicht einmal normal mit mir, sondern wie mit einer Sklavin: »Hab ich dir nicht gesagt, dass du mir dieses oder jenes bringen sollst!« Das Maß war einfach voll, ich konnte ihn nicht mehr sehen.

18. Kapitel

Kurz nach der Abreise meiner Eltern im Januar 2001 handelte ich endlich. Mahmuts Mutter und sein Freund Manfred waren gerade zu Besuch, als ich zu Ceylin sagte, sie solle mir ihr Erdkundebuch bringen. Ich sah mir darin die Deutschlandkarte an, überlegte, in welcher Stadt wohl niemand aus Mahmuts Dorf lebte, und stieß auf Saarbrücken. Soweit ich gehört hatte, wohnte dort kein Verwandter oder Bekannter von Mahmut.

Wir hatten inzwischen zwei neue Verkäuferinnen in der Bäckerei, deshalb konnte ich mir einen ganzen Tag freinehmen, um den Papierkram zu erledigen. Ich räumte zu Hause auf, sammelte die Miniröcke, Schlauchkleider und Dessous zusammen und warf sie in den Müll. Vollkommen ruhig sagte ich zu meiner Schwiegermutter, die gerade da war, ich würde aufräumen und einiges in den Keller bringen. Dorthin schaffte ich Kleidung für die Kinder und mich sowie unsere Pässe und andere wichtige Dokumente. Mahmut kam von der Arbeit und legte sich hin, während ich für uns drei die Koffer packte und sie in Windeseile ins Auto verfrachtete. Anschließend holte ich meine Töchter von der Schule ab und erklärte meiner Schwiegermutter, dass ich mit den Kindern noch zum Arzt müsse. Das stimmte sogar, Sevil wollte jedoch nicht mitkommen. Eindringlich bat ich sie, sich nicht so zu sträuben – andernfalls müsse sie womöglich lange allein zu Hause bleiben. Die Arme hatte ja keine Ahnung, was ich wirklich vorhatte.

Ich fuhr zur Bank und hob sämtliches Geld von meinem Konto ab. Es war zwar mein Konto, aber Mahmut besaß ebenfalls eine Vollmacht dafür. Auch die Sparbücher meiner Kinder leerte ich. Auf der Straße Unter den Linden hielt ich an und versuchte, Ceylin und Sevil klarzumachen, was ich vorhatte: »Ich will euren Papa verlassen. Er hat mir so viel Schlimmes angetan, dass ich mich von ihm trennen muss. Und ich will, dass ihr mit mir kommt.«

Die Kinder verstanden die Welt nicht mehr und riefen wild durcheinander, dass sie nicht wegwollten und was denn nun mit ihrem Papa werde.

»Ich kann euch zurück zu Papa bringen, aber es ist mir lieber, ihr kommt mit mir. Irgendwann seht ihr ihn bestimmt wieder, doch für lange Zeit erst mal nicht. Denn ich muss weit von ihm weg und ich weiß nicht, was er machen wird, wenn er merkt, dass wir nicht zurückkommen«, erklärte ich ihnen.

Die beiden heulten fürchterlich, aber sie wollten bei mir bleiben. Also setzten wir uns Richtung Saarbrücken in Bewegung und ich fuhr und fuhr. Teilweise war ich voller Mut, teilweise heulte ich mir die Augen aus. Gegen Mitternacht, irgendwo bei Frankfurt, fühlte ich mich auf einmal unendlich frei und fand es ohne Mahmut einfach nur schön! Doch die ungewohnt lange Fahrt strengte mich sehr an und die Verantwortung für die Kinder lastete schwer auf mir. Und plötzlich hatte ich Angst vor Mahmuts Reaktion.

Der wachte irgendwann auf und fragte nach mir und den Kindern, wie mir später erzählt wurde. »Sie sind beim Kinderarzt«, sagte meine Schwiegermutter. Die Zeit verging und um 20 Uhr waren wir immer noch nicht zurück. Mahmut glaubte zunächst, ich sei mit seinem Kollegen abgehauen. Er telefonierte herum, konnte aber nichts in Erfahrung bringen, denn ich hatte niemandem gesagt, was ich vorhatte.

Irgendwann konnte ich nicht mehr. Meine Konzentration am Steuer ließ immer mehr nach. Ich fühlte mich zwar befreit, wurde aber auch immer trauriger. In einem Dorf nahm ich ein Zimmer in einem kleinen Hotel und sah den Kindern beim Schlafen zu. Während ich sie betrachtete, fasste ich wieder Mut und freute mich, dass sie bei mir waren. Ich würde das schon alles schaffen, immerhin war ich jetzt frei. In dieser Nacht schlief ich sehr gut.

Am nächsten Morgen fuhren wir weiter und am Nachmittag erreichten wir endlich Saarbrücken. Es war eine Stadt ohne hohe Häuser, alles wirkte sehr beschaulich. Von einer Telefonzelle aus rief ich beim Sozialamt an und fragte nach einer günstigen Unterkunft. Ich bekam die Adresse einer Jugendherberge, kaufte mir ein paar Zeitungen und fing direkt an, nach einer Wohnung zu suchen. Am folgenden Tag bereits hatten wir Termine für einige Besichtigungen. Die Kinder waren eher neugierig als traurig, aber sie rümpften auch die Nase über den dörflichen Charakter der Stadt.

Und sie begannen, sich querzustellen: »Hier ist es überhaupt nicht schön. Guck doch mal, wie die Zimmer aussehen! Können wir nicht in einer anderen Stadt wohnen?«

Ich wollte meinen Kindern entgegenkommen, nachdem ich sie aus ihrem vertrauten Leben gerissen hatte. Also schlug ich Köln vor, immerhin eine Großstadt und weit genug von Berlin entfernt. Als wir wieder auf der Autobahn waren, musste sich Sevil übergeben. Ich konnte nicht anhalten, also forderte ich sie auf, die Scheibe herunterzukurbeln und sich aus dem Fenster zu lehnen. Es schneite heftig und die Scheibenwischer waren kaputt. Um meine Windschutzscheibe wenigstens ein bisschen freizubekommen, fuhr ich eng auf den vor mir fahrenden Lkw auf, von dessen Reifen Wasser auf meine Windschutzscheibe spritzte. Allerdings gefror dieses nun und von dem darin enthaltenen Salz wurden die Scheiben weiß. Ich bekam schreckliche Angst, dass ich noch einen Unfall bauen würde.

Am Abend erreichten wir Köln und ich suchte vergeblich nach einer billigen Unterkunft. Schließlich bat ich in einem Polizeirevier um Hilfe.

Ich wurde misstrauisch beäugt und man fragte mich: »Wie heißen Sie denn? Und wo kommen Sie her?«

Arglos antwortete ich und wurde aufgefordert, mich erst einmal zu setzen. Der Polizist, den ich angesprochen hatte, ging fort und kam bald darauf wieder.

»Frau Kaya, gegen Sie ist Anzeige erstattet worden, wegen Kindesentführung.«

»Wie bitte?«, fragte ich entsetzt.

»Die Kinder, die Sie dabeihaben, sind schulpflichtig und als vermisst gemeldet. Und angeblich haben Sie das Auto gestohlen, mit dem Sie unterwegs sind.«

Etwas in mir zerbrach. Die Polizei, dein Freund und Helfer?

»Ich bin auf der Flucht vor meinem Mann so weit gefahren«, erklärte ich. »Endlich habe ich es geschafft, von ihm wegzukommen. Sagen Sie ihm bitte nicht, wo ich bin.«

»Das haben wir schon.«

»Was?«

Fassungslos starrte ich den Polizisten an. Wie konnte er so etwas tun, ohne mich zuvor nach den Hintergründen meiner Situation zu befragen? Ich war in Lebensgefahr, aber das war ihm offenbar egal. Wichtig schien ihm nur zu sein, dass er seine Vorschriften einhielt.

Mir kamen vor Verzweiflung die Tränen. »Mein Mann wird ausflippen! Jetzt ist alles umsonst gewesen!«

»Wir mussten Ihren Aufenthalt melden, weil Ihre Töchter schulpflichtig sind. Was soll Ihr Mann denn schon tun? Köln ist von Berlin aus ja nicht um die Ecke.«

»So wie mein Mann Auto fährt, ist er in vier Stunden hier und bringt mich um.«

»Ach was, beruhigen Sie sich, Frau Kaya, bei uns sind Sie sicher. Wir bringen Sie am besten in ein Frauenhaus.«

»Auch in Frauenhäusern sind Frauen schon von ihren Männern gefunden und ermordet worden! Sie können mich gar nicht beschützen!«

Mit einer Polizeieskorte fuhren wir dennoch zu einem Frauenhaus. Die ganze Fahrt über beschwerten sich Sevil und Ceylin, dass wir besser in Berlin geblieben wären. In dieser Nacht schlief ich überhaupt nicht. Ständig sah ich in Gedanken Mahmut mit dem Auto vorfahren und durch die Gänge des Frauenhauses schleichen. Manchmal bildete ich mir ein, er stünde schon im Raum und ich könnte seinen Atem hören.

Am nächsten Tag brachte mir die Polizei ein Fax, in dem stand, dass Mahmut mich angezeigt hatte, weil ich Geld, das Auto und die Kinder geraubt habe. Seit meiner Flucht wurde ich deutschlandweit gesucht. Etliche Polizeiwagen waren uns auf unserer Reise begegnet, aber erst durch meine eigene dumme Aktion hatte ich auf mich aufmerksam gemacht.

Die Polizisten beharrten darauf, dass die Mädchen zur Schule müssten.

»Aber in Berlin sind doch Ferien!«, entgegnete ich.

»Ja, aber in Köln nicht.«

»So ein Schulwechsel braucht doch ein wenig Zeit!«

»Schon, aber Sie benötigen sofort eine ärztliche Bescheinigung für die Kinder.«

Das war doch verrückt: Ich fürchtete um mein Leben und die Polizei erwartete, dass ich mich als Erstes um ein ärztliches Attest kümmerte, damit meine Kinder vom Unterricht befreit wurden. Am Ende meiner Kräfte rief ich zu Hause an.

Meine Schwiegermutter, die dort offenbar die Stellung hielt, ging an den Apparat und jammerte mir die Ohren voll:

»Ich wusste ja gar nicht, dass ihr solche Probleme habt. Das wird schon wieder, Buket. Alles wird gut, wenn du nach Hause zurückkommst. Du hättest doch mit mir reden können, warum hast du das denn nicht getan?«

Ich schnaubte vor Wut. »Hätte das irgendetwas geändert? Du beschwichtigst immer nur, aber auf diese Weise ändert sich Mahmut nicht! Ich habe kein Problem mit dir, sondern mit ihm, also misch dich nicht ein!«

Mahmut übernahm das Telefon und spielte den Ahnungslosen, indem er vorgab, noch nie etwas von meinen Trennungsabsichten gehört zu haben.

Aufgebracht erinnerte ich ihn an meine vorangegangenen Warnungen und seine Absichten, sich zu ändern. Doch nichts hatte sich seitdem getan und es war endlich an der Zeit gewesen, meine Drohungen in die Tat umzusetzen. Mahmut schien ernsthaft verzweifelt zu sein und wollte die Trennung sogar akzeptieren. Er würde ausziehen, sobald ich zurückkäme, versicherte er mir.

Doch ich wollte nicht zurück nach Berlin. Ich überlegte hin und her, wie es weitergehen könnte. Als ich mit Ceylin und Sevil darüber sprach, konnten wir uns alle auf einmal vorstellen, dass Mahmut wirklich ausziehen würde, wenn wir zurückkämen. In Berlin war schließlich alles, was wir hatten und zum Leben brauchten. Ohne Mahmut wäre es uns möglich, ein schönes Leben in der uns vertrauten Umgebung zu führen. Die Kinder jammerten, dass sie ihr Zimmer vermissten, ihr Spielzeug, ihre Freunde. Ich wusste nicht mehr, was ich tun sollte, und besprach mich mit den Leuten vom Frauenhaus. Für diese gab es keine eindeutige Antwort, doch für meine Töchter war es eindeutig besser zurückzukehren. Ich allerdings fühlte mich in Köln frei.

Nach zwei Tagen siegte das mütterliche Verantwortungsgefühl in mir. Das ist wohl der wunde Punkt bei vielen Frauen: Sie denken immer zuerst an ihre Kinder. Wir fuhren also zurück nach Berlin, aber ich wollte nicht sofort nach Hause, sondern erst einmal in ein Frauenhaus, um die Lage zu sondieren. Das passte den Mädchen überhaupt nicht! Ich setzte mich durch und ließ sie im Frauenhaus, während ich selbst mit zitternden Knien zu Mahmut fuhr. Meine Absicht war, mit ihm zu reden und klarzustellen, dass er wirklich die Wohnung verlassen musste, wenn ich mit den Kindern zurückkommen sollte.

Er empfing mich freundlich und verhielt sich sehr vorsichtig. »Deine Eltern machen sich große Sorgen«, erklärte er mir. »Bitte ruf gleich bei ihnen an. Deine Mutter hat mich schon verdächtigt, dich umgebracht und hinter der Bäckerei im Garten verscharrt zu haben.«

Ich griff sofort zum Hörer und meine Mutter brachte vor lauter Weinen kein einziges Wort heraus. Zum ersten Mal, seit ich mit 16 nach Berlin gekommen war, erzählte ich meinen Eltern, wie es mir in all den Jahren ergangen war und wie es wirklich in mir aussah. Von da an legte ich ihnen in vielen Telefonaten und endlosen persönlichen Gesprächen immer wieder bruchstückhaft das ganze Elend dar, das ich erlebt hatte. Bis heute muss ich oft meine Erzählungen abbrechen oder das Thema wechseln, weil sowohl mich als auch meine Eltern die Emotionen übermannen. Mein Vater und meine Mutter warfen mir bei unserer ersten Aussprache vor, dass ich nicht schon früher etwas erzählt hatte, vor allem jedoch machten sie sich selbst größte Vorwürfe. Natürlich wussten sie bereits, dass meine Ehe nicht glücklich war. Ich hatte ihnen aber immer zu verstehen gegeben, dass ich schon zurechtkäme. Nicht durchschaut zu haben, dass das nicht stimmte, schmerzte sie sehr.

Mein Vater schlug vor, dass ich dauerhaft zu ihnen käme, aber ich lehnte ab. Ich war es schon so lange gewohnt, auf mich allein gestellt zu sein, und wollte zudem die Kinder nicht verlassen. Mahmut redete auf mich ein wie auf ein verängstigtes Tier, das jederzeit beißen könnte.

»Ich tue dir nichts. Wirklich nicht. Ich lasse dich in Ruhe, wenn ihr wieder hier einzieht!«

Doch seine Beteuerungen waren mir nicht genug. Ich wollte, dass er aus meinem Leben verschwand. Er musste endlich begreifen, wie abstoßend ich ihn fand und dass ich es nicht länger ertragen konnte, von ihm wie ein Gegenstand benutzt zu werden. Mahmut lachte mich aus, als ich ihm das an den Kopf warf. In seinen Augen waren das keine Gründe für eine Trennung.

Was sollte ich dazu noch sagen? Ich sprach mit den Kindern, mit meinen Eltern und noch einmal mit Mahmut. Er versicherte mir, dass er sich so verhalten würde, wie ich es wollte – das sagte er sogar meinen Eltern. Drei Tage später kam ich mit den Kindern zurück nach Hause.

Doch Mahmut ging nicht. »Heute nicht«, sagte er. »Ich muss erst meiner Mutter Bescheid sagen.«

Ceylin und Sevil waren heilfroh. Sie freuten sich, wieder in ihrem Zimmer zu sein, alles andere war ihnen egal. Als die Kinder schliefen, stritten Mahmut und ich erneut.

»Warum bist du nicht gegangen? Du hast es mir versprochen! Nur deshalb bin ich überhaupt wieder hier!«

»Was hast du für ein Problem? Entweder ich arbeite oder ich schlafe – du siehst mich doch gar nicht!«

Doch allein seinen Geruch konnte ich nicht ertragen. Er hing in der Wohnung, im Bett – ich ekelte mich davor. Als Mahmut am folgenden Tag von der Arbeit kam, klagte er, dass ihm alles über den Kopf wachse und dass er die ganze Arbeit nicht ohne mich schaffe. Sein Bruder habe schon mit ihm geschimpft, weil er keine Ahnung von seiner finanziellen Lage habe, weil er nicht wisse, wie alt seine Kinder seien oder dass sie bereits in die fünfte und siebte Klasse gingen. Er erzählte, dass viele Leute sauer auf ihn seien, weil er sie in meiner Abwesenheit tyrannisiert habe. Als er nach mir suchte, hatte er Bekannte beschimpft und bedroht, war in Wohnungen und Keller eingedrungen und hatte sie nach mir durchsucht.

»Du Idiot!«, fuhr ich ihn an. »Niemand wusste, wo ich war. Nicht einmal meinen Eltern hatte ich etwas gesagt.«

Als Mahmut den Anruf der Polizei erhielt, verstand er in seiner Aufregung hinsichtlich meines Aufenthaltsorts Neukölln und nicht Köln. Sofort fuhr er aufs dortige Polizeirevier und stellte es auf den Kopf.

Jetzt erklärte er mir: »Das eigentliche Problem ist, Buket, dass du von westlichen Frauen beeinflusst wirst – das ist schlecht für dich. Wenn du wüsstest, wo du hingehörst, gäbe es keine Probleme. Was du mir mitteilst, sind gar nicht deine Gedanken – du plapperst nur den deutschen Frauen nach.«

Nicht einmal meine Gedanken sollten also meine eigenen sein.

Am zweiten Tag nach meiner Rückkehr wollte er schon wieder Sex haben. Er drängelte immer mehr: »Komm schon – wir können uns unmöglich trennen.«

Ich konnte das nicht mehr ertragen, weckte die Mädchen und sagte zu ihnen: »Wir gehen wieder.«

Doch die beiden wollten nicht und auch Mahmut begann herumzujammern. »Nein, Kinder, verlasst mich nicht! Und eure Mama darf auch nicht gehen! Wir sind doch eine glückliche Familie!«

Wie kam er nur darauf? Dennoch blieb ich in dieser Nacht. Mich plagte das schlechte Gewissen gegenüber meinen Kindern und deshalb streichelte ich meine Töchter in den Schlaf. Am nächsten Tag erzählte mir Mahmut, dass er während meiner Flucht einen Cousin um Rat gefragt habe. Der hielt ihm die Munition einer Pistole unter die Nase und sagte feierlich: »Wenn eine Frau wegläuft, ist das hier die einzige Lösung!«

Mahmut hatte die Anzeigen nach meiner Rückkehr zurückgezogen, und als er mir dies feierlich kundtat, beschimpfte ich ihn wüst und schmiss ihm das übrig gebliebene Geld ins Gesicht, denn ich war ja ein Dieb.

»Ich musste dich doch anzeigen, anders konnte ich dich nicht erreichen! Und wieso schreist du so herum?«

»Ab heute schreie ich eben herum! Ich werde nichts mehr hinunterschlucken. Was ich denke und fühle, werde ich von nun an herausschreien, egal wer gerade da ist. Und wenn du mich schlägst, schlage ich zurück!«

In den darauffolgenden Tagen beruhigte ich mich etwas, da Mahmut mir vorsätzlich aus dem Weg ging. Ab und zu fragte er mich vorsichtig, bevor er zur Bäckerei fuhr, ob ich nicht mitkommen wolle. Eine Woche nach meiner Rückkehr fuhr ich hin – alles war völlig verdreckt. Obwohl ich nichts mit diesem Zustand zu tun hatte, fühlte ich mich verantwortlich, es war schließlich auch meine Bäckerei. Also nahm ich die Arbeit wieder auf, weil ich es einfach nicht mit ansehen konnte. Vermutlich hatte Mahmut meine Reaktion vorausgesehen.

Er wohnte immer noch in der Wohnung – zwei Wochen nach unserer Wiederkehr war alles wie eh und je. Meine Flucht war umsonst gewesen, nur war ich inzwischen lauter geworden. Nun schrie ich ihn an, er solle sich waschen und seine stinkenden Socken ausziehen. Aber ich merkte bald, dass auch das nichts nützte. Sollte ich ihn auch noch beaufsichtigen? Dazu war er nun wirklich zu alt und ich hatte zu viel um die Ohren.

Von nun an gab es zwischen uns nur noch Streit. Erst jetzt bemerkten Sevil und Ceylin, was alles im Argen lag und dass wir uns überhaupt nicht verstanden. Wenn wir stritten und ich vor den Kindern die Beherrschung verlor, blieb Mahmut immer ruhig und machte eine hilflose Geste in Richtung unserer

Töchter, ganz nach dem Motto: »Seht mal, Mama schreit wieder herum. Was soll ich jetzt noch sagen?«

Auf einen Schlag wurde ich in ihren Augen zu einer hysterischen, keifenden Ziege und er zum bedauernswerten Papa, der doch gar nichts getan hatte. Verwandten hatte er während meiner Flucht erzählt, wenn ich nicht zurückkäme, würde er sich eine 18-jährige Frau aus der Türkei holen und diese heiraten. Wenn ich das gewusst hätte, wäre ich in Köln geblieben.

Wir entschlossen uns, es mit einer Familientherapie zu versuchen. Mahmut und die Kinder erzählten, wie zufrieden und glücklich sie seien. Dann kam ich an die Reihe und erzählte, wie unzufrieden und unglücklich ich sei. Die anderen versicherten, überhaupt nicht zu verstehen, warum es mir nicht gut ging. Es sei doch alles so schön! Mahmut hielt mir Undank vor. »Du hast Geld und ein schönes Auto, du kannst alles machen, was du willst. Was denn noch?«

»Du gibst mir nur, was ich nicht haben will!«, entgegnete ich. »Ich will kein Geld und auch kein teures Auto, das bedeutet mir nichts! Ich will Freiheit, ich will Ehrlichkeit, Verlässlichkeit und Vertrauen. Ich will ein bisschen glücklich sein! In deiner Hand bin ich wie ein rohes Ei. Du drückst zu und merkst gar nicht, dass dir das Eigelb schon über die Hand läuft. Ich brauche keinen Besitz. Gib mir einen hübschen Stein, irgendetwas Schönes, Unscheinbares ohne Wert und ich bin glücklich! Sieh doch, was ich alles leiste! Sei doch einmal dankbar dafür, sei doch darauf stolz und nicht auf meinen schwingenden Hintern im Minirock! Freu dich doch, dass du eine kluge Frau hast, die schnell und viel lernt und sich alles selbst beibringt. Ich könnte mit so wenig schon glücklich sein, aber du machst mich kaputt!«

19. Kapitel

Im Sommer 2001 kamen meine Eltern wieder nach Berlin, um uns in der Bäckerei zu helfen. Es tat mir weh, sie in der erbärmlichen Wohnung über dem Geschäft zu wissen und sie so hart arbeiten zu sehen. Sie waren schließlich nicht mehr die Jüngsten. Meine Eltern warteten immer, bis ich gegen 18 Uhr ein wenig aufgeräumt und die Auslagen hinter der Theke so vorbereitet hatte, dass alles an seinem Platz lag und am kommenden Morgen keine Zeit mit dem Suchen nach Preisschildern oder passenden Tüten verloren ging. Dann schickten sie mich ins Bett und putzten die gesamte Bäckerei. Meine Mutter erzählte mir später, dass sie einmal unendlich müde von der vielen Arbeit waren. Sie schauten das Essen an, das Essen schaute zurück und sie hatten nicht mehr die Kraft, es anzurühren.

Dreimal waren meine Eltern jeweils drei Monate bei uns, um uns zu unterstützen. Sie und mein Bruder Ferhat hatten uns viel Geld geliehen und noch nicht zurückbekommen, wohingegen keiner aus Mahmuts Familie je auch nur einen Cent oder seine Arbeitskraft zugunsten der Bäckerei investiert hatte. Und dazu zerstörte Mahmut auch noch mein Glück und das meiner Familie. Dabei hatte er immer gesagt: »Meine Familie ist scheiße, aber deine ist gut. Ihr haltet zusammen und du verstehst dich mit deinen Brüdern. Bei uns schlagen sich alle gegenseitig die Köpfe ein. Meine Mutter ist eine Schlampe. Ich liebe sie nicht, ich respektiere sie nur, weil sie eben meine Mutter ist. Aber ich hasse sie dafür, dass sie mich als kleinen Jungen jahrelang bei meiner Oma in der Türkei gelassen hat. Diese hat mich aufgezogen, meine Mutter hat sich überhaupt nicht um mich gekümmert.«

Als meine Eltern in die Türkei zurückflogen, meinte ich zu Mahmut, wir bräuchten dringend mal Urlaub. Ich wollte aber nicht in der Türkei, sondern in Deutschland Urlaub machen. Natürlich war Mahmut dagegen und argumentierte: »Die Kunden werden uns davonlaufen! Ich habe noch nie gehört, dass jemand eine Bäckerei einfach geschlossen hat, um Urlaub zu machen.«

»Na und?«, hielt ich dagegen. »Dann sind wir eben die Ersten!«

Die Kunden freuten sich für uns, weil sie sahen, wie hart wir schufteten. Wir fuhren nach Rügen. Mahmut beschwerte sich darüber, dass die Deutschen FKK machten – er fand das widerlich. Bei solchen Gelegenheiten kam plötzlich wieder der Muslim zum Vorschein, mich jedoch hatte er in der Türkei wie ein Viehhändler nackt vorgeführt. Der Urlaub tat uns gut, obwohl es überwiegend regnete. Als wir zurück waren, freuten sich die Kunden, denn sie hatten in der Zwischenzeit woanders einkaufen müssen und waren offenbar überhaupt nicht zufrieden gewesen. Solche Momente erfüllten mich mit Stolz und machten die harte Arbeit lohnenswert.

Unser Kundenstamm wuchs, die Nachfrage nach unseren Backwaren wurde immer größer. Ständig musste ich neue Zutaten im Großmarkt kaufen. In der Bäckerei war ich im Verkauf, machte die Bestellungen, putzte – manchmal war ich um Mitternacht noch dort und der Geselle, der gerade seine Schicht antrat, fragte verwundert, warum ich noch nicht gegangen sei. Irgendwann fuhr ich endlich nach Hause, schlief drei, vier Stunden und dann ging es von vorn los. Ich war spindeldürr und manchmal sahen die Kunden, wie ich mich kraftlos mit der Markise abmühte, und halfen mir.

Inzwischen weigerte ich mich, mit Mahmut zu schlafen. Ich sagte ihm, dass mir der Sex mit ihm überhaupt nicht gefalle. Daraufhin überlegte er offenbar, wie er doch noch sexuelle Befriedigung durch mich erlangen könnte, und kam auf eine fürchterliche Idee, von der ich allerdings erst nach und nach in Bruchstücken erfahren und die ich mir über die Jahre hinweg zusammengereimt habe.

Es fing mit einem seltsamen Paket an, das an die Bäckerei geliefert wurde. Ich öffnete es und vor mir lagen Dildos und anderes Sexspielzeug. Als ich Mahmut danach fragte, wusste der angeblich von nichts. Selbst die Post konnte den Absender nicht ermitteln. Ich bat Mahmut, die Sachen wegzuwerfen. Die Herkunft des Pakets blieb ungeklärt. Bei einer anderen Gelegenheit sagte Mahmut, er müsse mal kurz weg. Ich kannte diesen Spruch von ihm inzwischen und wusste, dass er immer etwas Ungutes vorhatte, wenn er das sagte. Eine Stunde später kam er wieder und erzählte, ein alter Kollege hätte sich bei ihm beworben, aber daraus werde nichts. Während wir redeten, behielt er die ganze Zeit sein Handy in der Hand und schrieb SMS. Als ich eines Tages zu Hause in der Küche saß, kam er mit einem angeblichen Kollegen herein. Wir unterhielten uns, ich sprach über Splitterbrötchen und der Kollege wollte wissen, was denn Splitterbrötchen seien. Anschließend fragte ich Mahmut, warum sein Bäckerkollege denn nicht wisse, was ein Splitterbrötchen ist. Na ja, entgegnete Mahmut, der kenne eben nur einen bestimmten Bereich in seiner Firma. Ich stellte keine Fragen mehr, weil es mich nicht weiter interessierte.

Irgendwann kam ich todmüde von der Arbeit und ging gegen Mitternacht ins Bett. Mahmut lief noch in der Wohnung herum und beim Zubettgehen hatte ich den Hintergedanken, dass er bestimmt wieder irgendeinen Mist ausheckte. Kaum hatte mein Kopf das Kissen berührt, war ich auch schon eingeschlafen. Kurze Zeit später wachte ich schlaftrunken auf, weil Mahmut sich an mich drängte. Ich konnte mich vor Müdigkeit nicht rühren und war einfach nur genervt von den Händen, die an mir herumtasteten. Nie konnte er mich einfach mal in Ruhe lassen! Ich lag wie immer auf dem Bauch und döste im nächsten Moment wieder weg. Plötzlich merkte ich, dass es mehr als zwei Hände sein mussten, die mich streichelten. Ich wandte mühsam den Kopf, konnte aber nichts erkennen. Mahmut redete beruhigend auf mich ein – alles sei in Ordnung. Er wollte gerade in mich eindringen, da sah ich neben dem Bett im Dunkeln eine weitere Männergestalt, einen schwarzen Schemen. Halb ohnmächtig vor Erschöpfung lag ich da, konnte mich nicht bewegen, nicht einmal sprechen. Ich war vollkommen ausgeliefert und spürte, wie nach Mahmut ein fremder Mann in mich eindrang. Unter größter Anstrengung brachte ich ein »Hau ab!« heraus. Mahmut bedeutete dem Mann zu gehen und dieser verschwand. Augenblicklich schlief ich wieder ein.

Am nächsten Morgen empfing mich Mahmut mit einem breiten Grinsen. »Kannst du dich an gestern Nacht erinnern? War das nicht schön? Guck mal, wie viele SMS mir der Mann die ganze Zeit schon schreibt. Er fand dich richtig geil und will gern wiederkommen.«

Mir lief es eiskalt den Rücken herunter. »Was machst du mit mir? Wer war das? Was glaubst du wohl, wie ich mich fühle? Mach das nie wieder, hast du mich verstanden!«

»Du bist doch unzufrieden mit unserem Sex. Ich habe dir nur einen Gefallen getan. Danach war ich übrigens so geil, dass ich dich noch mal richtig rangenommen habe!«

Ich hatte nichts davon gemerkt.

Viele Jahre lang konnte ich mir nicht erklären, warum ich mich damals nicht gewehrt, warum ich nicht geschrien hatte.

Warum konnte er mir das einfach antun? Es musste an meiner völligen Erschöpfung gelegen haben, die mich in einen komaähnlichen Zustand versetzt hatte. Mahmut musste genau den Moment abgepasst haben, als mich alle Kräfte verlassen hatten. Meinen Freunden und meiner Familie erzählte ich später davon und sah in ihren Augen nur Unverständnis. Ich schaute damals kein Fernsehen und las keine Zeitungen, denn ich arbeitete ununterbrochen. Erst Jahre später erfuhr ich von K.-o.-Tropfen, mit denen Männer Frauen betäubten, um sich an ihnen zu vergehen.

Dabei hatte ich schon damals die Antwort auf meine Fragen eigentlich direkt vor Augen gehabt. Außer Kippen fand ich in Mahmuts Hosentaschen einmal seltsame Kügelchen, die ich wegwarf. Mahmut fragte mich später, ob ich sie gefunden hätte. Er war verärgert, dass ich sie in den Müll getan hatte, und erklärte mir, es seien Drogen, die ihm ein Kollege gegeben hätte. Die Kügelchen sollten dafür sorgen, dass man beim Sex länger durchhielt. Als ob er so etwas gebraucht hätte! Nach den Ampullen für Spritzen, die ich in seinen Sachen fand, fragte ich ihn schon nicht mehr. Mir fehlte die Fantasie, um mir vorzustellen, dass er diese Drogen möglicherweise gegen andere verwendete – gegen seine eigene Frau, um sie zusammen mit anderen Männern gewissenlos zu vergewaltigen.

Nach dieser grauenhaften Nacht fuhr ich mit dem Auto raus aus Berlin. Dabei hämmerte ich aufs Lenkrad ein, weinte und schrie: »Warum macht er das mit mir? Wer ist dieser andere eklige Kerl? Wie kann er so etwas nur tun? Wo bist du, Gott? Gibt es dich überhaupt, wenn du mich nicht vor Mahmut beschützt?«

Ich sprach mit Mahmut, ich schrie ihn an, ich redete auf ihn ein: »Du darfst so etwas nie, nie, nie wieder mit mir machen, hörst du? Es gefällt mir nicht, es gefällt mir überhaupt nicht!

Das ist eine Vergewaltigung, ist dir das klar, Mahmut? Ich habe das Gefühl, niemandem mehr in die Augen sehen zu können, ich fühle mich beschmutzt! Jeder Kunde am nächsten Morgen kann doch der Mann sein, der nachts in mir gewesen ist! Hast du kein Gewissen? Verstehst du nicht, was du mir angetan hast?«

Mahmut zeigte keinerlei Verständnis. »Wie kannst du von Vergewaltigung sprechen? Du bist doch meine Frau und es ist mein Recht, von dir befriedigt zu werden. Egal wie.«

Noch zweimal bestellte er fremde Männer mitten in der Nacht ohne mein Wissen in unsere Wohnung. Er erzählte mir völlig schamlos, dass er sie in der Partnertauschbörse der Zeitschrift »Zweite Hand« finde. »Aber keine Angst, ich treffe mich vorher mit ihnen und schaue, ob sie dir gefallen würden. Aber sehen darfst du sie nicht. Ich will nicht, dass du dich verliebst!«

Einmal betrat ein fremder Mann die Bäckerei und fragte nach Mahmut. Später erfuhr ich, dass das einer der Männer gewesen war, die Mahmut kontaktiert hatte. Er teilte Mahmut mit, dass er mich geil fände und gern in der Nacht kommen würde.

An die zwei weiteren Male kann ich mich nur genauso schemenhaft erinnern wie an das erste Mal. Ich war wie in einem Traum, konnte niemanden erkennen, merkte nur, dass irgendetwas nicht stimmte. Ich hörte die Männer flüstern, verstand aber nicht, was sie sagten – ich war Mahmuts Sexpuppe, die er jahrelang mit schlimmster Eifersucht verfolgt hatte und die er nun plötzlich bereitwillig mit anderen teilte. Selbst im Schlaf war ich nicht mehr sicher, doch aus Scham und Angst davor, dass mir keiner glauben würde, zeigte ich Mahmut nicht an. Diese Sorge war gerechtfertigt, wie sich später vor Gericht herausstellen sollte.

Die Arbeit in der Bäckerei ging ihren gewohnten Gang, und als ich eines Tages mit den Kindern im Auto vor Erschöpfung nicht mehr wusste, ob ich bei Rot oder bei Grün über die Ampel gefahren war, wurde mir klar, das sich etwas ändern musste. Die ständige Herumfahrerei machte mich verrückt! Ich wollte in die noch immer leer stehenden Wohnungen über der Bäckerei ziehen, um weniger unterwegs sein zu müssen. Mahmut und ich sollten die Wohnung direkt über dem Geschäft beziehen und Ceylin und Sevil sollten sich das geräumige Dachgeschoss teilen, damit die Mädchen ihr eigenes Reich bekamen. Ich wollte großzügig sein, aber wie sich später herausstellte, war das ein Fehler. Mit ihren 13 und 14 Jahren waren die beiden noch viel zu jung für eine eigene Wohnung und ich bekam nun gar nicht mehr mit, was sie so trieben. Wir wollten das ganze Haus kaufen. Diesen Traum erfüllten wir uns, doch letztendlich entwickelte er sich zu einem Riesenprojekt, für das geradezu übermenschliche Kräfte mobilisiert werden mussten. Wir sanierten nicht nur die beiden Wohnungen, sondern vergrößerten auch den Laden, versahen ihn mit neuen Theken und reparierten die Siloanlagen.

Als Mahmut mich zum zweiten Mal mit einem anderen Mann geteilt hatte, versuchte ich erneut, ihm klarzumachen, dass er ein Verbrechen an mir verübe und augenblicklich damit aufhören müsse: »Verdammt noch mal, ich will das nicht! Außerdem haben wir zwei Kinder, was ist, wenn die etwas mitbekommen? Und wenn dieser Mann uns etwas antut und sich dann an unseren Töchtern vergeht! Wie kannst du das vor Sevil und Ceylin verantworten? Was ist, wenn diese Kerle Krankheiten übertragen?«

»Nein, nein! Solche Männer sind das nicht, die sind in Ordnung. Ich suche sie ja extra vorher für dich aus«, antwortete er ungerührt.

Verzweifelt schrie ich ihn an: »In der neuen Wohnung darfst du solche Schweinereien nicht mehr mit mir machen. Ich weiß sonst nicht, was ich tue!«

Nach beinahe 15 Jahren gab ich meine Hausmeisterstelle auf und verabschiedete mich tränenreich von unseren alten Nachbarn. Ende 2002 zogen wir über der Bäckerei ein.

Als unsere alte Wohnung leer geräumt war, meinte Mahmut, der Schmutz auf den Fliesen sei ihm vor der Hausverwaltung ja schon sehr peinlich gewesen.

»Welcher Schmutz?«, fragte ich gereizt. »Ich habe alles blitzblank geschrubbt!«

»Als die Schränke weg waren, sah man auf den Fliesen einen Schmutzrand.«

Da verlor ich die Beherrschung. »Soll ich etwa beim Putzen die Schränke abbauen? Schau dich doch mal selbst an – du machst ständig Dreck und wäschst dich nicht! Du aschst sogar auf den Boden, also halt besser den Mund!«

In der alten Wohnung hatte die Waschmaschine, die im Badezimmer stand, am unteren Rand Rostflecken bekommen – weil Mahmut ständig danebenpinkelte. Während er – viel zu selten – duschte, schnaubte er sich die Nase frei und der Rotz blieb anschließend im Abflusssieb hängen. Seine Zähne faulten, seine Zunge hatte einen dicken gelben Belag. Die neue Wohnung verfügte über ein Empfangszimmer, in dem wir Vertreter zu Geschäftsterminen trafen. Bei einer solchen Gelegenheit kam Mahmut einmal aus der Dusche und verkündete unserem Besuch stolz: »Guck mal, ich habe mich so gewaschen, wie Buket das will. Sogar meine Zunge habe ich sauber gemacht.« Er streckte dem Vertreter allen Ernstes seine Zunge entgegen, der sich pikiert ein höfliches Lächeln abrang. Ich verging vor Peinlichkeit.

Mahmut war so ein ekliger Mann. Nur backen konnte er gut, den Teig und seine Beschaffenheit richtig einschätzen und den Ofen entsprechend einstellen. Bei allem anderen pfuschte er herum. Er konnte nicht praktisch denken und brachte in der Bäckerei keine neuen Ideen ein. Außer dass er ständig Fertigware zukaufen wollte, um weniger Arbeit zu haben, doch dagegen wehrte ich mich vehement. Wir hatten ja gerade deshalb so viele Kunden, weil wir alles selbst machten. Sollten wir diesen nun vorgaukeln, unsere Backwaren seien allesamt aus eigener Herstellung, und ihnen stattdessen Tiefkühlware verkaufen?

Anfangs schliefen wir nur auf Matratzen. Da spürte ich eines Nachts erneut fremde Hände auf meinen Beinen. Mahmut hatte schon wieder einen anderen Mann kommen lassen. Nebenan schliefen die Kinder und ein fremder Mann besorgte es sich offenbar an meinem Bein, während ich mich nicht bewegen konnte. Wenn ich daran denke, ekele ich mich noch heute vor meinem eigenen Körper und muss mich sofort waschen. In diesem Moment wusste ich, dass Mahmut nie damit aufhören würde. Seit meiner Flucht schrie ich ihn im Streit immer öfter an und er tat stets so, als sei er das Opfer. Aber im Schlaf war ich ihm hilflos ausgeliefert.

Am nächsten Morgen drehte ich durch, schrie die ganze Bäckerei zusammen und warf Geld durch die Gegend. Mahmut hielt mir vor, ich würde mal wieder wegen nichts und wieder nichts ausflippen. An diesem Tag heulte ich ununterbrochen. Mir war inzwischen klar, dass ich mich von ihm nicht auf normalem Wege trennen konnte. Doch so wollte ich nicht länger leben – ich musste mich umbringen, damit das aufhörte. Wie so oft stieg ich ins Auto und fuhr einfach drauflos. Immer wieder sagte ich mir, dass ich so eine Behandlung nicht verdiente. Mein Leben war in eine Sackgasse geraten! Irgendwann allerdings regte sich in mir der Trotz – ich wollte nicht Mahmuts willenlose Sexpuppe sein. Mir bedeutete Sex rein gar nichts, denn dessen schöne Seiten hatte ich nie kennengelernt. Immer war ich nur als ein Körper betrachtet worden, den man benutzen konnte. In Zukunft wollte ich mir den Mann, mit dem ich schlief, selbst aussuchen!

Ich durchblätterte die »Zweite Hand« und stieß auf die Anzeigen zum Partnertausch. Nun fing auch ich an, SMS an die dort inserierenden Männer zu schreiben. Mahmut erzählte ich nichts davon. Dieser knüpfte ebenfalls fleißig weiter Kontakte und eines Tages drückte er mir den Telefonhörer in die Hand. Am Apparat war ein interessierter türkischer Mann. Ich fuhr ihn an, er solle zur Hölle fahren, und legte wütend auf. Monate später traf ich mich auf meine Initiative hin mit einem Mann, mit dem ich mich per SMS unterhalten hatte. Es war der Türke, der seinerzeit angerufen hatte, er erkannte meine Stimme wieder. Zufällig hatten Mahmut und ich denselben Mann kontaktiert. Dieser schrieb nun Mahmut SMS an seine Telefonnummer und mir an meine. Ich fragte ihn, ob er verheiratet sei, ob er Kinder habe. Ja, antwortete er, aber er sei nicht glücklich. Wir trafen uns zu dritt, allerdings wusste Mahmut nicht, dass ich den Mann bereits kannte. Die beiden unterhielten sich vollkommen ungeniert über ihre Herkunft, ihre Schullaufbahn, ihre Bekannten. Ich saß dabei und überlegte, ob sie vielleicht sogar verwandt waren. Eigentlich wusste ich nicht, was ich hier überhaupt tat, in meinem Kopf herrschte vollkommene Leere. Heute denke ich, dass ich den Spieß wohl einfach umdrehen, meinen eigenen Willen bekunden und die Kontrolle übernehmen wollte über das, was Mahmut am wichtigsten war: Sex.

Ich wusste nicht, wohin das alles führen sollte. Ich konnte mich nicht von Mahmut lösen, vermutlich blieb mir also nichts anderes übrig, als mich zu fügen, wenn ich weiterleben wollte. Ich hatte keine Vorstellung davon, wie der Sex zu dritt überhaupt ablaufen sollte. Wenn ich das Spiel aus freien Stücken mitspielte, hatte ich es wenigstens in der Hand, glaubte ich. Es wurde vereinbart, dass wir uns irgendwann spontan verabreden und dann sehen würden, was passiert. Tatsächlich stellte sich bei diesem ersten Kennenlerntreffen zum Schluss heraus, dass Mahmut und der andere Türke, der Yilmaz hieß, gemeinsame

Bekannte hatten. In Berlin kannten sich allerdings ohnehin beinahe alle Türken über ein paar Ecken.

Schon die bloße Vorstellung, nun auch mit mir als aktivem Part zu dritt Sex haben zu können, hatte Mahmut dermaßen angemacht, dass er noch öfter nach Sex verlangte als sonst und dabei immer gröber zur Sache ging. Manchmal hatten wir die halbe Nacht lang ausufernden Sex, doch am nächsten Morgen hieß es für mich natürlich wieder früh aufstehen und wie üblich zur Arbeit gehen. Ich fühlte mich wie ein Gegenstand, der nach Belieben benutzt und beschmutzt wurde und anschließend weiter in altem Glanz erstrahlen sollte, als sei nichts geschehen. Ständig schrieben Mahmut irgendwelche Männer sexuell aufgeladene SMS und er antwortete und schrieb seinerseits ohne Unterlass. Er war stolz darauf, eine Frau zu haben, die von anderen Männern begehrt wurde, allein das machte ihn schon vollkommen geil. Er verlangte von mir Dinge im Bett, die ich verabscheute, aber ich ließ sie geschehen, weil ich Angst hatte, dass er sich woanders befriedigen und Krankheiten mit nach Hause bringen würde. Ich war seine Ehefrau, seine Nutte, seine Schwester, seine Mutter, seine Putzfrau, seine Dienerin, sein Kindermädchen und seine Geschäftspartnerin.

Mahmuts Sexsucht nahm immer mehr überhand. Er zeigte mir an einem Computer, den er sonst nie benutzte, aufgeregt Videos, in denen eine Frau von einem Hund und einem Pferd bestiegen wurde und ein Mann ein schreiendes Huhn penetrierte.

»Guck mal, ist es nicht geil, was für ein Riesending in die Frau reinpasst?«, fragte er mich.

Ich war angewidert und schrie ihn an, dass unsere Kinder diese Videos entdecken könnten – der Gedanke störte ihn jedoch nicht weiter.

Nach dem besagten Kennenlerntreffen mit Yilmaz im Sommer 2003 passierte eine Weile nichts mehr und ich setzte durch, dass wir in den Urlaub fuhren. Während der Urlaubstage ging ich manchmal allein am Strand spazieren, um meine Ruhe zu haben. Mahmuts Nähe war mir unerträglich, aber ich bemühte mich nach Kräften darum, mir gegenüber den Kindern nichts anmerken zu lassen. Manchmal sagte Mahmut nach dem Essen im Restaurant zu mir, ich solle doch noch sitzen bleiben, einer der Kellner würde schon die ganze Zeit zu mir herüberschauen. »Wär es nicht schön, wenn der Kellner nachher zu uns aufs Zimmer käme?«

Mein Gedankenkarussell kam nicht zur Ruhe. Ich spürte, dass etwas Seltsames mit mir vorging. Etwas in meinem Leben lief gehörig in die falsche Richtung. Ich war nicht mehr ich selbst, sondern setzte ständig eine Maske auf und tauschte sie kurz darauf gegen eine andere. Ich trug eine Maske, wenn Mahmut seine Sexsucht an mir befriedigte, und anschließend tauschte ich sie gegen die Muttermaske. Aber in keiner dieser Rollen war mehr die unbeschwerte, lebenslustige Buket zu finden. Oft fragte ich mich, warum ich nicht die Kraft hatte, wieder zu mir zu finden.

20. Kapitel

Wie erwartet habe ich diese Nacht kein Auge zugetan. Ich habe stundenlang an die schwarze Zimmerdecke gestarrt, habe schließlich meine Wohnung geputzt, so viel Essen gekocht, dass ich es allein gar nicht aufessen konnte, und mir vor Wut und Verzweiflung die Lippen zerbissen. Vieles von dem, was Mahmut mir angetan hat, habe ich jahrelang verdrängt, nicht einmal meinen Therapeuten habe ich all meine Wunden offenbart. Aber ich versuche, durchzuhalten und nicht aufzugeben, obwohl meiner Seele das Erinnern nicht guttut. Dennoch hoffe ich immer noch, dass das Beschwören der dunklen Dämonen der Vergangenheit irgendwann eine befreiende Wirkung entfaltet. Ich muss es nur zu Ende bringen und mich nicht innerlich auffressen lassen.

In den letzten Jahrzehnten musste ich mich sehr oft mir selbst stellen, meinen eigenen Ängsten und Unzulänglichkeiten. Ein Mensch kann sich nur weiterentwickeln, wenn er in der Lage ist, seine Situation zu reflektieren. Die wenigsten Leute machen sich allerdings diese Mühe. Von Beginn meiner Ehe an hat mich diese Frage am meisten gequält: Warum lässt du dir das gefallen? Diese Frage wuchs zu einer Art riesigem Hammer an, der permanent über meinem Kopf zu schweben schien. Manchmal hoffte ich regelrecht, er würde endlich herunterkrachen. Als dieser imaginäre Hammer schon so groß war, dass ich den Himmel über mir nicht mehr erkennen konnte, gesellte sich zu der ersten Frage diese hinzu: Warum verhältst du dich so inkonsequent? Die Frage wurde zu einer spitzen Waffe in meinem Brustkorb, die sich im Laufe der Zeit immer schneller um die eigene Achse zu drehen schien. Der Hammer übte einen unerträglichen Druck auf meine Würde aus, die spitze Waffe entfachte eine fast tierische Angst in mir. Ich verlor mich selbst, rätselte wie eine Außenstehende über mein eigenes Verhalten und wurde mir endgültig bewusst, dass ich nicht mehr Herrin meiner selbst war.

Sosehr sich meine Freunde und meine Familie später bemühten, mich zu verstehen, ich erkannte doch immer Zweifel und Unverständnis in ihren Blicken. Warum ließ ich diese Vergewaltigungen zu? Sie meinten, ich hätte doch einfach Nein sagen können. Vermutlich sei ich doch neugierig gewesen und hätte Gefallen daran gefunden. Dabei war ich doch eine Unterdrückte! Eine Sexsklavin. Mit fürchterlichen Wutausbrüchen, mit Gewalt und permanentem Drängen hatte mich Mahmut unterjocht. Obwohl ich so schwach und eingeschüchtert war, hatte ich mir nach außen hin doch eine gewisse Stärke bewahrt und es immer wieder geschafft, ihm kleine Zugeständnisse wie den Schulbesuch oder den Erwerb des Führerscheins abzutrotzen. Doch in mir war dauerhaft etwas zerbrochen.

Man muss nur die Schwachstelle des anderen kennen – und die Schwachstelle einer jeden Mutter sind ihre Kinder. Für meine Kinder habe ich jahrelang in dieser Ehe durchgehalten und Dinge mit mir machen lassen, die ich nicht aussprechen möchte. Ich habe stoisch die Zeit vergehen lassen und darauf gewartet, dass Ceylin und Sevil alt und stark genug sind, um zu verstehen, warum ich mich von ihrem Vater trennen will, und um die Folgen einer solchen Trennung zu verkraften. Mir war klar, dass es von Mahmut keine normale Trennung geben konnte – ich rechnete in diesem Fall mit meinem Tod. Denn die Worte seines Cousins, eine Frau, die wegläuft, müsse man erschießen, gingen mir seit dem letzten Fluchtversuch nicht mehr aus dem Kopf. Doch solange meine Töchter mich brauchten, wollte ich nicht gehen.

21. Kapitel

Einige Wochen später kam Yilmaz mit seiner vierjährigen Tochter in die Bäckerei. Es wirkte wie ein normaler Freundschaftsbesuch, aber mir blieb vor Schreck das Herz stehen, als er mir plötzlich so unverfroren gegenübertrat. Die Kleine musste auf die Toilette und ich nahm sie mit in unsere Wohnung. Sie plauderte vertrauensselig mit mir und nannte mich ganz arglos Tante Buket – sie konnte ja nicht ahnen, was ihr Vater mit mir im Sinn hatte. Ich war beschämt und wütend. So ein unschuldiges kleines Wesen, und die Menschen um sie herum hatten nur schmutzige und betrügerische Gedanken im Kopf. Mein Kopf war voller Gedankenwirrwarr, ab und an schoss es mir wie Blitze durch den Kopf: Hör auf! Lass dich auf diese Sexspiele nicht ein! Das bist doch nicht du! Das willst du doch gar nicht! Aber mein Chaos im Kopf nahm nur noch mehr zu. Ich wusste nicht mehr, was richtig und was falsch war. Ich war in einen Strudel geraten und kam aus eigener Kraft nicht mehr heraus.

Yilmaz rief nun auch mich regelmäßig auf dem Handy an. Er war ein lustiger Typ, der gern Witze machte. Das gefiel mir ganz gut, denn Mahmut machte nie Witze und lachte auch nicht. Ich hielt Yilmaz für einen gebildeten Mann, denn er war Akademiker; heute weiß ich, dass das nichts zu sagen hat.

Aber ich konnte mich mit ihm auch mal über Politik unterhalten. Mit ihm konnte ich mich auf einer ganz anderen geistigen Ebene austauschen und ihn interessierte meine Meinung. Er erzählte mir von seiner Ehekrise, seinen Wünschen, seinen Hoffnungen und seiner Familie, die aus lauter Akademikern bestand. Ich war erstaunt und erfreut zu erfahren, dass es auch solche türkischen Familien in Berlin gab, denn ich kannte ja nur die einfachen Türken, von denen viele schwarzarbeiteten und denen Bildung eher fremd war. Yilmaz hatte die Hoffnung, dass wir bald zu dritt Sex haben würden oder er sogar mit mir allein. Ich konnte und wollte mir nicht vorstellen, mit einem anderen Mann zu schlafen.

Dank der Arbeit fand ich ausreichend Ablenkung von meinen Grübeleien. Ständig brauchten wir neues Verkaufspersonal. Ich ließ 130 Leute zur Probe arbeiten, danach hörte ich auf, die Bewerber zu zählen. Es kamen Menschen, die angaben, vorher Filialleiter einer Bäckerei gewesen zu sein, und nicht einmal Brötchen eintüten konnten. Ich stellte eine Handvoll Leute ein, die nun alle eingearbeitet werden mussten. Zwischendurch stattete uns auch noch das Gesundheitsamt einen Besuch ab und nahm den Keller unter die Lupe. Dieser war feucht und voller Mäuse. Er musste komplett saniert werden. Zu allem Überfluss ging auch noch der Ofen in der Bäckerei kaputt.

Wir besorgten noch einmal eine neue Theke, eine Fleischertheke, die acht Meter lang war. Endlich hatten die Verkäufer mehr Platz für sich und die Waren. Wenn Mahmut im Laden war, störte er immer wieder den ganzen Organisationsprozess mit unnötigen und unsinnigen Einmischungsversuchen oder mit seiner groben Art, mit allen umzuspringen. Ich schrie ihn ständig vor allen anderen an und beschimpfte ihn hasserfüllt. Wer uns nicht kannte, dachte sicher, ich hätte Mahmut unter meiner Fuchtel. Er wehrte sich nicht gegen meine Angriffe und Kunden wie auch Angestellte bemitleideten ihn bestimmt, weil er es mit einer solchen Frau aushalten musste. Dabei drehte Mahmut lediglich den Spieß um: Er gab das Opfer, hielt in Wahrheit aber meine Seele gefangen.

Yilmaz kam nun öfter in die Bäckerei. Er war gut Freund mit den Verkäuferinnen, die keine Ahnung hatten, mit wem sie es zu tun hatten. Ich beobachtete diese Situation mit größtem Unbehagen und mir war speiübel dabei. Ich wollte eigentlich keine Dreierkonstellation, aber die Möglichkeit, mit einem anderen türkischen Mann zu schlafen, für den ich eine gewisse Sympathie empfand, machte mich schon neugierig. Die Bäckerei wurde für mich zu einem verfluchten Ort – einerseits wegen der überbordenden Arbeit, andererseits wegen der Männer, mit denen Mahmut sich meinetwegen dort traf, wegen der elenden Sexgeheimnisse, die stets in der Luft lagen.

Mahmut versuchte ständig, mir Yilmaz schmackhaft zu machen: »Das ist doch so ein netter, zurückhaltender Typ. Von dem hast du nichts zu befürchten.«

Einmal fragte Mahmut mich spätabends in der Bäckerei, ob Yilmaz heute vorbeikommen solle.

Ohne meine Antwort abzuwarten, schrieb er ihm eine SMS und meinte kurz darauf: »Er kommt!«

»Was?«, rief ich entsetzt. »Ich muss noch so viel erledigen!«

»Ist doch egal, lass es liegen!«, antwortete Mahmut mit Vorfreude in der Stimme. Während ich mechanisch die Einkäufe einräumte, drängte er sich schon von hinten an mich.

Als Yilmaz kam, machten wir nur kurz Small Talk, Komplimente wurden ausgetauscht, aber die Männer wollten schnell zur Sache kommen. Mahmut schlug vor, in den hinteren Teil der Backstube zu gehen. Da sei doch gar kein Bett, wandte ich ein. Doch Mahmut hatte bereits alles vorbereitet, die Tische dort gesäubert und Stühle aufgestellt. »So, fangen wir an«, sagte er lapidar, packte mich und setzte mich auf einen Tisch. »Komm näher, Yilmaz, dann kannst du besser sehen, was ich mit ihr mache.« Er befummelte mich an den Brüsten und im Genitalbereich. »Jetzt bist du an der Reihe und ich gucke zu«, forderte er dann Yilmaz auf.

Das Zusehen machte Mahmut geil, nach kurzer Zeit schob er Yilmaz zur Seite und drang kurzerhand in mich ein. Während er mich grunzend durchrammelte, schob er mir noch ein Kissen unter den Hintern. Als er fertig war, drehte er mich auf dem Kissen einfach zu Yilmaz und auf einmal war auch dieser in mir. Ich lag einfach nur da und eine innere Stimme schrie unaufhörlich: Was passiert hier? Das geht nicht! Yilmaz machte ebenfalls kurzen Prozess, anschließend waren beide Männer zufrieden und Mahmut wies darauf hin, dass er noch Apfelmasse für morgen vorbereiten müsse. Bevor Yilmaz ging, strich er mir über die Wange und flüsterte: »Wir sehen uns morgen, Süße!«

Ich saß empfindungslos da, alles fühlte sich taub und blutleer an. Ob es mir gefiel, hatte für beide Männer keine Sekunde lang eine Rolle gespielt. Ich hatte mich lediglich ohne Gegenwehr vergewaltigen lassen, während meine Kinder seelenruhig in ihren Betten schliefen, weil sie glaubten, dass wir noch arbeiteten.

Danach ging es mir sehr schlecht. Ich heulte die ganze Nacht und fragte mich, was ich überhaupt noch hier tat. Ohne dass Mahmut mich umbrachte, würde ich ihn nicht verlassen können. Yilmaz wurde von nun an immer aufdringlicher. Einmal kam er in den Laden, als ich allein war. Er drängte mich an die Wand und wollte sofort Sex haben, doch ich wehrte mich und zischte ihn an: »Ohne Mahmut mache ich das nicht!«

Yilmaz war enttäuscht. Ich erzählte Mahmut, was geschehen war, und er zeigte sich von meiner Reaktion sehr angetan. »Sehr schön«, meinte er, »wir machen eben alles zusammen!«

Mein Gott, wie sehr war ich Mahmut unterworfen! Nicht einmal Sex konnte ich ohne ihn haben, so sehr hatte er mich in seiner Gewalt.

Warum eigentlich nicht, dachte ich bei mir: Nun gut, er hat diesen Weg begonnen, dann betrüge ich ihn eben in Zukunft, indem ich mit anderen schlafe. Eine armselige, verzweifelte Art der Rache.

Mahmut hatte meine Telefonnummer an fremde Männer weitergegeben, die ständig bei mir anriefen – ich hatte quasi die freie Wahl.

Nächtelang weinte ich wieder, denn mir wurde erstmals richtig bewusst, wie sehr mich Mahmut ausnutzte. Er spielte mit mir wie mit einer Marionette, ob ich das wollte oder nicht – ich war nur ein Werkzeug in seinen plumpen Händen. Also fasste ich in einer dieser durchgeweinten Nächte endgültig den Entschluss, ohne ihn Sex mit anderen Männern zu haben. Ich wollte mich aus seinem Schatten herauswagen und verabredete mich mit Yilmaz in dessen Büro, wo dieser mich schon sehnsüchtig erwartete. Ohne Umschweife hatten wir Sex. Als ich ging, fühlte ich mich schmutzig. Im Grunde meines Herzens wollte ich nicht mit einem anderen Mann Sex haben. Wie sollte ich denn meinen Kindern oder meinen Eltern noch ins Gesicht schauen können, wenn das herauskam? Wie sollte ich damit leben?

Yilmaz' Frau war ahnungslos, sie hatte geglaubt, ihr Mann würde arbeiten. Er brachte sie sogar einmal mit ins Café der Bäckerei zum Kuchenessen und forderte mich auf, ihr unsere Wohnung zu zeigen, damit sie sehen konnte, was wir alles saniert hatten. Sogar seinen Vater stellte er mir vor. Wie pervers!

Mahmut erzählte ich natürlich nichts von meinem Treffen mit Yilmaz. Wir hatten zuvor wie jeden Tag heftigen Streit gehabt und er war es gewohnt, dass ich danach ins Auto stieg und davonbrauste. Anhand des Kilometerstands glaubte er, sich anschließend ausmalen zu können, wo ich gewesen war.

Ein Mann schrieb mir, er wolle sich mit mir treffen. Aus purem Trotz besuchte ich ihn in seiner Wohnung. Erst danach wurde mir bewusst, in welche Gefahr ich mich begeben hatte, indem ich allein zu ihm gegangen war. Er war Deutscher und behandelte mich anders als die türkischen Männer, eher wie ein Liebhaber. Dennoch war es nicht mehr als Sex.

In den Wochen nach diesem One-Night-Stand wollte ich so wenig Zeit wie möglich zu Hause verbringen. Ich fuhr mit dem Auto weg, sooft ich konnte. Einmal stand ich auf der Glienicker Brücke, blickte auf den Wannsee hinaus, auf die Lichter am Ufer und das Wasser und dachte daran, wie ich damals in der Türkei gewesen war und was hier in Deutschland aus mir geworden war. Wie hätte ich jemandem erklären sollen, warum alles so gekommen war? Würde meine Familie noch hinter mir stehen, wenn sie von meiner aktuellen Situation wüsste? Ich war mir nicht sicher. In mir herrschte völliges Chaos. Wie hätte ich irgendjemandem vermitteln sollen, warum ich nicht erneut vor Mahmut floh? Wenn ich doch die Kinder nur davon hätte überzeugen können mitzukommen!

Ich traf mich weiterhin mit Yilmaz, jedoch nur im Restaurant, um mit ihm über Politik, Geschäftliches, Ehekrisen oder die gemeinsame Heimat zu reden. Er war kein schöner Mann, aber sein Benehmen und seine Art gefielen mir, ich ging gern mit ihm aus. Mahmut war damit einverstanden, solange wir keinen Sex ohne ihn hatten. Manchmal erzählte ich Mahmut, dass ich mich mit jemandem getroffen hätte, obwohl ich nur mit dem Auto durch die Stadt gefahren war und geheult hatte. Ich provozierte aus Trotz seine Eifersucht, um ihn glauben zu machen, ich sei stark und hätte keine Angst vor ihm. Dabei war ich schlichtweg verzweifelt.

Neben der Arbeit richtete ich Stück für Stück die Wohnung der Kinder über unserer ein, machte die Buchhaltung und fuhr allein zu Großmärkten, um einzukaufen, wenn diese um zwei Uhr in der Früh öffneten. Ich war immer die einzige Frau dort unter den überwiegend türkischen Händlern und den männlichen Kunden. Diese gafften mich an und umgarnten mich, sobald ich den Markt betrat.

Der Kofferraum unseres BMW war nicht groß genug für all die Einkäufe, ganz zu schweigen davon, dass ich die Sachen gar nicht allein schleppen konnte. Ich bat Mahmut, einen Transporter anzuschaffen. Der Inhaber eines Autohauses, für dessen Angestellte ich täglich rund 100 belegte Brötchen zubereitete, war ein Kunde von uns. Bei ihm bestellten wir einen nagelneuen mittelgroßen weißen Transporter mit Automatikgetriebe und Einparkhilfe. Endlich musste ich die Einkäufe nicht mehr mühsam ins Auto quetschen! Am Abend des Kaufes, als die Straßen leer waren, traute ich mich, den Wagen auszuprobieren. Ich übte auf einem Baumarktparkplatz, damit zu fahren, und kam ganz gut mit dem Auto zurecht – im Gegensatz zu Mahmut, der umgehend ein paar Bordsteinkanten streifte. Beim nächsten Einkauf im Großmarkt konnten die Waren nun mit Gabelstaplern direkt in den Wagen verfrachtet werden.

Ich war zwar nicht in Yilmaz verliebt, aber es war schön, etwas mit ihm zu unternehmen. Manchmal saßen wir einfach nur im Auto und redeten. Er hingegen hatte sich durchaus in mich verliebt und wollte Sex mit mir, aber er hielt sich zurück und drängte mich nicht. Ich empfand es als sehr angenehm, eine so andere Seite an einem Mann kennenzulernen, Respekt und Rücksicht hatte ich ja von Mahmut nie erfahren. Er ging mir in jeder Hinsicht auf die Nerven, und zwar seit Jahren! An Yilmaz störte mich nichts, durch ihn entzog ich mich seelisch und körperlich Mahmuts Kontrolle. Darin bestand meine Rache an ihm.

Eines Tages ging ein Anruf auf Mahmuts Handy ein, den ich annahm, während ich gerade den Bürokram erledigte. Yilmaz' Frau war am Apparat, ich erkannte ihre Stimme sofort und war peinlich berührt, gab aber nicht zu erkennen, dass ich wusste, wer sie war.

Ganz unschuldig fragte ich: »Wer ist denn da? … Sie wollen Mahmut sprechen? Er ist der Inhaber der Bäckerei … Warum Ihr Mann hier immer anruft? Na ja, vermutlich hat er etwas mit meinem Mann zu besprechen. Sie haben die Nummer meines Mannes gewählt.«

Aber die Frau ließ sich nicht für dumm verkaufen. Es entstand eine längere Pause und dann sagte sie mit fester Stimme: »Irgendetwas stimmt hier nicht. Ich weiß, dass Yilmaz fremdgeht. Ich bin schwanger.« Damit legte sie auf.

Ich fühlte mich furchtbar und schrieb Yilmaz sofort eine SMS, dass mir die ganze Geschichte mit uns zu viel werde und ich das alles nicht mehr wolle. Danach löschte ich seine Nummer aus meinem Handy. Trotzdem schickte er mir weiterhin ständig Nachrichten. Als ich ihm antwortete, dass er sich auf sein eigenes Leben, auf seine Kinder und seine Firma konzentrieren solle, meldete er sich erst einmal nicht mehr.

Derweil entwickelte ich die Idee, Körnerbrötchen und Obstkuchen in der Türkei zu verkaufen, denn dort kannte man so etwas nicht. Ich überlegte hin und her, wie sich das bewerkstelligen ließe, und feilte an Möglichkeiten der Organisation. In einem ruhigen Moment nahm ich all meinen Mut zusammen und sagte zu Mahmut: »Wir müssen uns trennen. Ich möchte keinen Sex mehr zu dritt, ich möchte mein Leben so weiterleben, wie ich will, aber du wirfst mir ständig Knüppel zwischen die Beine. Du kannst dir meinetwegen eine neue Frau suchen oder auch mehrere, um pausenlos Sex mit ihnen zu haben und sie zu schlagen, ich jedoch will mir mein eigenes Leben aufbauen. Ich möchte mir später keine Vorwürfe machen müssen, das verpasst zu haben.«

Ganz sachlich eröffnete ich ihm daraufhin meinen Plan, der darin bestand, die Bäckerei in Berlin allein weiterzubetreiben und gleichzeitig eine Tochterfirma in der Türkei zu gründen. Tatsächlich erklärte sich Mahmut dazu bereit, in Zukunft überwiegend in der Türkei zu arbeiten – nur trennen wollte er sich nicht. Doch immerhin hatte ich einen Teilerfolg erzielt und träumte schon von der Zeit, in der Mahmut fernab in der Türkei unseren Geschäften nachging. Wir würden unserer Tochterfirma dort die Backwaren aus Berlin liefern. Ich führte bereits Gespräche mit Herstellern von Backzutaten, unser Vorhaben nahm immer mehr Gestalt an und fügte sich zu einem durchdachten Ganzen zusammen.

Der Chef einer großen Backmischungsfirma aus Saarbrücken wollte uns kennenlernen, nachdem ich ihn angeschrieben und ihm unsere Geschäftsidee unterbreitet hatte. Mahmut hatte mir nie geglaubt, dass ich mit den Kindern tatsächlich nach Saarbrücken geflohen war, doch als wir zu dem vereinbarten Termin fuhren, lotste ich ihn durch die Straßen, die mir noch immer vertraut waren. Seine Ungläubigkeit verwandelte sich in Staunen. Ich weiß nicht, ob er beeindruckt war, weil er realisierte, dass ich auf mich allein gestellt tatsächlich so weit gefahren war, oder weil er begriff, was für eine Macht er über mich haben musste, dass sogar diese weite Flucht nicht weit genug gewesen war.

Der Firmenchef empfing uns und Mahmut wollte unbedingt den großen Geschäftsmann markieren, was natürlich gründlich danebenging. Sein ganzer Auftritt und sein Benehmen waren derart unprofessionell, dass mir die Röte ins Gesicht schoss. Er zog die Nase hoch, fläzte sich im Stuhl und gab sich nicht einmal Mühe, auch nur für kurze Zeit sein Gossendeutsch abzulegen. Als Höhepunkt der Peinlichkeit verlangte er großspurig, dass diese Firma uns im Falle einer Zusammenarbeit die komplette Bäckereieinrichtung in der Türkei stellen sollte. Ich saß sprachlos daneben und blickte mit offenem Mund zwischen Mahmut und dem Chef der Backmischungsfirma hin und her. Dieser hörte sich in Ruhe an, was Mahmut zu sagen hatte, und entließ uns mit den Worten, wir würden von ihm hören.

Es war nicht klug gewesen, so mit einem einflussreichen Besitzer mehrerer Fabriken auf der ganzen Welt zu reden. Mahmut hatte gar nicht begriffen, mit wem er da sprach. Für wen hielt er sich eigentlich? Es war doch ein Segen, geradezu ein Lottogewinn für uns, dass jemand mit einem derartigen Firmenimperium an unserer Geschäftsidee interessiert war und sich persönlich ein Bild von uns machen wollte!

Ich war am Boden zerstört und sagte auf der Heimfahrt zu Mahmut: »Jetzt hast du wieder einmal kaputt gemacht, was ich mühsam aufgebaut habe. Diese Chance können wir jetzt komplett vergessen.«

Er erwiderte darauf nichts, sondern sagte nur: »Mach mal die Bluse auf und schieb den Rock hoch! Die Lkw-Fahrer glotzen schon so geil zu uns rein.« Das war das Einzige, was er im Kopf hatte, das Einzige, was ihn antrieb.

Nach ein paar Wochen bekamen wir von der Backmischungsfirma eine Absage und ich war völlig entmutigt.

Ende 2003 hatten wir bereits 13 Angestellte, eine bunt zusammengewürfelte Truppe aus jungen und älteren Deutschen, Türken, Kroaten und Palästinensern. Zwischen drei neuen Verkäuferinnen und mir entstand nach kurzer Zeit eine wunderbare Freundschaft – wir waren füreinander da, was auch passieren mochte.

Alle im Team zeigten vollen Einsatz für die Bäckerei, nur Mahmut blieb ein großer Störfaktor. Auch beim Backen pfuschte er ständig herum, mit korrekten Mengen nahm er es nicht so genau. Nicht verkaufte Ware fror er einmal ohne mein Wissen ein und brachte sie dann aufgetaut in den Verkaufsraum. Er glaubte wirklich, dass mir und den Kunden das nicht auffiele.

Eines Tages lief Yilmaz vor der Bäckerei herum. Mahmut stürmte hinaus und beschimpfte ihn. In den Tagen und Wochen zuvor hatte er mich ständig dazu gedrängt, uns wieder zu dritt zu treffen, aber ich wollte nicht. Außerdem sollte Mahmut endlich begreifen, dass es uns als Ehepaar nicht mehr gab, dass wir schon so gut wie getrennt waren. Aber Mahmut wollte davon nichts wissen, durch mein ablehnendes Verhalten keimte in ihm vielmehr der Verdacht auf, dass ich mich hinter seinem Rücken mit Yilmaz getroffen hatte und wir womöglich ohne ihn Sex gehabt hatten. Dass sich Yilmaz nun vor dem Laden herumtrieb, schien seinen Verdacht zu bestätigen.

Wir hatten uns auch schon mit anderen Männern zum Kennenlernen getroffen. Manche verlangten schon bei den ersten Treffen Sex oder erklärten, nur zuschauen oder mitmachen zu wollen, wenn Mahmut und ich miteinander schliefen. Ich ekelte mich fürchterlich und schickte sie jedes Mal weg. Keiner dieser Männer war je zur Bäckerei gekommen, wenn wir den Kontakt abgebrochen hatten, aber Yilmaz schlich davor herum wie ein Schakal, der nicht von seiner Beute lassen konnte.

Um mich in meine Schranken zu verweisen, lud Mahmut im August 2004 hinter meinem Rücken meinen kleinen Bruder Levent nach Berlin ein, damit dieser sich in der Bäckerei ein bisschen Geld verdienen konnte. Mein Bruder freute sich, er hatte das Geld nötig. Mittlerweile wohnten wir in getrennten Zimmern und ich weigerte mich, Sex mit Mahmut zu haben. Durch den Besuch jedoch mussten wir etwas zusammenrücken. Mahmut hatte vor, meinem Bruder eine gute Ehe vorzuspielen, damit dieser meinen Eltern nichts Schlechtes berichten konnte. Außerdem sollte mein Bruder ein eigenes Zimmer bekommen.

Mahmut glaubte, mich unter Kontrolle zu haben, solange wir das Bett teilten. Trotzdem begann er, mich wieder mit seiner Eifersucht zu verfolgen. Einmal schleppte ich schwere Betonsäcke in unserem Schrebergarten am Rand von Berlin hin und her, den wir vor einigen Jahren gepachtet hatten. Ich verrenkte mir dabei das Kreuz und brauchte ewig für ein paar Meter. Danach konnte ich mich zwei Tage lang kaum rühren. Als Mahmut sah, dass die Säcke an einer anderen Stelle lagen als zuvor, verdächtigte er mich, mich mit mehreren Männern im Garten vergnügt zu haben. Anschließend hätten die Männer mir wohl beim Tragen der Säcke geholfen, denn das hätte ich ja unmöglich allein schaffen können. Seinen Verdacht schmückte er zu einer spekulativen Geschichte aus, die für ihn zur Wahrheit wurde, weil er selbst sie glaubte. Das Absurde daran war, dass er wusste, dass ich die 50-Kilo-Mehlsäcke, die wir im Keller lagerten, ständig allein hin und her transportierte, warum also sollte ich nicht auch Betonsäcke schleppen können?

Während seines Besuchs begleitete mich mein kleiner Bruder eines Tages zum Großmarkt. Unterwegs erzählte ich ihm, dass ich die Ehe mit Mahmut nicht mehr aushielte und so nicht weiterleben wolle. Ich machte ihn darauf aufmerksam, dass Mahmut uns selbst in diesem Moment verfolgte. Nach dem Einkauf luden wir die Waren in den Transporter und machten uns auf den Rückweg. Im Rückspiegel erkannten wir deutlich Mahmuts BMW ein paar Autos hinter uns. Als es uns irgendwie gelungen war, ihn abzuschütteln, hielt ich an und bat meinen Bruder auszusteigen, damit ich allein weiterfahren konnte, einfach nur weg.

Levent nahm ein Taxi zurück zur Bäckerei, wo er schon von einem wütenden Mahmut erwartet wurde, der brüllte: »Wo ist Buket?«

»Sie wollte einfach nur weg und hat mich in ein Taxi gesetzt.«

Mahmut geiferte vor Wut und hieb mit seinem Ellenbogen den Briefkasten im Hausflur kaputt. »Du Hund weißt genau, wo sie ist!«

»Ich habe keine Ahnung! Sie hat mir extra nichts gesagt«, giftete Levent zurück.

Am nächsten Tag reiste mein Bruder ab und flog von Hamburg zurück in die Türkei. Während seines Wortgefechts mit Mahmut kurvte ich kreuz und quer durch die Stadt und landete schließlich in Köpenick. Ich wollte nicht mehr zurück nach Hause, aber dieses Mal war ich geflohen, ohne vorher darüber nachzudenken, hatte kein Ziel vor Augen und keine Ahnung, wie es weitergehen sollte. Vermutlich würde Mahmut den Wagen wieder als gestohlen melden, also fuhr ich kurzerhand zu einem Polizeirevier, gab den Transporter und sämtliche Bankkarten ab und erzählte den Beamten von meiner Flucht. Meine Vermutung war richtig gewesen, denn meine Mitarbeiterin Monika erzählte mir später von einer absurden Aktion Mahmuts.

Dieser erschien aufgebracht im Verkaufsraum und rief: »Unser Transporter ist gestohlen worden!« Kurzerhand drückte er einer Verkäuferin das Telefon in die Hand und wies sie an, die Polizei anzurufen. Während des Gesprächs soufflierte Mahmut ihr, was sie an die Beamten weitergeben sollte. Schließlich sagte er: »Den Transporter fährt eine Frau!«

Die Mitarbeiterin war verwirrt. »Eine Frau?«

»Ja klar, Buket!«

»Aber dann ist der Wagen doch nicht gestohlen!« Sie ließ den Hörer sinken. »Weißt du was, Mahmut, erklär den Polizisten den Blödsinn doch selbst!«

Kurz darauf teilte die Polizei Mahmut mit, dass der Transporter in Köpenick abgegeben worden sei, wo eine andere Mitarbeiterin der Bäckerei wohnte. Mahmut fuhr sofort zu ihr und durchsuchte rücksichtslos ihre Wohnung, weil er mich dort vermutete – er hinterließ Angst und Chaos.

Währenddessen hatte mich die Polizei in ein Frauenhaus gebracht. Die Kinder schrieben mir Nachrichten und wollten wissen, wo ich sei, sie machten sich Sorgen. Ich vermisste sie schrecklich und hielt es ohne sie kaum aus. Die Leiterin des Frauenhauses warnte mich davor, nach Hause zurückzukehren, doch ich wollte zu meinen Töchtern. Nach ein paar Tagen gab ich mich wieder einmal geschlagen, war dabei wütend auf mich selbst und gleichzeitig voller Sorge um meine Kinder. Als ich zu Hause eintraf, öffnete Mahmut die Tür und atmete sichtlich erleichtert auf. Ich ging an ihm vorbei, ohne ihn anzusehen, und nahm dabei ganz automatisch die im Flur abgestellten Einkäufe aus dem Großmarkt mit, die Mahmut und die Kinder dort tagelang hatten stehen lassen.

Kaum zu Hause, funktionierte ich wieder wie ein Roboter und machte mich dadurch zum Sklaven meiner eigenen Familie – ich wusste nicht, wie es weitergehen sollte. Oft fuhr ich wie früher schon stundenlang mit dem Auto umher, auch nachts. Einmal stand ich am Wannsee und sah auf das Wasser hinaus. Ein Polizeiauto hielt neben mir an und die Beamten leuchteten mir mit einer grellen Taschenlampe ins Gesicht.

»He! Ich kann nichts mehr sehen!«, beschwerte ich mich.

»Das müssen Sie auch nicht. Hauptsache, wir können Sie sehen!«, antwortete eine tiefe Stimme aus der Dunkelheit. Argwöhnisch wurde ich beäugt. »Was treiben Sie denn hier zu so später Stunde?«

»Gar nichts«, antwortete ich und schirmte meine Augen gegen das gleißende Licht ab. »Ich stehe hier nur und gucke. Diese Stelle erinnert mich an den Bosporus.«

22. Kapitel

Noch im selben Monat erlebte ich meinen schlimmsten Tiefpunkt überhaupt. Mahmut stimmte einer Trennung weiterhin nicht zu, sondern drohte mir offen mit Gewalt. Ich wollte dieses Leben nicht mehr, sah jedoch keinen Ausweg und sehnte mich nur noch nach Ruhe. Jeden Tag arbeitete ich bis zur Erschöpfung und zum Dank wurde ich missbraucht und gedemütigt. Ich wollte endlich frei über mein Leben entscheiden können, aber für eine weitere Flucht fehlte mir die Kraft. Die Angst vor Mahmuts Verfolgung war zu groß. Ich sehnte mich nach Ruhe, einfach nur nach Ruhe – nach Grabesruhe. So stark, wie in jungen Jahren meine Lebenslust gewesen war, so stark war nun meine Todessehnsucht. Ich kam auf die Idee, mich mit den Seilen, die wir im Haus hatten, umzubringen. Dazu sah ich mir Videos im Internet an, wie man ein Seil am besten knüpfte und band. Mein Tod schien mir die einzige Lösung zu sein, denn lebend würde mich Mahmut nie in Ruhe lassen – ich wollte einfach nur meinen Frieden haben. Außerdem quälte mich die Scham, so eine Schlampe geworden zu sein. Nie wieder würde ich meiner Familie in die Augen blicken können, sollte sie je von meinem Lebenswandel erfahren.

Ich fuhr in unseren Schrebergarten und setzte Schritt für Schritt mechanisch meinen Plan um, ohne einen Moment innezuhalten und nachzudenken. Im Schuppen gab es einen Querbalken, über den ich das Seil warf und unter dem ich einen Stuhl platzierte. Dann stellte ich mich auf den Stuhl, legte mir das Seil um den Hals und dachte: Jetzt gehst du einfach! Voller Bedauern dachte ich an meine Lieben, an meine Kinder, die ich nun nie mehr sehen würde, und stieß den Stuhl weg. Im letzten Moment klammerte ich mich mit beiden Händen an den Querbalken. Da hing ich nun und wusste auf einmal, dass ich wohl doch nicht sterben wollte. Mit den Füßen versuchte ich, einen kleinen Kühlschrank in der Nähe zu erreichen, was mir nach ein paar anstrengenden Versuchen auch gelang. Als ich wieder sicher stand, löste ich mit tauben Händen das Seil und heulte anschließend stundenlang. Ich konnte nicht aufhören zu zittern und fühlte mich mutterseelenallein – keiner hatte etwas bemerkt, keiner war da. Das Leben ging seinen gewohnten Gang weiter, nur für mich war im Angesicht des Todes für einen Moment die Zeit stehen geblieben. Mein Hals war angeschwollen und aufgeschürft.

Zitternd und heulend fuhr ich nach Hause, zeigte Mahmut meinen Hals und schrie ihn an: »Ich wollte mich im Schrebergarten umbringen, weil ich dieses Leben nicht mehr aushalte! Ich will, dass wir uns trennen, bitte!«

Mahmut war ernsthaft erschüttert und ergriff meinen Arm. »Aber Buket, ohne dich können ich und die Kinder nicht leben! Geh mal lieber zum Arzt.«

»Nein!« Ich riss mich von ihm los. »Ich will, dass du endlich gehst. Ich will dich nicht mehr in meinem Leben haben! Ich war immer ein lebenslustiger Mensch – sieh nur, was du aus mir gemacht hast. Ich bin ein Wrack, du hast mich zerstört!«

Von nun an ließ Mahmut mich nicht mehr aus den Augen. Er riss sogar den Vorhang auf, wenn ich duschte, und rief: »Was machst du da?«

Räume, in denen ich mich aufhielt, durfte ich nicht mehr abschließen. Ich weiß nicht, ob er ernsthaft Sorge um mein Leben hatte, Angst davor, die Arbeit allein bewerkstelligen zu müssen, oder ob seine Eifersucht auf andere Männer neu aufkeimte. In meiner Wut und Verzweiflung empfand ich sein Verhalten als Kontrollsucht, die mich noch mehr einengte und erstickte.

Ich war über mich selbst entsetzt, dass ich so weit gegangen war, dass ich tatsächlich nicht mehr hatte leben wollen. Letztendlich war dieser Kühlschrank meine Rettung gewesen. Wie immer konnte Mahmut nicht verstehen, warum es mir so schlecht ging. Wir hatten doch ein Haus, ein Auto und genug Geld. Aber wofür sollte ich all diese Dinge nutzen? Damit Mahmut zufrieden war!

Er sagte immer wieder: »Ich bin so traurig, Buket. Was würde ich nur ohne dich machen?«

Ich ging nicht zum Arzt, denn der konnte meine Probleme schließlich auch nicht lösen. Ich fühlte mich wie eine Idiotin und hoffte einfach nur, dass Mahmut nach meinem Selbstmordversuch endlich verstanden hatte, wie sehr ich mich nach einer Trennung sehnte, und mich gehen ließ. Wie sollte ich ihn denn noch von meinem Elend überzeugen? Mein Elend war allerdings nicht das seine – ihm ging es ja gut und seinem Wohlbefinden hatte sich alles andere unterzuordnen. Also änderte sich wiederum nichts. Ich arbeitete einfach weiter wie bisher, mit einem Dutzend Mitarbeitern, für die ich mich schließlich verantwortlich fühlte. Ich konnte mir keine Schwäche erlauben.

Ständig rannte ich im Haus zwischen der Bäckerei und unserem Büro hoch und runter, durfte mir nicht erlauben, krank zu werden, und arbeitete sogar auf Krücken, als ich mir einmal den Knöchel verstauchte. Mahmut hingegen verschlief weiterhin seine Schichten und behandelte unsere Mitarbeiter schlecht. Diese durften hinter ihm herräumen und den Dreck entfernen, den er hinterlassen hatte. Bis drei Uhr in der Früh putzte ich manches Mal die Backstube, um fünf musste ich schon wieder im Verkaufsraum sein. Vor Gericht gab Mahmut später an, ich hätte lediglich im Verkauf gearbeitet und ein bisschen Papierkram erledigt.

Der Selbstmordversuch veränderte mich. Wie ein Samenkorn hatte sich die Möglichkeit, einfach zu sterben, in meinem Kopf eingepflanzt. Die Saat war gekeimt und begleitete mich nun in meinen Gedanken und Träumen – dieser Weg stand mir weiterhin offen. Dabei wusste ich, was für ein Schlag mein Tod für meine Kinder und meine Eltern gewesen wäre. Und ich fragte mich immer wieder, warum ich damals im Schrebergarten im letzten Moment das Leben gewählt hatte.

Mahmut beschnitt mich immer mehr in meiner ohnehin schon eingeschränkten Freiheit. Allein durfte ich nirgendwohin, er fragte Mitarbeiter aus, mit welchem unserer Kunden ich länger sprach als mit anderen – Eifersucht und Sorge bildeten ein explosives Gemisch. Eines Tages brachte ich die Kinder mit dem Auto nach Hause. Ich bat sie, vor dem Haus auszusteigen, und gab vor, einen Parkplatz zu suchen. Tatsächlich wollte ich erneut einen Fluchtversuch starten. Als die Kinder ohne mich die Wohnung betraten, fragte Mahmut sofort aggressiv, wo ich sei. Sie verstanden den Aufruhr gar nicht, aber Mahmut schnappte sich Ceylin und zerrte sie zum Transporter. Ich war inzwischen auf dem Weg zu einer Polizeistation, um dort um Hilfe zu bitten!

Kurz bevor ich das Polizeirevier erreichte, schnitt mir plötzlich unser Transporter den Weg ab – ich war geschockt. Mahmut sprang aus dem Wagen, hieb mit der Faust auf das Autodach ein, wo er eine große Beule hinterließ, und brüllte: »Wo willst du hin?«

Was für eine Aggression, was für ein Feuer in seinen Augen! Wenn er sich so verhielt, ahnte ich, wozu er fähig war. Ich zitterte und stotterte: »Ich wollte nur ein wenig herumfahren. Mir wächst der Alltag über den Kopf.«

»Steig in den Transporter und fahr zurück!«, befahl er mir und knirschte dabei vor Wut mit den Zähnen. Er seinerseits setzte sich im BMW hinter das Steuer und verfolgte mich auf dem Weg nach Hause. Dort gab es einen Riesenstreit – wie dutzendmal am Tag in der Zeit nach dem Selbstmordversuch. Mich ließ ein Gedanke nicht los: Warum hatte er Ceylin mitgenommen? Sollte sie Zeugin sein oder hätte er ihr zur Not auch Gewalt angetan, um mich zu erpressen und somit als liebende Mutter an meiner empfindlichsten Stelle zu treffen?

Ein anderes Mal kam ein Versicherungsvertreter zu uns. Kurz vorher hatte es wieder einen schlimmen Streit gegeben und ich hatte Mahmut geschlagen. Die Kinder waren wie so oft in solchen Fällen in ihre Wohnung geflüchtet. Für sie hatte es den Anschein, als sei ich diejenige, von der der Streit ausging, denn ich war aggressiv, beschimpfte Mahmut und schlug in blinder Wut zu. Meine Kinder hatte ich streng zu Anstand und guten Sitten erzogen und nun sahen sie mich ständig toben. Als mich Mahmut im Laufe dieses Streites schubste, riss ich ihm sein Shirt kaputt. In genau diesem Moment klingelte der Versicherungsvertreter. Mahmut ging in seinem zerrissenen Shirt zur Haustür und mimte mitleidheischend den armen, geprügelten Ehemann, der doch alles tat, um seine Frau glücklich zu machen – aber nie war es ihr genug. Ich musste mich sehr beherrschen, um mich nicht direkt wieder auf ihn zu stürzen. Sein Lieblingsspruch in dieser Zeit war: »Du bist zwar klug, Buket, aber ich bin ein Fuchs!«

Er verstand es hervorragend, die Leute zu manipulieren und ihnen seine Sicht der Dinge glaubhaft zu machen. Es muss ihn jedes Mal viel Kraft gekostet haben, mich nicht vor Zeugen zu schlagen. So konnte er allen vorgaukeln, das Opfer zu sein. Ich hingegen ließ mich in wilder Raserei gehen, bis die Leute ein schlechtes Bild von mir bekamen – selbst meine eigenen Kinder.

Ständig riefen zu dieser Zeit meine Eltern an. Wieder erzählte ich ihnen nicht, wie es wirklich in mir aussah, mir fehlte einfach die Kraft dazu. Zudem bemerkte ich, wie meine Töchter auf die schiefe Bahn gerieten, sie wurden langsam zu richtigen Straßenkindern und gingen kaum noch zur Schule. Sie hatten Angst davor, vom Direktor aus dem Unterricht gerufen zu werden, weil ihre Mutter wieder versucht hatte, sich umzubringen. Mein Selbstmordversuch hatte die beiden schwer mitgenommen. Mahmut hatte ihnen erklärt, wie es zu den Wunden an meinem Hals gekommen war, aber sie verstanden meine Verzweiflung genauso wenig wie ihr Vater. In ihren Augen hatte ich in erster Linie ein psychisches Problem, das ein Arzt vielleicht würde heilen können.

Sie kifften, um den häuslichen Stress nicht so sehr an sich heranzulassen. Ich hatte furchtbare Angst um die Zukunft meiner Kinder. Die Erkenntnis, keinen Einfluss mehr auf sie ausüben zu können, war entsetzlich und das Wissen, als Mutter versagt zu haben, wie ein Schlag ins Gesicht. Ich fürchtete mich davor, sie irgendwann verlottert an einer Straßenecke vorzufinden. Das Schlimmste aber war: Ich hatte resigniert. Es brach mir das Herz, doch ich kam nicht mehr an meine Kinder heran und gab jeden dahin gehenden Versuch auf, so wie sie es aufgegeben hatten, mich verstehen zu wollen. Sie waren mein letzter Anker in diesem Leben gewesen. Mit 15 und 16 Jahren waren sie nun vielleicht alt genug, um zu verkraften, was auch immer in unserer Familie passieren würde.

Seit meinem kurzen Aufenthalt im Frauenhaus trug ich immer eine Packung Schlaftabletten in meiner Handtasche mit mir herum. Nach einem weiteren Streit mit Mahmut sagte ich mir: »Schluck jetzt einfach die Tabletten, die ganze Packung wird schon reichen – dann schläfst du ein und alles ist vorbei.«

Ich nahm ein Foto meiner Töchter zur Hand, entschuldigte mich bei meinen Mädchen und schluckte die Tabletten. Danach dämmerte ich weg, riss aber immer wieder die Augen auf, weil ich mir meine Kinder auf dem Bild ansehen wollte. Während ich so mit mir kämpfte, kam Mahmut ins Zimmer und fragte, ob es mir nicht gut gehe.

Ich murmelte: »Lass mich einfach in Ruhe, ich will schlafen.«

Er bemerkte, dass etwas nicht stimmte, riss mich vom Bett hoch, verfrachtete mich ins Auto und raste zum Krankenhaus. Wie durch Watte hindurch hörte ich ihn brüllen: »Meine Frau! Rettet meine Frau!«

Ich hielt mich an einer geöffneten Tür fest, um ihn am Rennen zu hindern, und nuschelte Mahmut verzweifelt zu: »Jetzt ist der Zeitpunkt, dich endlich um die Kinder zu kümmern. Sie sind das Wichtigste! Erfülle mir diesen einen letzten Wunsch und lass mich in Ruhe.«

Als ich aufwachte, lag ich allein in einem Raum und dachte, ich sei gestorben. Ich glaubte wirklich, Mahmut los zu sein. Erneut dämmerte ich weg, und als ich wieder erwachte, sah ich, dass ich an Schläuchen hing und eine meiner Mitarbeiterinnen, mit der ich befreundet war, neben meinem Bett saß. Sie streichelte mich wortlos und da wusste ich, dass alles beim Alten war. Der Arzt bat mich um meine Einwilligung, dass Mahmut mich besuchen durfte. Ich widersetzte mich nicht, ich hatte keine Kraft dazu.

Mahmut kam mit den Kindern. Die beiden waren völlig verstört, sie schluchzten haltlos, zitterten am ganzen Körper und brachten kein Wort heraus. Es tat mir im Herzen weh, sie so zu sehen. Mahmut wollte meine Hand halten, doch ich entriss sie ihm – ich war einfach nur entsetzt, dass ich ihn nun wieder würde ertragen müssen. Da halfen keine beschwichtigenden Worte, ohnehin verstand keiner den anderen.

Obwohl mich die Ärzte noch dabehalten wollten, verlangte ich, das Krankenhaus bald wieder zu verlassen, denn Mahmut stellte in der Bäckerei schon wieder so viel Unsinn an, dass es nicht auszuhalten war. Jeden Tag berichteten mir meine Mitarbeiter, die mich am Krankenbett besuchten, von neuem Ärger. Mahmut konnte einfach keine durchdachten Entscheidungen treffen, sondern richtete mit seinen spontanen Einfällen nur Schaden an, wenn er zum Beispiel Mengenverhältnisse nicht beachtete, um Zutaten zu sparen. Wenn ich es schon nicht schaffte, mich umzubringen, musste ich wenigstens die Bäckerei erhalten. Ich kam zurück in den alten Trott, zu den alten Streitereien und zu unerträglich viel Arbeit, aber Stück für Stück wurde ich gleichgültiger. Wenn die Bäckerei vor die Hunde ging, konnte ich auch nichts machen, ebenso wenig wie ich meine Kinder retten konnte. Trotzdem ließ ich sie aus dem Dachgeschoss in Mahmuts und meine Wohnung umziehen, um wenigstens kontrollieren zu können, ob sie zur Schule gingen.

Mahmut muss meine Gleichgültigkeit gespürt haben. Nach meinem zweiten Selbstmordversuch nahm er meine Trennungsabsichten plötzlich ernst und fühlte sich auf einmal in seiner Ehre gekränkt. Eines Nachts im Oktober wachte ich auf, weil mir die Decke aufs Gesicht gedrückt wurde. Mahmut war über mir und versuchte, mich zu ersticken. Ich wehrte mich nach Leibeskräften, schaffte es, die Decke wegzuschlagen, und sah, dass er eine Pistole in der Hand hielt. Diese drückte er mir an die Schläfe. Ich ließ mich aus dem Bett fallen und schrie, während er erneut die Decke über mich warf – es war ein Kampf auf Leben und Tod.

Ceylin hatte meine Schreie gehört und kam ins Zimmer gerannt. Voller Panik, dass Mahmut mich vor ihr erschießen würde, schrie ich: »Siehst du, Ceylin, jetzt will er mich schon umbringen!« Ich stieß ihn von mir, zerbrach dabei seine Brille und rannte ins Wohnzimmer.

Mahmut begann sofort, auf Ceylin einzureden: »Keine Angst, Ayse, ich bin einfach ausgerastet! Das war ein Fehler, ich weiß, aber deine Mutter treibt mich in den Wahnsinn. Jetzt ist alles wieder gut.«

Die Pistole ließ er unter einem Kissen verschwinden, damit Ceylin sie nicht mehr sah. Auch ich wollte, dass sich mein Kind beruhigte, holte deshalb später die Waffe aus dem Versteck hervor und schloss sie im Tresor ein. Den Schlüssel behielt ich. Monate vorher hatte Mahmut mich im Spaß dazu aufgefordert, mit ihm zu kämpfen, und mich spielerisch angegriffen. Als ich mich wehrte, stellte er erstaunt fest, was für kräftige Beine ich besaß. Nun wusste ich, welchen Zweck dieses Kräftemessen gehabt hatte.

Am nächsten Tag traf ich meine Mitarbeiterin Monika in einem Café und erzählte ihr von dem nächtlichen Mordversuch. Durch die großen Fenster sahen wir Mahmut draußen auf und ab fahren. Zu Hause versuchte ich, mit ihm zu reden: »Begreif endlich, dass unsere Ehe am Ende ist! Ich bin nach deinem Angriff nicht zur Polizei gegangen, werte das doch als guten Willen und lass mich gehen!«

Von da an schlief ich nur noch in unserem Gästezimmer, sofern ich überhaupt ein Auge zubekam. Etliche Wochen vergingen, in denen Mahmut beteuerte, er habe mir nur Angst einjagen wollen, damit ich ihn nicht verlasse. Ich glaubte ihm kein Wort und war ständig vor ihm auf der Hut. Währenddessen wurde ich vollkommen vom Weihnachts- und Silvestergeschäft vereinnahmt – Arbeit war meine Art, die ausweglose Situation zu verdrängen.

Eines Tages ging ich mit den Kindern Armbanduhren kaufen. Wir waren länger unterwegs als gedacht und Mahmut erwartete uns völlig aufgelöst.

Am nächsten Morgen fragte mich eine Kundin, ob alles in Ordnung sei. »Ich habe beobachtet, wie junge türkische Männer vor Ihrem Haus herumlungerten, die irgendwie aufgeregt wirkten«, berichtete sie, »und mich gefragt, ob sie vielleicht bei Ihnen einbrechen wollten.«

Aufgrund der späteren Ereignisse vermute ich, dass Mahmut schon damals einen Überfall auf mich geplant hatte, den unsere Verspätung vereitelte.

Er war regelrecht besessen davon, mich unter Kontrolle zu halten, überprüfte mein Handy und fand heraus, mit wem ich die meisten SMS austauschte. Mithilfe meines Handys tat er so, als hätte ich Sehnsucht nach Yilmaz, und fädelte ein Treffen mit ihm vor der Bäckerei ein. Seit etlichen Monaten hatte ich keinen Kontakt mehr zu ihm gehabt, aber das tat Mahmuts Meinung nach offenbar nichts zur Sache. An besagtem Tag lungerte Mahmut nervös vor der Bäckerei herum, worüber die Angestellten und ich uns wunderten, bis Yilmaz auftauchte und vor der Bäckerei hin und her zu schlendern begann. Ab da war für Mahmut klar, wer mein geheimer Geliebter gewesen war. Mahmut brüllte herum und vertrieb Yilmaz. Am Abend gab es deswegen einen ungeheuren Streit zwischen uns. Er beschimpfte und bedrohte mich, achtete allerdings darauf, dass unsere Töchter das nicht mitbekamen. Vor ihnen tat er so, als bemühe er sich, mir gerecht zu werden, und betonte: »Ich tue alles, was eure Mutter will. Sie möchte die Scheidung, nicht ich. Ich wünsche mir, dass wir als Familie zusammenbleiben!«

»Was für eine Familie denn?«, schrie ich in Rage. »Was interessieren dich deine Töchter? Was weißt du überhaupt von ihnen?«

Mahmut gab sich geknickt, um das Mitleid der Mädchen zu erregen. »Ihr seid mir doch alle wichtig, wir gehören schließlich zusammen!«

Voller Abscheu betrachtete ich seine hochgezogenen Schultern und seinen heuchlerischen Hundeblick. »Nichts und niemand ist dir wichtig außer dir selbst!«

Krachend schlug ich die Tür hinter mir zu und hörte Ceylin und Sevil aufgeregt durcheinanderreden.

Endlich war das Silvestergeschäft mit über 130 Bestellungen und 7 000 verkauften Pfannkuchen über die Bühne gegangen. Dieses Jahr waren meine Eltern nicht da, um beim Aufräumen zu helfen; in der Bäckerei sah es aus wie nach einem Krieg. Ich saß allein in der Küche mit einem Pott Kaffee vor mir und sammelte Kräfte für die tagelangen Aufräumarbeiten. Mahmut kam herein und lief demonstrativ vor mir auf und ab, hinten in seinem Gürtel steckte die Pistole.

»Ich habe keine Angst vor deiner Pistole«, sagte ich vorgeblich unbeeindruckt. »Mein Vater ist Polizist, ich bin mit Maschinengewehren aufgewachsen.«

Daraufhin ging Mahmut in den alten Bunker, der sich innerhalb unseres Kellers befand, und ich zuckte zusammen, als ich zwei Schüsse knallen hörte – offenbar wollte er mir seine Macht demonstrieren.

23. Kapitel

Im März 2005 ereignete sich der schrecklichste Tag meines Lebens.

Als ich gegen Mittag mit meiner Verkaufsschicht in der Bäckerei fertig war, erledigte ich in einem Nebenraum noch ein paar Bankangelegenheiten, dann fuhr ich zum Großmarkt, um einzukaufen. Am späten Abend kam ich zurück und schlief prompt auf der Couch ein. Irgendwann weckte Mahmut mich, damit ich ins Bett ginge.

Am frühen Morgen des folgenden Tages wurde ich wach, weil jemand mit seinem ganzen Gewicht von oben auf meine Schultern drückte. Ich lag wie immer auf dem Bauch und versuchte entsetzt, mich umzudrehen, um zu sehen, wer mich festhielt; dabei kämpfte ich gegen den festen Griff verbissen an, um mich zu befreien. Als ich den Kopf drehte, erkannte ich zwei fremde Männer, gegen die ich allerdings nicht ankam. Erschöpft hörte ich auf, mich zu wehren, und sie drehten mich herum. Mein Atem stockte und ich wimmerte vor Angst. Einer von ihnen trug eine schwarze Mütze, beide hatten verhüllte Gesichter. Wieder begann ich, mich wie ein Tier zu wehren; sie hatten Schwierigkeiten, mich festzuhalten, und versuchten brutal, mir etwas in den Mund zu stopfen. Fest drückte ich meine

Zunge gegen den Gaumen, um sie daran zu hindern – ich geriet in Panik und befürchtete zu ersticken.

Beim dritten Versuch schafften sie es, mir etwas in den Rachen zu schieben, und gingen dabei mit so roher Gewalt vor, dass mir die Oberlippe und mein Zungenbändchen einrissen. Unbeholfen versuchten sie, mich zu fesseln, doch es funktionierte offenbar nicht so, wie sie wollten. Sie besprachen sich, wobei ich den Namen des einen Mannes verstand. Während sie auf mir knieten, hielten sie meine Hände fest und einer der beiden riss die Nachttischlampe an sich und band meine Beine mit dem Kabel zusammen. Da sah ich zu meinen Füßen Mahmut, der meine Beine festhielt, damit sie mich fesseln konnten. Die Männer versuchten, meinen gesamten Körper mit Paketband zu umwickeln, aber es funktionierte nicht. Sie verständigten sich auf Türkisch, dass sie anders vorgehen müssten, woraufhin Mahmut aufstand und aus dem Zimmer ging. Das Stück Stoff in meinem Mund war inzwischen aufgrund des Speichels etwas kleiner geworden und ich versuchte, es mit der Zunge zu verschieben. Das gelang mir so weit, dass ich gedämpft unartikulierte Wörter aussprechen konnte.

»Warum?« Verzweifelt starrte ich einem der Männer ins Gesicht.

»Weil du fremdgegangen bist. Wenn du dich nicht wehrst, passiert dir nichts.«

»Gehen! Kinder! Was … ihr … macht … Hölle!«

Was ich sagte, war ihnen ganz egal. Mahmut kam mit dem Isolierband zurück, das wir zusammen gekauft hatten – ich hatte ihn damals sogar gefragt, wozu er das brauche. Angeblich wollte er im Keller etwas damit isolieren, allerdings hatte er sich nie zuvor um Reparaturen gekümmert. Zu dritt umwickelten sie mich wie eine Mumie, stülpten mir einen Kissenbezug über den Kopf und umwickelten selbst diesen mit dem Band. Wie ein Teppich wurde ich zusammengerollt. Ich hatte längst aufgehört, mich zu wehren, weil ich keine Kraft mehr besaß, außerdem bekam ich kaum noch Luft und der Knebel verursachte mir einen Würgereiz – ich geriet in Panik. Die Männer besprachen sich und befanden, dass ich nun ausreichend gefesselt und geknebelt sei, und einer warf mich wie einen Sack über die Schulter.

Ich dachte bei mir: Okay, jetzt wirst du getötet. Was du selbst zweimal nicht geschafft hast und was Mahmut auch nicht gelungen ist, übernehmen jetzt eben andere.

Ich hatte mich aufgegeben, sah keine Chance mehr zu entkommen. Als meine Füße gegen die Brandschutztür stießen, erkannte ich diese am Geräusch – sie brachten mich in unseren Keller. Die Tür zum Bunker gab ihr vertrautes Quietschen von sich und nun wusste ich, dass ich mich unterhalb des Gartens befand. Hier würde mich keiner finden und niemand würde meine Schreie hören. Meine Peiniger ließen mich auf eine Unterlage fallen und ich wurde ohnmächtig.

Als ich wieder aufwachte, sah ich nichts und mir war unendlich kalt. Es war Anfang März und ich lag im Schlafanzug im Keller. Ich schlotterte am ganzen Leib vor Angst und Kälte. Bei dem Versuch, mich in dem engen Raum ein wenig hin und her zu rollen, schrammte ich mein Bein an der Wand auf. Hektisch versuchte ich dennoch weiterhin, irgendwie durch Bewegungen die Verschnürung zu lockern und Luft zu bekommen.

Die Tür ging auf. Eine Stimme sagte: »Hast du noch mehr Geld oben?«

»Kasse … Tisch«, würgte ich dumpf hervor.

»Das reicht nicht! Wenn du uns noch mehr Geld gibst, lassen wir dich frei.«

Ich sagte den Männern nichts von dem Geld im Tresor. Selbst in dieser Situation dachte ich an meine Kinder, denn dieses Geld sollte für sie sein, nicht für diese Halsabschneider. Freigelassen hätten sie mich anschließend vermutlich ohnehin nicht. Wie mir später berichtet wurde, holte Mahmut in der Zwischenzeit eine Mitarbeiterin zur Frühschicht ab. Er erzählte ihr, ich sei schon wieder von zu Hause abgehauen, mein Verschwinden machte also niemanden misstrauisch.

Mehrfach verlor ich das Bewusstsein, bis irgendwann wieder die Tür aufging. Mahmut kam herein und überprüfte, ob ich noch atmete. Er hielt mir die Pistole vor das Gesicht und zischte: »Bald ist es vorbei!« Dann verschwand er wieder.

Von da an wartete ich darauf, dass er kommen und mich töten würde. Ich glaubte nicht daran, mich selbst befreien zu können. Verzweifelt versuchte ich dennoch, mit zwei Fingern der Hand, die nahe meinem Gesicht unter dem Isolierband steckte, meinen Mund freizubekommen, um besser atmen zu können. Voller Trauer dachte ich an meine Kinder, meine Eltern und Brüder, die ich wohl nie wiedersehen würde. Endlich schaffte ich es, den Stoff über meinen Augen hochzuschieben, und konnte ein wenig sehen. Die Tür zu meiner Zelle stand offen. Ich rutschte mit dem Hintern hin und her, wobei sich die Bandage aus Isolierband lockerte und schließlich mit der Schlafanzughose ein Stück herunterrutschte. Schlagartig erwachte mein Lebenswille wieder und verzweifelt klammerte ich mich an die Hoffnung, lebend hier herauszukommen.

Ich wagte es, aus der Tür zu wanken. Meine Arme waren noch mit Kabeln und Isolierband verschnürt, nur meine Unterschenkel konnte ich etwas bewegen. Hinter mir schleiften Teile meiner Bandage und meine Schlafanzughose auf dem Boden. In jeder dunklen Ecke vermutete ich Mahmut und rechnete mit einem schnellen Tod. Durchs Kellerfenster sah ich Tageslicht, das trieb mich an, meine Anstrengungen zu verdoppeln. Ich schlurfte direkt in den Laden hinein und stellte mich zu den Kunden, um bei ihnen Schutz zu suchen – ich war tatsächlich gerettet!

Die Verkäuferinnen unterbrachen ihre Kundengespräche und schauten mich verdutzt an.

»Mahmut war das! Ruft die Polizei!«, lallte ich.

Alle waren völlig verstört. Eine Verkäuferin ergriff das Telefon, aber ihre Hände zitterten derart, dass sie nicht wählen konnte und eine andere Kollegin es ihr abnehmen musste. Plötzlich sah ich Mahmut in der Backstube hinter dem Verkaufsraum und bekam furchtbare Angst, dass er mich doch noch erschießen würde. Vorsichtig kam er Stück für Stück näher und flehte die Verkäuferin an, nicht die Polizei zu rufen, diese jedoch nahm all ihren Mut zusammen und wählte mit kalkweißem Gesicht die 110. Als Mahmut das sah, stürmte er aus dem Haus.

Später gab er zu, dass er mich in diesem Moment vor den Kunden hatte erschießen wollen. Im Laden ging es nun zu wie in einem Hühnerstall, Verkäuferinnen und Kunden waren in heller Aufregung, alle redeten wild durcheinander, versuchten, mich vom Rest meiner Fesseln zu befreien, und nahmen mir den Knebel aus dem Mund. Ich war außer mir vor Angst, weil ich glaubte, dass Mahmut die Kinder umbringen würde. Polizei- und Feuerwehrautos rauschten heran, und als ein Polizist mich sah, konnte er es nicht fassen, wie Mahmut mir das hatte antun können.

Ich schrie nur: »Die Kinder! Sie müssen die Kinder retten!«

Die Polizisten rannten nach oben zur Wohnung, hämmerten gegen die Tür und traten sie dann kurzerhand ein. Ceylin, die die Tür gerade völlig verschlafen hatte öffnen wollen, bekam sie nun fast gegen den Kopf. Dass die Polizisten die Wohnung stürmten, hinterließ einen tiefen Schock bei meinen Töchtern – Mahmut allerdings war nicht auffindbar.

Ich kam ins Krankenhaus und ließ die Bäckerei, das Personal und meine Kinder im Chaos zurück. Tränen liefen mir die Wangen hinunter, ohne dass ich es bemerkte – ich stand unter Schock. Meine Füße waren blau angelaufen, ein Knie war wund geschürft. In meiner Schulter, die auch nach Wochen noch ständig schmerzte, war eine Sehne überdehnt, aber ich konnte nicht beweisen, dass diese Verletzung vom Überfall herrührte. Bis heute kann ich die Schulter nicht belasten.

Ich blieb nur ein paar Stunden im Krankenhaus, denn ich wollte zurück in die Bäckerei und zu meinen Kindern. Als ich dort ankam, stellte die Spurensicherung gerade das Haus auf den Kopf. Es wurde eine Fahndung nach Mahmut herausgegeben. Die Kinder waren völlig durcheinander und verstanden nicht, was vorgefallen war; sie bemerkten zwar mein Zittern und die Abschürfungen auf meiner Haut, aber meine Todesangst und die Misshandlungen, die ich erfahren hatte, konnte ich ihnen nicht begreiflich machen. Sie warfen mir später oftmals vor, ich hätte überreagiert, um Mahmut zu schaden.

Die Polizeibeamten blieben eine Zeit lang bei mir und legten mir nahe, mit den Kindern in ein Frauenhaus zu gehen – das tat ich schließlich auch. Sevil und Ceylin, die den Ernst der Lage nicht begriffen, maulten dort nur herum. Sie hatten per SMS Kontakt zu ihrem Vater und beklagten sich über Langeweile. Ich ließ sie ein bisschen bummeln gehen und erfuhr danach, dass sie sich mit ihrem Vater getroffen hatten. Er hatte angeblich eine Nacht auf einem Friedhof verbracht und sich dort bis zu dem Treffen mit den Kindern versteckt. Den Mädchen erzählte er, er sei voller Reue und habe sich sogar umbringen wollen, aber aus Liebe zu ihnen habe er es einfach nicht übers Herz gebracht.

Ceylin und Sevil versuchten, ihn davon zu überzeugen, sich zu stellen – was Mahmut tatsächlich tat. Die Rolle des Verfolgten bereitete ihm offenbar zu viel Stress. Als er in U-Haft kam, informierte mich die Polizei und ich kehrte mit den Kindern in unser Haus zurück. Jahre später erfuhr ich, dass er vor dem Überfall eine Wohnung als Versteck angemietet hatte, alle Details waren schon lange geplant gewesen.

Als die Polizei noch auf der Suche nach Mahmut gewesen war, hatten sie Mahmuts Auto in der Straße gefunden, in der wir vor Jahren gewohnt hatten – das war schon ein merkwürdiger Zufall. Ich vermute, dass sein junger türkischer Kollege, der mit dem Rottweiler, die Männer für den Überfall angeheuert hatte und ihm danach nichts Besseres eingefallen war, als das Fluchtauto dort abzustellen, wo er uns so viele Male besucht hatte. Wochen später fand ich fremde Handschuhe in meinem Schrank – vermutlich hatten die Täter sie liegen gelassen und Mahmut hatte diese Beweisstücke erst einmal in den Schrank gestopft. Ich lieferte sie umgehend bei der Polizei ab, aber bis heute sind die beiden Mittäter nicht ermittelt worden. Sie waren offenbar für 5 000 Euro bereit gewesen, mich zu überfallen und meinen Tod in Kauf zu nehmen, und sie laufen weiterhin frei herum.

Mahmuts Mutter war fassungslos über das, was er mir angetan hatte. Sie raufte sich die Haare und jammerte: »Es wäre besser, er wäre nie geboren worden! Aber was soll ich machen, er ist nun mal mein Kind.«

Ich versuchte, irgendwie weiterzuleben – was blieb mir anderes übrig? Mahmuts Schwager kam, um in der Bäckerei die Geschäfte zu übernehmen, er war von ihm dazu beauftragt worden. Das Geschäft lief offiziell auf Mahmuts Namen, ich hatte mich bei der Gründung aus Selbstschutz darauf eingelassen, weil ich nicht in eventuelle krumme Angelegenheiten hineingezogen werden wollte, für die ich hätte geradestehen müssen. Jetzt hatte ich das Nachsehen, denn ich besaß keinerlei Entscheidungsgewalt über mein eigenes Unternehmen.

Mahmuts Schwager entschuldigte sich für dessen Tat und nahm die Geschäfte in die Hand. Er war eigentlich kein Geschäftsmann, witterte in diesem Arrangement jedoch Vorteile für sich, schließlich hatte er alle Vollmachten. Später erfuhr ich, dass Mahmut Wochen vor dem Überfall ohne mein Wissen unser gesamtes erspartes Geld von dem gemeinsamen Konto auf sein Privatkonto übertragen hatte. Wieder einmal hatte er meine Unterschrift gefälscht und bis auf ein wenig Geld auf meinem eigenen Konto war mir nichts geblieben.

Nach wenigen Tagen kam Mahmut aus dem Gefängnis. Die Polizei rief mich an und teilte mir mit, dass er die Auflage bekommen habe, nicht mit mir in Kontakt zu treten oder sich mir zu nähern. Er müsse mich in Ruhe lassen und dürfe sich ausschließlich um das Geschäft kümmern, für das er ja die Verantwortung habe.

Ich war verzweifelt und verstand die Welt nicht mehr – dieser Mann hatte mich töten wollen und musste keine Haftstrafe antreten, weil er Geschäftsführer der Bäckerei war und die Angestellten nicht durch Arbeitslosigkeit mit bestraft werden sollten. Dabei war tatsächlich ich diejenige, die den Laden führte! Wie sollte ich oben im Haus wohnen, während er unten in der Bäckerei arbeitete? Das würde ich nicht aushalten. Die Kinder weigerten sich, mit mir zurück ins Frauenhaus zu gehen, sie packten meine Sachen aus dem Kleiderschrank im Schlafzimmer in einen Koffer, weil ich den Raum nicht mehr betreten konnte, und Sevil legte einen Brief dazu.

»Ich werde dich immer lieben! Du bist immer in meinem Herzen! *Bunu hic unutma! Vergiss das nie!* WIR LIEBEN DICH! Du bist die stärkste Person, die ich je getroffen habe! Respekt! Wir wollen dich niemals verlieren! Das weißt du! Mach dir nicht zu viele Sorgen! Wir melden uns, wenn was nicht klappt! *Seni Sevioruzcanim Annecim! Wir lieben dich, Mütterchen!* Deine Ceylin und Sevil«

Der Brief rührte mich und baute mich auf, wann immer ich ihn las. Aber bald stellten sich die Worte meiner Töchter als hohl und unaufrichtig heraus, denn sie halfen Mahmut dabei, mich noch weiter in den Staub zu treten.

Ich rief Mahmut in Anwesenheit der Kinder zu mir ins Wohnzimmer. Ich wusste, dass er damit gegen die Auflagen verstieß, aber ich wollte vor Zeugen sichergehen, dass er mir nichts anhängen konnte. Ich leerte also vor aller Augen mein Portemonnaie aus und ließ ihn eine Erklärung unterschreiben, dass ich kein Geld, keine Bankkarten und keine Wertsachen von ihm mit ins Frauenhaus nahm. Doch ich hatte die falschen Zeugen gewählt.

Als ich ging, traf ich Mahmuts Schwager, der nicht verstehen konnte, warum ich mitten in der Nacht das Haus verließ. Doch ich wollte einfach wieder ohne Angst frei durchatmen können. Ein Taxi fuhr mich von Hotel zu Hotel, aber ich fand keines, dessen Rezeption noch offen war. In dieser Nacht kam ich bei meiner türkischen Freundin unter, wechselte aber am nächsten Tag in ein Frauenhaus. Auf dem Weg dorthin lief ich auf dem Ku'damm mit dem Koffer in der Hand an meiner Schwägerin vorbei. Unsere Blicke trafen sich. Ich blieb stehen, aber sie setzte ein ausdrucksloses Gesicht auf, sagte nichts und versuchte, mich zu ignorieren.

Ich war baff. In all den Jahren hatte ich ihr so oft geholfen, ihre Kinder gehütet, ihre Wohnung geputzt, aber diese Frau strahlte nichts als eisige Kälte aus. Kein Wort kam ihr über die Lippen, keine Entschuldigung, kein Bedauern. Nun wusste ich endgültig, dass ich völlig allein war, ich hatte keine Kinder mehr und keine Familie.

Im Frauenhaus half man mir, eine Psychologin versuchte, mich psychisch wieder aufzurichten. Sie meinte, sie könne mir Tabletten geben, damit ich mich besser fühlte, aber dann würde es länger dauern, das Erlebte zu verarbeiten. Ohne Tabletten wäre es sehr schmerzlich, aber auf diese Weise könnte ich es aus eigener Kraft schaffen, mit dem Trauma umzugehen. Ich entschied mich gegen die Tabletten. Nach einem Treffen mit den Kindern rief mich Mahmut unzählige Male auf dem Handy an. Die Nummer meines neuen Handys hatten ihm die Mädchen gegeben. Er heulte mir am Telefon etwas von einem Mitarbeiter vor, der ihn bestehlen würde. Mitten im Satz legte ich auf, doch er rief wieder an, also legte ich erneut auf. Dann erschien eine unbekannte Nummer auf meinem Display, und als ich ranging, war es wieder Mahmut. Ich brüllte, er solle mich in Ruhe lassen, und schaltete von da an das Telefon aus, obwohl ich Kontakt zu den Kindern halten wollte.

Ständig hatte ich Angst, wieder überfallen zu werden. Bei jedem jungen Mann mit türkischem Aussehen, der auf der Straße an mir vorbeiging, fing ich an, vor Angst zu schwitzen. Eine Bekannte ließ mich kurzfristig bei sich wohnen, ich half ihr im Gegenzug bei Renovierungsarbeiten. In diesen Tagen meldeten sich die Betreiberinnen des Frauenhauses bei mir und berichteten, dass ständig fremde Frauen anrufen würden, die sich als meine Freundinnen ausgaben und sich nach mir erkundigten, weil sie sich angeblich große Sorgen um mich machten. Mahmut hatte offenbar Frauen dazu gebracht, die Frauenhäuser telefonisch abzuklappern, um herauszufinden, wo ich mich befand – nun wusste er es.

Einige Tage nach dem Überfall rief ich meine Eltern an und erzählte ihnen, was passiert war. Gleichzeitig beruhigte ich sie, dass ich in Sicherheit sei. Sie waren außer sich vor Sorge. »Komm sofort zu uns in die Türkei!«, baten sie mich. »Bei uns kann er dir nichts anhaben, wir beschützen dich!«

»Ich muss aber hierbleiben! Ich muss der Polizei zur Verfügung stehen und mich um die Kinder kümmern!«, versuchte ich, ihnen zu erklären.

Meine Eltern konnten nicht verstehen, warum ich nicht die Flucht ergriff. Sie hatten noch mehr Angst um mich als ich selbst. Doch Kinder treffen ihre eigenen Entscheidungen, und so schlimm es für Eltern ist: Sie können nichts daran ändern.

Bereits eine Woche nach seiner Entlassung aus dem Gefängnis schaffte sich Mahmut einen schwarzen BMW an und begann eine Affäre mit seiner 16-jährigen Praktikantin. Meine Mitarbeiter erzählten mir, dass er ihr ständig neue Kleidung kaufe oder andere teure Geschenke mache. Ihm gefiel wohl die Vorstellung, dass seine Geliebte die Freundin seiner Töchter sein könnte.

Das neue Auto sollte mir später noch viel Ärger bereiten. Schon vor dem Überfall hatte sich Mahmut unbedingt ein neues Auto zulegen wollen, wieder einen 5er-BMW, aber ich war dagegen gewesen. Falls wir uns überhaupt ein neues Auto anschaffen sollten, dann einen Kombi, meinte ich. Ich versprach ihm, in naher Zukunft mit ihm in ein BMW-Autohaus zu gehen, aber zunächst mussten dringend Arbeiten am Haus erledigt werden. Für Mahmut jedoch hatte ein neuer Wagen, mit dem er angeben konnte, oberste Priorität, und nachdem er mich aus dem Weg geschafft hatte, fuhr er mit den Kindern in ein Autohaus, bewusst ohne Ausweispapiere. Ein Bekannter von Mahmut lieh diesem seinen Führerschein und Pass und Mahmut konnte somit in dessen Namen eine Probefahrt machen.

Ich wollte ein paar Sachen aus der Wohnung holen und traf mich mit den Kindern im Haus, obwohl ich große Angst hatte, dorthin zurückzukehren. Kaum war ich da, hastete ich die Treppe nach oben und wich nicht mehr von der Seite meiner Töchter. Die erzählten mir lachend von der Probefahrt im BMW. Auf einmal kam Mahmut an die Tür und fragte, ob er kurz in die Wohnung könne. Da die Kinder da waren, fühlte ich mich halbwegs sicher und harrte ängstlich im Nebenzimmer aus, um ihm nicht begegnen zu müssen. Ich hörte das Rascheln von Geldscheinen, Mahmut war offenbar am Tresor. Ich überlegte, ob ich ihn zur Rede stellen sollte, traute mich aber nicht. Als er zu mir ins Zimmer kam und mich in ein Gespräch zu verwickeln versuchte, zitterte ich vor Aufregung. Ich wollte nur noch zurück ins Frauenhaus, rannte die Treppe hinunter und aus dem Haus. In diesem Moment preschte ein Mitarbeiter mit unserem alten Auto in die Einfahrt. Ich erschrak fast zu Tode und dachte, der Mann sei gekommen, um mich mit Mahmuts Hilfe in den Wagen zu zerren. Ich rannte davon, rief eine Freundin an und ließ mich von ihr an der nächsten Ecke abholen.

Einige Monate später erfuhr ich aus einem Wust von Unterlagen, die ich in der Wohnung fand und die mich noch sehr lange beschäftigen sollten, dass er den Wagen, den er Probe gefahren hatte, sofort leaste. Aus dem Tresor hatte er 10 000 Euro genommen und in dem Moment, als ich lauschte, gerade das Geld gezählt.

Als ihm bald darauf seine Ausgaben über den Kopf wuchsen, bezichtigte er mich des Diebstahls und behauptete, ich hätte das Geld aus dem Tresor genommen. Unsere Töchter setzte er so unter Druck, dass sie einen Meineid leisteten und bezeugten, den Diebstahl gesehen zu haben. Wie Ceylin und Sevil mir Jahre später berichteten, legte Mahmut damals fest, was die beiden erzählen sollten, und als sie sich weigern wollten, so auszusagen, wurde er erst aggressiv und dann weinerlich. Er tolerierte ihr Kiffen und ihren Speed-Konsum und besorgte ihnen Alkohol, obwohl Ceylin gerade erst 17 Jahre alt geworden war und Sevil 15 war. Die Mädchen fanden das cool; sie waren zwar genervt von Mahmuts ewigem Gelaber, aber alles andere war ihnen egal. Als Rechtfertigung für den Autokauf erklärte Mahmut ihnen, er wolle nicht mehr in dem alten BMW sitzen, weil er ja gar nicht wisse, mit wem ihre Mutter es dort getrieben hätte.

Ich hielt verzweifelt und verbittert den Kontakt zu meinen Töchtern, aber ich musste erkennen, dass sie meine Ängste und Sorgen überhaupt nicht ernst nahmen. Einmal riefen sie mich an und ich freute mich zunächst, ihre Stimmen zu hören. Aber sie meldeten sich nur, um nach dem Weg zu meinem einstigen Lieblingsrestaurant zu fragen. Sie saßen gerade mit ihrem Vater im neuen BMW und konnten es angeblich trotz Navi nicht finden. Welch ein Einfühlungsvermögen! Sie fuhren in einem Auto, das Mahmut von meinem Geld gekauft hatte, waren auf dem Weg in mein Stammlokal und ich sollte ihnen vom Frauenhaus aus auch noch den Weg erklären. Mahmut kannte bei seinen Schikanen keine Gnade. Ich legte einfach auf.

24. Kapitel

Unter Anleitung ihres Vaters verfassten meine Töchter eidesstattliche Erklärungen, mit deren Hilfe Mahmut das Haus und das Sorgerecht zugesprochen werden sollten. Meine Kinder gaben an, dass sie schon lange von meinen zahlreichen sexuellen Kontakten gewusst hätten. Ich sei in den vergangenen Jahren fast jede Nacht weg gewesen oder hätte Männerbesuch gehabt. Sie hielten mich für sexsüchtig und hätten dies ihrem Vater offenbart, der aus allen Wolken gefallen sei. Mehrmals hätten sie ihm zur Scheidung geraten, aber er habe an der Ehe festhalten wollen. Außerdem hätte ich mich seit Jahren nicht mehr um sie gekümmert, nicht einmal ihre Lehrer würden mich kennen. Sie wollten in jedem Fall bei ihrem Vater bleiben und mich nicht mehr um sich haben.

Wie konnten sie mir das antun? Sie logen ganz bewusst. Weshalb hassten sie mich so, weshalb waren sie so egoistisch? Ich ahnte zwar damals schon etwas von dem Psychoterror, den ihr Vater ausübte, von den erzwungenen Anwaltsbesuchen und den Drohungen, falls sie den zuvor besprochenen Wortlaut nicht genau wiedergaben, dennoch schmerzt mich ihr Verhalten bis heute. Denn sie wirkten seinerzeit auf mich nicht ängstlich und eingeschüchtert, sondern kalt und herzlos. Mittlerweile jedoch kann ich die Geschehnisse auch aus ihrer Perspektive betrachten: Sie rächten sich an mir für meine Strenge und meine Tobsucht. Als Pubertierende wurde ihnen plötzlich die Macht über ein Elternteil gegeben, und da zwischen mir und meinen Töchtern sehr viel schiefgelaufen war, nutzten sie diese.

Trotz meiner Angst kam ich ein zweites Mal in die Bäckerei, weil Mahmut mit mir reden wollte. Sobald ich dort war, musste ich gegen meinen Fluchtinstinkt ankämpfen, ließ mich jedoch von Mahmut überreden, für unser Gespräch ins Schlafzimmer zu gehen. Obwohl ich wusste, dass die Kinder nebenan waren, fürchtete ich mich und fühlte mich klein und hilflos in seiner Gegenwart.

Er heulte und bettelte: »Komm zurück, Buket! Ich liebe dich doch und die armen Kinder leiden so unter der Trennung. Wir schaffen das gemeinsam, ganz bestimmt! Das Geschäft läuft nicht ohne dich!«

Sein Gejammer ging mir fürchterlich auf die Nerven, der psychische Druck, den er ausübte, erstickte mich geradezu und gelähmt vor Angst beging ich den fatalen Fehler, seinem plötzlichen sexuellen Drängen nachzugeben. Ich war wie schockgefroren und verschaffte ihm mit diesem Beischlaf seinen größten Triumph, der mich vollkommen unglaubwürdig machte. Vor Gericht hielten mir später seine Anwälte diesen erzwungenen Sex vor; er sollte der Beweis dafür sein, dass ich log und in Wirklichkeit gar keine Angst vor Mahmut hatte.

Meine Anwältin schlug die Hände über dem Kopf zusammen, als sie von dieser Begebenheit erfuhr. »Wie konnten Sie das tun?«, fragte sie mich. Ich vermochte es nicht zu beantworten – ich weiß nur, dass ich mich selbst verlor, wenn ich in seiner Nähe war, und er mich unter Druck setzte, indem er pausenlos auf mich einredete und mir immer näher kam. Danach fühlte ich mich beschmutzt und benutzt; was dieser Sex für Folgen hatte, erkannte ich allerdings erst vor Gericht. Ich war doch immer nur Mahmuts sexueller Spielball gewesen und begriff nicht, dass es mir vor einem deutschen Gericht zum Nachteil ausgelegt werden könnte, dass ich mich der rohen Gewalt eines brutalen Mannes aus Selbstschutz gebeugt hatte.

Wann kann man denn von Vergewaltigung sprechen? Nur dann, wenn sich die Frau mit lautem Schreien und Händen und Füßen gegen das Drängen des Mannes wehrt? Oder auch dann, wenn die Frau stumm ist vor Schreck, den Akt über sich ergehen lässt aus Angst davor, geschlagen oder gewürgt zu werden, und nicht darüber spricht, weil sie sich noch ein letztes bisschen Würde vor ihren Kindern bewahren möchte?

Immer wieder rief mich Mahmut in der Zeit danach auf dem Handy an oder schrieb mir SMS. Die Betreuerinnen und anderen Bewohnerinnen des Frauenhauses drängten mich dazu, ihn anzuzeigen, weil er gegen seine gerichtlichen Auflagen verstieß. Ceylin jedoch bettelte, ich dürfe ihn nicht anzeigen, sonst käme er wieder ins Gefängnis – dennoch tat ich es. Ich wollte endlich meine Ruhe haben und so wurde Mahmut festgenommen. All meine Antworten per SMS nutzte er Monate später vor Gericht gegen mich, meine Wut, die darin zum Vorschein kam, brachte mir nur Nachteile. So wurde ich von seinen Verteidigern an seiner Stelle zum Aggressor gemacht: Ihr Mandant sei zwar bei dem Versuch, sich gegen mich zur Wehr zu setzen, zu weit gegangen, aber bei einer so psychotischen und aufbrausenden Frau sei das ja verständlich.

Mahmut war also zunächst wieder in Untersuchungshaft und ich konnte freier atmen. Ich telefonierte mit den Kindern und kam zu ihnen ins Haus, wo Mahmuts ganze Sippschaft versammelt war, inklusive seiner 16-jährigen Geliebten. Mir wurden schwere Vorwürfe gemacht, dass der arme Mahmut nun meinetwegen wieder im Knast saß. Die Familie stand wie eine Wand vor mir, der Bösen, und der Überfall spielte überhaupt keine Rolle mehr. Als es im Laufe unserer Diskussionen zum Streit kam, näherte sich Mahmuts Bruder mir drohend, als wollte er mich schlagen. Ich geriet in Panik und verlangte, dass alle das Haus verließen. Mahmuts Schwägerin schrie mich an: »Das hätte ich mir ja gleich denken können, dass du so eine bist! Eine Schlampe, die mit Männern in der Disco herummacht!« Angewidert spuckte sie aus. Ich hatte keine Ahnung, wovon sie sprach, aber Mahmut hatte sie offenbar alle eingewickelt.

Dass ich die Besucher hinauswarf, nahmen mir die Kinder sehr übel und stampften in ihre Wohnung. Dabei wussten alle, was für ein mieser Typ Mahmut war, alle hatten seinetwegen schon Ärger gehabt. Dennoch standen sie auf seiner Seite, niemand auf meiner. Keiner sagte: Was Mahmut Schlechtes von Buket erzählt, glaube ich nicht. Er lügt so oft, macht so viel Ärger, deshalb halte ich nicht mehr zu ihm. Was er Buket angetan hat, ist bewiesen, und mit so einem will ich nichts mehr zu tun haben. Wenn sie ihn tatsächlich betrogen hat, wird sie ihre Gründe haben. Keiner hat mich je gefragt, was ich von seinen Geschichten über mich hielt und wie meine Version lautete.

Ich ging zunächst wieder ins Frauenhaus, wollte aber irgendwann zu Hause nach dem Rechten sehen, obwohl die Kinder mir versicherten, bei ihnen sei alles in Ordnung, Oma sei ja da. Dennoch wollte ich mir selbst ein Bild machen. Ich kam in die Wohnung der Kinder und fand einen Aschenbecher voller Joints.

Da rastete ich aus und schrie sie an: »Deshalb wollt ihr, dass ich nicht hierherkomme? Seht euch doch mal an! Ihr seid erst 15 und 17 Jahre alt und denkt, ihr könnt machen, was ihr wollt! Jetzt reicht es, ich bleibe hier, ob es euch passt oder nicht!«

Die Atmosphäre war von nun an vergiftet.

Am nächsten Tag zog ich wieder ins Haus ein. Alles ging den Bach hinunter, den Kindern ging es schlecht. An manchen Tagen schaffte ich es, mit den Kindern zur psychologischen Beratung zu gehen, aber immer wenn ein Anruf aus dem Gefängnis kam, waren sie wie ausgewechselt. Dann sahen sie in mir die böse Hexe, die ihnen alles kaputt gemacht hatte. Solange ich durch die Arbeit in der Bäckerei beansprucht gewesen war, hatten sie ihre Ruhe gehabt. Nun geriet für sie alles aus den Fugen. Ich wollte nicht, dass sie die Schule schwänzten und kifften, und kontrollierte sie nun, wofür ich vorher gar keine Zeit gehabt hatte.

Ich sprach beim Schuldirektor ihres Gymnasiums vor und bat um eine zweite Chance für meine Kinder, weil ihnen wegen ihrer zahlreichen Fehlzeiten der Rauswurf drohte. Er wollte beide Augen zudrücken, wenn die Mädchen von nun an regelmäßig zum Unterricht kämen. Sevil ging in die achte und Ceylin in die zehnte Klasse. Mein Albtraum war, dass sie nicht einmal die Mittlere Reife schafften. Ich verfügte nur noch über mein Krankengeld und musste für alles aufkommen: Fitnessstudioverträge, Strom, Versicherungen, Sparverträge und die Pacht für unseren Schrebergarten. Dabei hatte ich gar nicht das Geld dafür.

Mahmut ließ mir ausrichten, ich solle statt wie gewohnt mit dem Transporter nun mit dem neuen Auto meine Einkäufe erledigen, aber ich weigerte mich. Bestimmt plante er mir gegenüber schon die nächste Schikane, vielleicht wollte er mich wieder als Autodiebin bezichtigen oder mir irgendeinen Schaden anhängen. Mahmuts Schwager besaß weiterhin die Vollmacht über die Bäckerei, gab mir jedoch kein Geld zur Unterstützung, dabei war das eigentlich mein Geschäft!

Mittlerweile wohnte meine Schwiegermutter mit im Haus, zusätzlich zu den Kindern musste ich also auch noch Mahmuts Mutter durchfüttern. Diese schlief Nacht für Nacht seelenruhig im Gästezimmer, wo der Überfall stattgefunden hatte. Ich betrat den Raum nicht mehr, bei geöffneter Tür konnte ich aber sehen, dass sie dort das Kleingeld aus den Kassen der

Bäckerei hortete. Wie eine Elster raffte sie zusammen, was sie in die Hände bekam.

Etwa eine Woche nach meiner Rückkehr rief jemand aus ihrem Dorf an und ich sagte ihm, dass Mahmut nicht zu sprechen sei, da er im Gefängnis sitze.

Seine Mutter kam ins Zimmer gerauscht.

»Wer war das?«, wollte sie wissen. »Du darfst den Leuten aus dem Dorf doch nicht erzählen, dass mein Sohn im Gefängnis ist!«

»Warum denn nicht?«, fragte ich erbost. »Er hat es doch verdient, warum soll das keiner wissen?«

Von da an trug sie das Telefon immer mit sich herum. Als ich sie zur Rede stellte und wissen wollte, wozu sie ständig das Telefon brauche, entgegnete sie scheinheilig: »Nun ja, damit ich erreichbar bin, wenn mich jemand anruft.«

»Warum sollte dich in meinem Haus denn jemand erreichen wollen?«, entgegnete ich. »Nimm deine Sachen und verschwinde sofort! Ich ertrage diese Heimlichtuerei nicht mehr!«

Sie heulte, packte ihre Habseligkeiten zusammen und vergaß auch nicht, die Beutel mit dem Kleingeld mitzunehmen.

Nun war ich mit den Kindern allein – wir stritten fast die ganze Zeit. Mahmut hatte sein Handy dagelassen und ich durchsuchte es nach Nachrichten, weshalb Ceylin mich anschrie. Ich wiederum drehte durch, wenn ich sie beim Kiffen erwischte. Einmal sagte ich zu ihr: »Na gut, dann probiere ich das eben selbst mal aus.«

Meine Töchter waren begeistert und Sevil bereitete alles vor. Als ich sah, wie schnell sie die Joints drehte, wurde mir bewusst, dass die beiden schon Profis und aller Wahrscheinlichkeit nach abhängig waren. Meinen angezündeten Joint steckte ich, ohne ihn probiert zu haben, in ein mit Saft gefülltes Glas. Sevil und Ceylin waren außer sich und beschimpften mich, aber ich meinte: »Ich habe es mir anders überlegt. Auch wenn ihr es nicht versteht: Ich halte Kiffen für falsch!«

Sie waren überzeugt, dass ich verrückt sei, völlig durchgedreht. Meine Stimmungsschwankungen waren für sie unberechenbar und offenbar nicht nachvollziehbar. Aber in dem seelischen Ungleichgewicht, in dem ich mich befand, gab ich noch mein Bestes. Das erkannten sie nur nicht.

Sehr viel später entdeckte ich beim Aufräumen Briefe, die meine Töchter ihrem Vater ins Gefängnis geschrieben hatten. Ich las sie wieder und wieder und versuchte, die Gefühle und Gedanken der Mädchen nachzuvollziehen. Sie taten mir unendlich leid, da sie in unsere Eheprobleme hineingezogen wurden, aber es bleibt mir bis heute ein Rätsel, weshalb sie plötzlich derart an ihrem Vater hingen, der doch vorher in ihrem Leben kaum eine Rolle gespielt hatte.

In ihren Briefen bezeichneten sie ihren Vater als ihren Kumpel, schworen ihm ewige Liebe und Treue. Sie beschrieben, wie verrückt und furchtbar ihre Mutter sei und dass ihnen all die Kunden, die nun nicht mehr in den Laden kämen, egal seien. Mahmuts Tat hatte sich in der Nachbarschaft herumgesprochen und viele Stammkunden wollten keinen Verbrecher unterstützen, indem sie seine Waren kauften. Doch Sevil und Ceylin sprachen ihrem Vater Mut zu und äußerten die Sorge, dass ihr Opa sie alle verflucht hätte. Ein Brief von Sevil war ein Spiegel ihrer zerrütteten Seele, sie hatte schwere Depressionen und große Angst davor, verlassen zu werden und keine Zukunft zu haben. Sie fühlte sich von mir und Mahmuts Verwandten verstoßen und hin und her geschubst. Weil ihre Mutter ihr nicht zuhörte und jedes Gespräch im Streit endete, vermisste sie ihren Vater wie ein kleines Kind. Sie sehnte sich verzweifelt nach Schutz und Geborgenheit. Manchmal ziehe sie sogar einen seiner Pullover an, um ihm nahe zu sein, schrieb sie Mahmut. Und sie war überzeugt, keiner könne ihr helfen.

Mahmut dagegen warnte seine Töchter in einem Brief davor, mit mir in die Türkei zu reisen. Meine Eltern oder ich würden ihnen dort sicherlich die Pässe wegnehmen, damit sie nicht mehr ausreisen könnten. Ich wäre gefährlich, denn ich hätte schon einmal versucht, sie zu entführen.

Als Mutter hatte ich auf ganzer Linie versagt: Meine Kinder hatten sich von mir abgewandt, obwohl mir Schlimmes widerfahren war. Sie hatten kein Verständnis für mich und ich nicht für sie. Ich hatte mich für sie abgeschuftet, damit sie selbst wählen konnten, was für ein Leben sie führen wollten, und ich erfüllte ihnen alle Wünsche, putzte und kochte für sie – ich verwöhnte sie, weil ich das als Mutter für meine Pflicht hielt.

Aber ich hörte ihnen nicht zu, ich wusste nicht, was sie dachten und fühlten. Wärme und gemeinsame Zeit waren neben der Arbeit immer zweitrangig gewesen. Meine Liebe zeigte ich ihnen durch meine Schufterei. Aber wie hätten sie das verstehen können? Sie nahmen diese Aufopferung als selbstverständlich hin, denn sie kannten es ja nicht anders. Eine enge Beziehung jedoch baut sich durch viele Gespräche und das Gefühl der Geborgenheit auf – eigentlich kannten meine Töchter und ich einander gar nicht mehr. Ich hatte ihnen viele Möglichkeiten geboten und viele Freiheiten gewährt. Nun musste ich zusehen, wie sie die Schule schwänzten und ihr Leben wegwarfen. Das erfüllte mich mit einem unbändigen Zorn, denn ich hatte mein Leben und meine ganze Kraft dafür geopfert, dass ihnen mit einem guten Schulabschluss alle Türen offen standen. Ich verstand nicht, warum sie so dumm waren, aber ich schrie und beschimpfte sie, anstatt mich mit ihnen auseinanderzusetzen.

Den Psychologen und Richtern erzählten die Mädchen, weil ich sie nicht schlafen ließe, sie mit Selbstmorddrohungen beunruhige und herumbrülle, könnten sie die Schule nicht mehr besuchen. Jahre später gaben sie mir gegenüber zu, dass ihnen einfach der Wille zum Abitur gefehlt hatte. Dass sie ein

Jahr nach dem Überfall, als ich schon keinen Kontakt mehr zu ihnen hatte, die Schule abbrachen, hätte mit dem Kampf zwischen ihren Eltern nichts zu tun gehabt. In einem Brief an ihren Vater erzählte Ceylin sogar, dass sie nach wie vor zu faul sei, morgens rechtzeitig aus dem Bett zu kommen. Sie fand das lustig, ich dagegen war geschockt, als ich davon erfuhr. Sevil brach die Schule noch vor der Mittleren Reife ab, Ceylin war in der elften Klasse schon auf dem Weg zum Abitur, als sie sich entschloss, nicht mehr zur Schule zu gehen. Sevil holte zwar später den Realschulabschluss nach, aber am Fachabitur scheiterte sie erneut.

Ich hatte kaum Geld und musste meiner Anwältin wegen der Prozesskostenhilfe und Mahmuts Behauptung, ich würde in Geld schwimmen, ständig meine Kontoauszüge vorlegen. Eines Tages suchte ich diese und stellte anhand der Nummerierung fest, dass einer fehlte. Ich fragte meine Töchter, ob sie ihn versehentlich weggeräumt hätten, und Sevil gestand, dass sie meine Bankkarte benutzt hatte, um einen Kontoauszug zu bekommen. Meine Töchter wollten für ihren Vater überprüfen, über wie viel Geld ich verfügte. Sie entschuldigten sich dafür, aber mein Vertrauen in meine eigenen Kinder war damit völlig zerstört. Von da an kochte ich zwar noch für die beiden, aber ich schloss meine Wohnungstür ab, wenn ich ging, was die Kinder verärgerte. Deshalb sagten sie später vor Gericht aus, ich hätte mich nicht um sie gekümmert.

Sevil war zu der Zeit knapp 16 und Ceylin 17 Jahre alt. Sie hatten eine eigene Küche und ich sorgte dafür, dass ihr Kühlschrank voll war. Dennoch fühlten sie sich vernachlässigt und gaben außerdem an, ich würde meiner Aufsichtspflicht nicht nachkommen. Tatsächlich war ich viel unterwegs, denn es war unendlich schwer für mich, wieder in diesem Haus zu leben. Ich hatte ständig Angst, Geldsorgen und dazu Streit mit meinen Töchtern, musste mich vor der Polizei rechtfertigen, dass ich Mahmut nach seinem ersten Angriff mit der Pistole nicht angezeigt hatte, rannte nur noch zu Anwälten, dem Jugendamt wegen des Sorgerechts und Gutachtern.

Immer wieder eskalierten die Streitereien zwischen meinen Töchtern und mir, Hauptauslöser waren das Schuleschwänzen und das Kiffen. Eines Tages betrat ich die Wohnung der Mädchen, fand in Sevils Bett eine Freundin von ihr mit einem Jungen und meine Kinder kiffend daneben. Ich setzte die Fremden vor die Tür, brüllte meine Töchter an und warf einen vollen Aschenbecher nach Sevil, wobei die Asche in ihrem Bett landete. Sevil flüchtete sich zur Fensterbank, von der ich sie herunterzuzerren versuchte, was in einem wilden Kampf endete: Sie trat mich, ich biss in ihren Fuß und griff anschließend nach einem Schlüsselbund, den ich auf ihren Nachttisch schmetterte, wobei der Ring aufging und die Schlüssel durch die Gegend flogen. Ceylin kam ihrer Schwester zu Hilfe und im nächsten Moment bildeten wir drei ein prügelndes Knäuel. Was für eine Schande!

Schließlich flohen die Kinder aus dem Haus. Sie zeigten mich auf Mahmuts Geheiß wegen Körperverletzung an. Diese Anzeige spielte im Kampf um das Sorgerecht und das Haus noch lange Zeit eine große Rolle. Die Aussagen der Kinder zu diesem Streit wurden im Laufe der Zeit immer dramatischer. Sevil hatte sich angeblich am Kopf verletzt, als ich sie von der Fensterbank gezogen hatte, und Ceylin hatte ich den Schlüsselbund direkt an den Kopf geworfen. Tatsache ist, dass die Mädchen mich nicht mehr als ihre Mutter ansahen, weil ich mich nicht mehr wie eine Mutter verhielt. Ich kämpfte verbissen für Gerechtigkeit, obwohl ich selbst ungerecht geworden war.

25. Kapitel

Nach nur drei Monaten U-Haft wurde Mahmut aus dem Gefängnis entlassen. Immer wieder hatte er beteuert, dass er mich nie hatte umbringen wollen.

Der Vorsitzende Richter in unserem Prozess rief mich an: »Frau-Kaya, es tut mir wirklich sehr leid, aber wenn Ihr Mann noch länger im Gefängnis sitzt, fängt er dort womöglich an, kriminelle Kontakte zu knüpfen. Wenn er jetzt auf freien Fuß kommt, muss er begreifen, dass er Ihnen nichts antun darf. Das Gefängnis hat durchaus einen bleibenden Eindruck bei ihm hinterlassen und er hat sich dort anständig benommen. Wir müssen ihm eine Chance geben, sich wieder friedlich in die Gesellschaft einzugliedern, bevor er vollkommen abdriftet.«

Sein Schwager holte Mahmut mit dessen BMW ab und sie nahmen meine Kinder mit, um gemeinsam die Entlassung und den Triumph über mich zu feiern. Ich sah die Mädchen tagelang nicht.

Ich war sprachlos, mutlos, kraftlos, hoffnungslos.

Die folgenden Wochen waren für mich die Hölle. Ich lebte wie zuvor in unserer Wohnung, während Mahmut darunter in der Bäckerei arbeitete. Die Kinder wollten nicht mehr mit mir im selben Haus wohnen und zogen mit ihrem Vater mal zu einem Kollegen, dann zur Schwägerin, später in eine gemietete Wohnung.

In vielen Nächten schlief ich bei einer Freundin, und wenn ich allein war, schlief ich gar nicht. Ich traute mich nicht allein aus dem Haus und bewegte mich wie eine Schlafwandlerin durch den Alltag. Die Angst vor einem weiteren Überfall, vor Folter, Vergewaltigung und Mord hatte sich in all meine Körperzellen gefressen.

Mahmut wartete nun immer mit einer Kaffeetasse in der Hand auf mich vor dem Haus und kontrollierte, wann ich kam und ging. Zu allem Überfluss rief er meine Eltern an, sobald er aus der Haft entlassen war. Er wollte ihnen das Flugticket nach Deutschland bezahlen, damit sie mich davon überzeugen konnten, zu ihm zurückzukehren. Nun hatte mein Vater endgültig genug, er setzte sich mit meiner Mutter in den nächsten Flieger und die beiden kamen nach Berlin. So hockte ich nun also mit meinen Eltern in der Wohnung und wir trauten uns einige Tage wegen Mahmut nicht vor die Tür. Auch meine Eltern hatten Angst vor seiner Unberechenbarkeit, vor seinen Wutausbrüchen und seinen Drohungen. Während ich aus Rücksicht in den letzten Jahren viel von meinem Leid verschwiegen hatte, erzählte ich ihnen dieses Mal alles haarklein.

An meine Wohnungstür klebte ich ein Poster von einer Katze, die an einer langen Reihe von Polizeischäferhunden vorbeitrabt, die ihre Schritte wachsam verfolgen, aber brav sitzen bleiben. Ich identifizierte mich mit dieser Katze und wollte mit dem Poster zeigen, dass ich es wagte, all denen, die gegen mich waren und mir auflauerten, die Stirn zu bieten. Das Poster hing nicht lange an der Tür, denn Mahmut riss es ab.

An einem Nachmittag ging mein Vater nach oben ins Dachgeschoss, weil er gehört hatte, dass seine Enkeltöchter etwas aus der Wohnung holten. Die beiden wohnten mittlerweile mit ihrem Vater bei meiner Schwägerin. Als Sevil auf sein Klopfen hin die Tür öffnete und ihn hasserfüllt anblickte, schlug mein Vater voller Kummer mit der Faust auf sein Herz und war den Tränen nahe.

»Was haben wir euch getan? Wir sind doch nicht gegen euch, ihr seid unsere Kinder!«

Voller Hass schleuderte ihm Sevil entgegen: »Verpisst euch! Das hier ist unser Haus!« Sie knallte ihm die Tür vor der Nase zu.

Mein Vater kam zurück in meine Wohnung und weinte lange.

Einige Tage später wollte Mahmut mit ihm reden und mein Vater beschloss, sich anzuhören, was Mahmut ihm zu sagen hatte.

Meine Mutter wurde fast hysterisch und wollte ihn am Gehen hindern, denn während eines seiner Ausbrüche hatte Mahmut gedroht, meine gesamte Familie auszulöschen. »Was ist, wenn er dich umbringen will?«, jammerte sie.

Wir ließen das Fenster offen, um meinem Vater zu Hilfe eilen zu können, falls er rufen sollte. Mahmuts Schwager war auch da. Mahmut forderte meinen Vater auf, in die Backstube zu gehen, aber der wollte draußen vor der Tür bleiben, direkt unter dem Fenster.

Mahmut fügte sich und begann zu betteln: Mein Vater solle unbedingt mit mir reden, damit ich zu ihm zurückkehre. Er sei bereit, mir jeden Wunsch zu erfüllen, schließlich hätte ich ja auch Sex mit drei Männern haben wollen und er sei darauf eingegangen.

Mein Vater rang mühsam um Fassung. »Lass es gut sein, Mahmut. Du und Buket, ihr werdet nicht mehr zusammenkommen. Lass sie ziehen, damit wir alle vernünftig auseinandergehen können, obwohl du dieses Verbrechen begangen hast. Trennt euch wie erwachsene Leute und kümmert euch um eine anständige Auflösung eures Betriebs, in den auch wir viel Arbeit gesteckt haben. Was macht dein Schwager hier eigentlich? Was hat er zum Geschäft beigetragen?«

Mahmut baute sich vor meinem Vater auf und tat groß: »Mein Schwager ist mein Fußabtreter. Wenn ich ihn nicht mehr brauche, sage ich ihm, dass er abhauen soll, und dann haut er ab.«

Sein Schwager stand dabei und schwieg. Auch er fürchtete sich vor Mahmut und wagte es nicht zu widersprechen.

Ich hörte, wie mich Mahmut weiter verunglimpfte, wie er versuchte, seinen Überfall zu rechtfertigen, indem er Lügen über meine vermeintlich unzähligen Seitensprünge verbreitete, und konnte nicht mehr an mich halten. Ich rannte nach unten, meine Mutter hinter mir her, und machte meiner Empörung mit wüsten Beschimpfungen Luft.

Meine Eltern versuchten, mich zur Seite zu schieben, Passanten blieben stehen und guckten. Mein Vater brach schließlich das Gespräch ab und wir gingen wieder nach oben.

Völlig aufgelöst hielten wir uns in den Armen, bis meine Mutter mir vorwarf, Mahmut unnötig zu provozieren. »Was ist, wenn er euch erschießt? Denkt einer von euch auch mal an mich?«, jammerte sie.

Ich wiederum schimpfte mit meinem Vater: »Siehst du, man kann nicht mit ihm reden. Es funktioniert einfach nicht!«

Unsere Nerven lagen blank.

Schließlich mietete ich für ein Wochenende ein Auto. Ich wollte mit meinen Eltern dem Gefängnis entfliehen, zu dem die Wohnung mittlerweile geworden war, und das Meer sehen. Mahmut drehte durch, weil er glaubte, dass Yilmaz mir den Wagen geschenkt hätte. Er brüllte mich an und zerschlug kleine Saftflaschen aus dem Bäckereicafé vor dem Mietwagen auf der Straße. Ich rief nicht die Polizei, denn dann hätte es womöglich wieder geheißen, ich wolle das Opfer spielen. Mahmut hatte immer falsche Zeugen zur Hand, die für ihn aussagten und logen. Meine Eltern dagegen sprachen nicht einmal Deutsch.

Wir fuhren an die Ostsee nach Rügen, denn ich wollte die Kreidefelsen sehen. Die Tour tat mir gut, aber mein Vater wollte bald wieder zurück nach Berlin. Er wartete im Auto, während ich mit meiner Mutter noch einmal zum Strand ging. Wenige Meter von uns entfernt beobachteten wir ein paar Reiter und meine Mutter war auf einmal etwas beunruhigt, weil sie Angst hatte, von den Pferden getreten zu werden. Ich lachte und meinte, die Pferde seien sicher gut erzogen. In diesem Moment kam ein großes Pferd, das von einem kleinen Mädchen geritten wurde, direkt auf meine Mutter zu getrabt. Sie wollte rechtzeitig ausweichen, stolperte dabei jedoch und stürzte schwer. Das Pferd trat ganz vorsichtig über meine Mutter hinweg, aber seine Hufe streiften sie trotzdem. Sie hatte ihr Kopftuch verloren und überall im Gesicht Sand. Leute kamen angerannt und halfen meiner Mutter in einen Strandkorb. Ich rief eine Ambulanz und benachrichtigte dann meinen Vater. Noch mit dem Handy am Ohr eilte er zu uns und überschüttete seine Frau mit Liebesschwüren, als läge sie im Sterben.

Schließlich unterbrach ihn meine Mutter: »Mir geht es doch gut, mich hat nur ein Pferd getreten.«

Ihr Fuß und ihre Hüfte schwollen blau an und wir kühlten auf dem Weg zurück nach Berlin ihre Blessuren. Plötzlich musste sie im Auto laut lachen. »Wir fluchen über Mahmut und haben so schreckliche Angst, dass er uns etwas antut, und stattdessen tritt mich weit von Berlin entfernt ein Pferd.«

Mein Vater fiel in das Lachen ein und prustete: »Weißt du, dieses deutsche Pferd war Kopftücher einfach nicht gewohnt, deshalb wollte es dich von ganz nah sehen.«

Zurück in Berlin wurden wir von der Gegenwart schnell wieder eingeholt. Wann immer Mahmut und ich aufeinandertrafen, kam es zu üblen Wortgefechten. Immer wieder fragte ich meine Kinder: »Warum haltet ihr zu ihm? Warum glaubt ihr ihm und nicht mir? Ihr könnt doch auch meine Freundinnen fragen, was wirklich passiert ist. Die können euch alles erzählen!«

»Wer weiß, vielleicht bist du auch noch lesbisch«, entgegnete Ceylin trocken.

Als ich mich einmal mit meinen Töchtern in der Einfahrt zum Haus stritt, kam Mahmut dazu und forderte Ceylin auf, mich anzuspucken. Sie gehorchte und spuckte mir ins Gesicht. Rund um die Uhr redete er den Mädchen ein, dass ihre Mutter eine Schlampe sei. Inzwischen waren sie davon überzeugt und schleuderten mir ihre ganze Verachtung entgegen. Ich war nicht mehr in der Lage, ruhig zu bleiben, sondern tobte und ließ meiner Verzweiflung und meinen Ohnmachtsgefühlen freien Lauf. Für meine Töchter war ich nur noch eine durchgeknallte, lügnerische Furie, die sie mit Füßen treten konnten. Sie wussten nicht mehr, was wahr und was falsch war.

Als ich nach dem Streit ins Haus ging und die Tür zuknallte, schlug von außen eine Faust die Glasscheibe darin ein. Ich rannte völlig aufgelöst nach oben und rief die Polizei. Vor Ort fragte mich der Polizist, ob ich gesehen hätte, dass Mahmut die Scheibe eingeschlagen hatte.

»Wie soll ich das gesehen haben?«, schrie ich aufgebracht. »Habe ich etwa Augen am Hinterkopf? Wer soll es denn sonst gewesen sein?«

Der Polizist nahm mich zur Seite und redete eindringlich auf mich ein: »Warum gehen Sie hier nicht weg, Frau Kaya? Ich will nicht eines Tages Ihre Leiche aus dem Keller holen müssen. Bleiben Sie nicht hier, Sie sind hier nicht sicher.«

Ich fing an zu heulen und betete ihm wie ein Mantra vor, dass ich wegen der Kinder, nur wegen der Kinder bleiben müsse.

Mahmut setzte alle Hebel in Bewegung, um mich aus dem Haus zu bekommen, was zu einer regelrechten Schlammschlacht führte. Ich rief die Polizei, weil er ein Gartengerät gegen mein Fenster geworfen hatte, er erstattete Anzeige, weil ich sein neues Auto zerkratzt haben sollte, obwohl ich damit nichts zu tun hatte. Er lauerte eher geradezu darauf, dass ich das Auto, sein Heiligtum, sein einzig geliebtes Kind, auch nur berührte. Sein Mitarbeiter kam sogar aus der Backstube gerannt, wenn ich am Auto vorbeiging, und kontrollierte meinen Abstand zum Wagen.

Eines Tages beobachtete ich durchs Fenster, wie Ceylin unseren Transporter mit Farbe beschmierte. Ich war davon überzeugt, dass meine Tochter ihrem Vater dabei helfen würde, mir diesen Vandalismus in die Schuhe zu schieben, und rief die Polizei.

Eine Polizistin kam und schnauzte mich an: »Jetzt reicht es aber! Sie missbrauchen die Notrufnummer! Sie tun ja nur so, als wären Sie ein Opfer!«

»Ich bin leider tatsächlich ein Opfer, aber nicht gern, falls Sie das behaupten wollen!«, erwiderte ich wutschnaubend.

Was ich nicht wissen konnte: Mahmut hatte die Kinder beauftragt, den Transporter zu bemalen; er erlaubte ihnen alles, denn er war ja ein guter Vater. Ihre Mutter hingegen war eine bösartige Hexe, die ihre eigenen Kinder anzeigte. Natürlich schnitt ich mir damit ins eigene Fleisch, aber woher hätte ich das wissen sollen? Seltsamerweise entfernte Mahmuts Schwager einige Tage später die Farbe vom Transporter.

Eines Abends sah ich, dass die Kinder nicht, wie inzwischen üblich, in der Bäckerei waren. Ab und zu gingen sie tagsüber noch zur Schule, meistens jedoch gammelten sie bis zum Ladenschluss in der Bäckerei herum.

Ich rief Mahmut an und fragte ihn: »Wo sind die Kinder?«

»Bei einem Kollegen«, antwortete er, »sie wollten nicht bei ihrer Tante bleiben.«

Ich schrie ihn an, dass er unsere Töchter nicht einfach bei einem Kollegen lassen könne. Später sagte Mahmut vor Gericht, ich würde ihn stalken. Er wolle in Ruhe arbeiten, aber ich ließe ihn nicht. Die Mädchen gingen nicht ans Telefon, wenn ich anrief. Falls wir uns doch mal sprachen oder trafen, gab es nur Streit. Ich warf ihnen vor, zu ihrem Vater zu halten, sie mir, mich wie eine Bekloppte zu benehmen – in gewisser Weise hatten wir alle recht. Damals war ich völlig am Ende und sah nur meinen Standpunkt. Heute weiß ich, dass man sich auch bemühen muss, die anderen zu verstehen, weil sie ihre eigenen Probleme haben.

Manchmal glaubte ich, dass die Kinder nur noch abschalten wollten. Dabei half ihnen das Kiffen – sie wollten nicht mehr nachdenken müssen. Im nun leeren Kinderzimmer im Dachgeschoss hing noch ein Poster mit dem Yin-und-Yang-Zeichen. Sevil hatte es komplett schwarz angemalt. Ich konnte nicht begreifen, warum die beiden nicht in der Lage waren, den Krieg zwischen ihren Eltern vernünftig zu beurteilen, doch offenbar war ihnen der Weg dazu versperrt – sie hatten dem permanenten Psychoterror, der von ihren Eltern ausging, nichts entgegenzusetzen.

Als Mahmut noch im Gefängnis saß, bemühte ich mich, ihnen zu helfen. Wir suchten gemeinsam oder einzeln psychologische Beratungsstellen der Caritas und des Roten Kreuzes auf. Zunächst musste ich sie dazu drängen, aber schließlich gingen sie auch von sich aus regelmäßig dorthin. Sogar betreutes Wohnen schlug ich ihnen vor, was ich selbst als sehr hart empfand. Es bedeutete das Eingeständnis, dass es den Kindern ohne Vater, aber auch ohne Mutter wohl besser ginge. Ich wünschte mir, dass sie weitgehend unberührt von unserem Ehekrieg ihr eigenes Leben leben konnten, aber sie hatten kein Interesse daran.

Als Mahmut aus dem Gefängnis kam, gingen die beiden schlagartig nicht mehr zu den Beratungsstellen. Vor Gericht beschrieb mich Mahmut dann als Kifferin, die Kinder hatten nämlich bei der Beratung angegeben, ich hätte mit ihnen gekifft und würde auch tolerieren, wenn sie es täten. Dabei hatte ich es ja nicht einmal ausprobiert.

Für den im Herbst 2005 anstehenden Strafgerichtstermin brauchte ich Yilmaz' Aussage. Ich bekam seine Telefonnummer von einer türkischen Bekannten. Er wollte mich sehen und alles erzählt bekommen, was sich seit unserem letzten Zusammentreffen ereignet hatte. Ich berichtete ihm, was mir zugestoßen war, und holte mir bei einer anderen Gelegenheit seine schriftliche Aussage ab, um sie meiner Anwältin zu übergeben. Yilmaz verstand überhaupt nicht, wie Mahmut mich nun als sexsüchtige Schlampe darstellen konnte, weil er doch selbst den Sex zu dritt geplant und organisiert hatte. Er sagte, er liebe mich immer noch und könne mich nicht vergessen, mit seiner Frau hingegen laufe es nicht mehr gut. Wir trafen uns daraufhin wieder öfter, was mir guttat. Wenn ich verzweifelt war, fing er mich auf und gab mir Halt.

Der Strafgerichtstermin stand kurz bevor und ich traf mich mit meiner Anwältin, um Einzelheiten zu besprechen. Ich sah die Akten ein und las, was mir die Gegenseite alles vorwarf. Angesichts all dieser Lügen schäumte ich vor Wut und konnte sie gar nicht fassen. Ich las, dass Mahmuts Praktikantin in den Akten als seine Geliebte bezeichnet wurde. Es ekelte mich unglaublich, dass er mit einem Mädchen, das so alt war wie seine Töchter, Sex hatte – mit so jemandem war ich verheiratet. Sein wahres Gesicht kam nun Stück für Stück zum Vorschein, dabei hatte ich geglaubt, bereits alle Facetten von ihm zu kennen. Sollte er doch meinetwegen eine andere Frau finden und mich dann in Ruhe lassen, aber dass er so ein junges Ding benutzte, regte mich auf.

Die Anklage des Staatsanwalts lautete auf Geiselnahme.

»Der Mann ist eine Pfeife!«, entfuhr es meiner sonst sehr sachlichen Anwältin, denn die Anklage hätte auf versuchte Tötung lauten müssen. Weshalb sollte man seine Ehefrau als Geisel nehmen? Von wem hätte Mahmut etwas erpressen sollen?

Ich ging mit meiner Mutter zum ersten Gerichtstermin und hatte Pfefferspray dabei, falls ich mich würde verteidigen müssen, aber natürlich wurde es mir gleich am Eingang abgenommen. Meinen Vater hatten wir zu Hause gelassen, aus Sorge, dass er die Beherrschung verlieren könnte. Am ersten Tag wurde nur Mahmut befragt, meine Angestellten, meine Töchter und ich durften nicht in den Saal, weil wir als Zeugen geladen waren. Meine Mutter saß stumm dabei, denn sie verstand ja nichts.

Mahmut hatte freie Bahn, er erzählte seine ganze Leidensgeschichte von seiner schlimmen Kindheit über unsere unglückliche Ehe bis hin zu meinem Ehebruch mit angeblich 80 Liebhabern. Es war ein Possenstück und er, der Hauptdarsteller, stand vor einem Publikum, das ihm nicht ins Wort fiel. Er gab an, dass die Kinder ihm geraten hätten, sich wegen all meiner Liebhaber scheiden zu lassen. Aber er liebe mich doch so sehr und als Familienvater könne er unser Glück nicht einfach so preisgeben.

Während der langen Wartezeit auf dem Gang ging ich zu meinen Kindern und bat sie, mit mir in der Cafeteria etwas zu essen.

Sevil sagte daraufhin eiskalt zu mir: »Ich habe dir als Mutter gekündigt!«

Das war wie ein Dolchstoß in mein Herz. Ich verstand gar nicht, warum sie mich so hasste. Ich hatte doch alles getan, was ich konnte, und sogar noch mehr.

Eine ehemalige Angestellte und Freundin, die kurz nach Mahmuts Überfall gekündigt hatte, versuchte, mich zu trösten: »Nimm die harten Worte nicht so ernst. Das sind nicht mehr deine Kinder, weil Mahmut sie beeinflusst.«

Doch mein Kopf war anschließend wie in Watte gehüllt und mein Herz schmerzte bei jedem Schlag. Wir warteten ewig und konnten an diesem Tag keine Aussage mehr machen. Dem Angeklagten hingegen wurde viel Raum gelassen, um seine Lügen zu verbreiten.

Am folgenden Tag kam mein Vater doch mit zum Gericht, zitternd vor Aufregung. Mahmut durfte wieder stundenlang seine Sicht der Dinge darlegen, doch endlich kam auch ich zu Wort. Im Gang stand meine Familie später der Mahmuts gegenüber. Es fiel kein Wort der Entschuldigung, stattdessen herrschte feindseliges Schweigen. Ich war ja die schlechte Ehefrau, die schlechte Mutter, die Hure, die Diebin, die schlimmste Frau, die man sich vorstellen konnte.

Es gibt fatale Lücken in der Gesetzgebung: Das Opfer muss, selbst in miserabler Verfassung, alles erzählen und der Täter kann zu den Vorwürfen schweigen. Vor Gericht wurde ich von Mahmuts drei Anwälten fertiggemacht. Allein wie die vier den Saal betraten: ein gewöhnlicher Verbrecher, gefolgt von drei Anwälten in Schlips und Kragen, von denen jeder einen Aktentrolley hinter sich herzog. Was für ein beeindruckender und einschüchternder Aufmarsch! Und was für eine ungeheuerliche Provokation! Schließlich wurden die Anwälte von unserem gemeinsamen Geld bezahlt.

Dann hieß es im Verhör: »Warum sagen Sie das erst jetzt? Bei der polizeilichen Vernehmung haben Sie das nicht erwähnt.«

Meine sprachlichen Schwierigkeiten, die auch Missverständnisse verursachten, wurden einfach nicht berücksichtigt. Einen Übersetzer hatte ich abgelehnt, weil ich die Sorge hatte, dass dann meine Emotionen untergehen könnten – ich fürchtete eine Versachlichung dessen, was ich erlebt hatte. Doch nun sollte ich mich unter größtem psychischem Druck, während das Erlittene wieder in mir hochkam, noch minutiös erinnern können und mich klar verständlich und strukturiert ausdrücken. Mahmut wurde nicht unter Druck gesetzt. Allerdings meinte sogar der Kommissar zu mir, mein Mann sei nicht normal, mal erzähle er dieses und mal jenes.

Während meiner Zeugenaussage flüsterte Mahmut die ganze Zeit mit seinen drei Anwälten. Ich wollte, dass er den Mund hielt, hatte aber keine Handhabe. Sein Getuschel verunsicherte mich und lenkte mich ab. Wutentbrannt schrie ich ihn an: »Du hast zwar keinen Respekt vor Gott und auch nicht vor den Richtern, aber trotzdem wird die Gerechtigkeit siegen!«

Ich weiß nicht, wie oft die Sitzung unterbrochen wurde, weil meine Anwältin mich beruhigen musste. Gebetsmühlenartig wiederholte sie: »Beruhigen Sie sich, atmen Sie tief durch!«

Doch wie sollte ich mich beruhigen? Mahmut und ich saßen fast nebeneinander, zwischen uns befanden sich nur meine Anwältin und ein leerer Stuhl. Als er erzählte, ich hätte ihm Geld gestohlen, um damit den BMW zu kaufen, schrie ich wie von Sinnen und war kurz davor, mich auf ihn zu stürzen. Alle redeten auf mich ein, doch ich rannte aus dem Saal und knallte die Tür hinter mir zu.

Es war gut, dass mein Vater vor dem Saal wartete. Er nahm mich sofort fest in den Arm, nannte mich seine starke Löwentochter und flüsterte immer wieder: »Ich bin stolz auf dich, ich bin stolz auf dich!«

Alle verließen den Gerichtssaal und Mahmuts Familie, die ebenfalls auf dem Gang wartete, fragte, was los sei. Höhnisch grinsend antwortete Mahmut: »Ach, Buket schreit wieder herum.«

Die Anhörung wurde vertagt. Mahmuts Familie fuhr im BMW zur Bäckerei zurück, meine Familie und ich nahmen den Bus und alle trafen sich wieder vor dem Haus – es war unerträglich.

Auch der letzte Gerichtstag brachte viel Streit und Wutausbrüche meinerseits mit sich. Natürlich war das schlecht für mich. Mahmut zeigte sich weinerlich und gab vor, voller Reue zu sein, vor allem jedoch hatte er sich unter Kontrolle. Ich tobte auf Türkisch und Deutsch und bestätigte das Bild der Furie, das er von mir gezeichnet hatte.

Seine Anwälte trieben mich in die Enge wie ein gehetztes Tier. Ich wurde mit Fragen bombardiert, und wenn einer der Anwälte einmal nichts sagte, fragte mich sofort der nächste etwas. Sie wollten mich verunsichern, mich als unglaubwürdig darstellen. Mir wurde vorgeworfen, dass ich erst jetzt von Todesangst spräche, so schlimm könne es also nicht gewesen sein, sonst hätte ich das doch schon bei der Polizeivernehmung erwähnt. Mein Leid wurde verharmlost, Mahmuts Anwälte versuchten, ihn zum Opfer zu machen, und fragten mich, ob ich nicht auch versucht hätte, ihn umzubringen.

Auf solche Fragen fiel mir nichts mehr ein. Meine Sprachlosigkeit wurde mir genauso nachteilig ausgelegt wie mein Schreien oder meine schlechten Deutschkenntnisse.

Eine meiner Angestellten wurde gefragt, was sie gedacht habe, als ich gefesselt in den Verkaufsraum gekommen sei. »Es kam mir wie eine Faschingsverkleidung vor«, sagte sie arglos.

Diese Antwort ließ die Dramatik des Überfalls auf einen Schlag verpuffen. Doch auch ich selbst war nicht in der Lage, meine Gefühle eindrucksvoll zu schildern. Es entspricht einfach nicht meiner Persönlichkeit. Wenn ich Angst habe, sage ich, ich habe Angst. Andere sagen in derselben Situation möglicherweise: Ich schlottere vor Todesangst und ich bin mir sicher, sterben zu müssen. Ich zum Beispiel konnte nicht ausdrücken, wie sehr ich unter der Trennung von den Kindern litt. Sich verständlich machen zu können ist so wichtig! Weil er mir das nicht gönnte, hatte mich Mahmut seinerzeit eingesperrt, damit ich nicht Deutsch lernen konnte. Wegen meines mangelnden Wortschatzes hatte meine Version des Überfalls nicht überzeugend geklungen und so wirkte dieser nur halb so schlimm, wie er tatsächlich für mich gewesen war. Zudem ließen Wut und Verzweiflung meine Aussagen wenig sachlich erscheinen und ich schadete meiner Glaubwürdigkeit nur noch mehr damit. In den Augen aller Anwesenden schienen meine Kinder und Mahmut im Recht zu sein: Ich war vollkommen durchgedreht und nicht zurechnungsfähig.

In den Pausen musste ich zu allem Überfluss mit ansehen, wie Mahmut zwischen meinen Töchtern saß und sie sich einträchtig gegenseitig Zigaretten anzündeten. Warum erkannten die Mädchen nicht, dass sie in einem Gewirr von Lügen gefangen waren? Und warum sah Mahmut nicht ein, was er ihnen damit antat – oder war es ihm schlichtweg egal?

Das Gericht entschied nicht sofort, ich musste einige Wochen auf den Beschluss warten. Als ich das Urteil las, bekam ich einen Schock: zwei Jahre auf Bewährung und 10 000 Euro Schmerzensgeld. Mahmut war also auf freiem Fuß.

Natürlich hielt er sich nicht an die Auflage, räumlichen Abstand zu mir zu halten, aber wie wollte ich das beweisen? Die Angestellten, die für mich ausgesagt hatten, trauten sich nicht mehr in die Nähe der Bäckerei. Er hatte alle bedroht und sie hatten Angst. Manche von ihnen hatten sofort nach dem Überfall gekündigt, andere abgewartet, wie lange Mahmut ins Gefängnis musste. Nach ein paar Monaten aber waren alle weg. Meine drei Freundinnen aus der Bäckerei hielten zum Glück weiterhin engen Kontakt zu mir und gaben mir Halt in dieser schweren Zeit.

Meine Anwältin und ich legten keinen Widerspruch ein – ich war am Boden zerstört und hatte keine Kraft mehr.

Nun begann eine Schlacht um Unterhaltszahlungen, das Sorgerecht für die Kinder und das gemeinsame Haus. Jedem von uns wurde das Wohnrecht zugesprochen und die Anwälte zerlegten das Haus in Abschnitte. Wo waren Türen? Wie ließ es sich bewerkstelligen, dass man sich nicht über den Weg lief? Mahmut durfte sich mir nicht nähern, aber wie sollte das möglich sein, wenn wir unter einem Dach lebten?

Die Scheidung musste nach türkischem Recht abgewickelt werden, und da ich sie wollte, musste ich sie auch bezahlen. Am Ende kamen knapp 10 000 Euro an Anwalts- und Gerichtskosten zusammen – die Höhe meines Schmerzensgelds. Nach türkischem Recht musste derjenige angegeben werden, der die Zerrüttung der Ehe verursacht hatte. Mahmut beschuldigte mich kurzerhand des Ehebruchs und des Drogenmissbrauchs und seine Vorwürfe wurden vom türkischen Gericht bestätigt, Nachweise musste er nicht erbringen und plötzlich war ich die Täterin. Die richterlichen Beschlüsse nach türkischem Recht wurden ins Deutsche übersetzt und hatten Auswirkungen auf unseren Rechtsstreit nach deutschem Recht, vor allem als es um das Sorgerecht für die Kinder ging. Es war ein ewiges Hin und Her zwischen zwei Ländern, zwei Sprachen und zwei unterschiedlichen Rechtssystemen.

26. Kapitel

Nach der durchwachten Nacht, in der mich traumatische Erinnerungen gequält haben, bin ich froh, schon zu früher Stunde arbeiten zu können.

Es ist Wochenende und ich putze eine Kita. Die kleinen Stühlchen sind ordentlich aufeinandergestapelt, damit ich unter den kleinen Tischchen sauber machen kann. Gestern gab es offenbar Kuchen, die Krümel kleben unter meinen Schuhen und sind in allen Räumen verteilt – vielleicht ein Kindergeburtstag? In einer Nische finde ich verstecktes Spielzeug. Anscheinend ein Schatz, den das Kind, das ihn dort verborgen hat, nicht mit den anderen teilen möchte. Wie schön, dass die Kleinen keine größeren Sorgen kennen. Ich wünsche ihnen von Herzen, dass es so bleibt.

Die Erwachsenenwelt ist grausam und unnachgiebig, die sprühende Emotionalität aus Kindertagen weicht mit dem Erwachsenwerden nur allzu oft einer mitleidlosen Gefühlskälte. Das zeigt sich besonders deutlich vor Gericht. Mir schien es so, als ob sich die Richter und Anwälte mit dem Anlegen ihrer Roben auch eine emotionslose Sachlichkeit überstreiften. Sie schaffen dadurch eine Distanz zu ihren eigenen Empfindungen und denen der Beteiligten, es zählen nur noch Paragrafen und Emotionen werden als störend empfunden. Viele

Gerichtsverfahren dauern zudem sehr lange. Ständig gibt es neue Termine und man muss anwesend sein, egal wie man sich fühlt oder wo man sich gerade aufhält. So nimmt das Leiden der Betroffenen kein Ende.

Bis heute habe ich keinen Schlussstrich ziehen können. Von dem Richter, der mein Verfahren geleitet hat, hätte ich mir gewünscht, dass er sich mehr Zeit für meine Aussage als Opfer nimmt. Außerdem sollten Geschädigte auch vor Gericht stärker von Organisationen wie dem Weißen Ring unterstützt werden. Meine Belange wurden größtenteils übergangen, mir wurde viel zu wenig Gehör geschenkt, Mahmut hingegen nach meinem Empfinden viel zu viel. Alles, was ich im Verfahren sagte, wurde infrage gestellt und überprüft. Die Strafverteidiger der Gegenseite haben alle Möglichkeiten genutzt, aufs Widerlichste mit meinen Ängsten zu spielen und in meinen Wunden zu bohren, und keiner warf ihnen dafür unmoralisches Verhalten vor. Als ich von den ganzen Vernehmungen völlig erschöpft und verwirrt war, wurde ich noch verhöhnt und Mahmuts Anwälte frohlockten, wenn in meinen gestotterten Aussagen Widersprüche auftraten. Es war unerträglich. Mahmut grinste vor sich hin, während ich als Opfer verzweifelt und aufgelöst für mein Recht kämpfen musste.

Ich habe auf schmerzliche Weise lernen müssen, dass das Recht nicht auf Gerechtigkeit beruht, aber ich verstehe bis heute nicht, warum das so ist. Warum machen es sich die deutschen Behörden derart schwer? Warum wird jeder Prozess durch Bürokratie verzögert? Warum laufen nicht alle Informationen über einen Straftäter in einer Behörde zusammen und werden dort ausgewertet? Warum weiß die eine Abteilung nicht über dieselben Sachverhalte Bescheid wie die andere Abteilung?

Auch die deutsche Einwanderungspolitik begreife ich nicht. Ich als Ausländerin halte es nicht nur für legitim, sondern für regelrecht logisch, dass ein Ausländer, der eine mehrjährige

Gefängnisstrafe aufgebrummt bekommt, Deutschland ohne bürokratische Umwege verlassen muss, denn er schadet der Gesellschaft. Er zieht die Bemühungen aller rechtschaffenen Migranten und Einheimischen, friedlich zusammenzuleben, in den Dreck. Die deutschen Gefängnisse sind für manche ausländischen Straftäter überhaupt nicht abschreckend, weil es sich darin viel zu angenehm leben lässt. Die Gefängnisse ihrer Heimatländer hingegen bieten so miserable Haftbedingungen, dass es sich ein Migrant in Deutschland womöglich zweimal überlegt, eine Abschiebung zu riskieren.

Mir scheinen im deutschen Rechtssystem ausreichende Abschreckungsmaßnahmen zu fehlen. Gerade für ausländische Wiederholungstäter lohnt sich eine Strategie der Samthandschuhe nicht. Sie werden oft immer wieder kriminell, denn sie wollen gar nicht Teil der deutschen Gesellschaft sein.

Viele Probleme, wie ich sie erlebt habe, würden womöglich gar nicht auftreten, wenn jeder männliche sowie weibliche Migrant in Deutschland die Auflage bekäme, innerhalb von drei Jahren die deutsche Sprache und einen Beruf zu erlernen. Dem Fachkräftemangel in Deutschland könnte so entgegengewirkt werden und die Migranten hätten mehr Kontakt zu den Einheimischen und ein eigenes Einkommen, was manche von ihnen von der schiefen Bahn abhalten würde.

Wieso können Erwachsene nur so schwer kulturelle Unterschiede überwinden? Kindern gelingt das spielend leicht. In diese Kita, die ich putze, gehen Kinder aller möglichen Nationalitäten und Glaubensrichtungen. Sie essen gemeinsam, sie spielen gemeinsam, sie schlafen gemeinsam – die Herkunft spielt für sie überhaupt keine Rolle. Was sie verbindet, ist das Staunen über die Welt, die sie gerade entdecken. Mit der gleichen Neugier beobachten sie krabbelnde Marienkäfer, bewundern die bunten Lichter beim Laternenfest und tanzen durch den ersten Schnee. Und zu Musik bewegen sich schon die

Allerkleinsten und klatschen in die Hände, ganz egal aus welchen Ländern sie kommen.

Mit fortschreitendem Alter verbindet sie dann die gemeinsame Sprache. Es liegt an den Eltern, Gemeinsamkeiten zu erkennen und zu fördern, um ein harmonisches Miteinander der Kulturen zu ermöglichen. Der Samen dafür liegt in den Herzen der Kinder.

27. Kapitel

Im Dezember dieses schrecklichen Jahres flog ich für ein paar Wochen zu meinen Eltern und Levent in die Türkei. Ich überlegte, ob ich auf Dauer dortbleiben sollte. Als ich einmal mit meinem Bruder spazieren ging, kamen wir zu einer Brücke, auf deren einer Seite schöne Häuser standen, während die auf der anderen Seite baufällig und verschmutzt waren. Um sie herum lagen Mülltüten und Dreck. Wie geordnet alles in Deutschland ist, dachte ich bei mir, dort wollen es sich die Leute schön machen und dementsprechend werden auch die Kinder erzogen. In Deutschland war die Erziehung einfach stärker auf Sauberkeit und Ordnung ausgerichtet. Ich merkte, dass ich mich dort heimischer fühlte, und außerdem wollte ich in der Nähe meiner Kinder bleiben.

Als ich aus der Türkei zurück nach Berlin kam, waren in der Wohnung die Heizungen abgestellt und die Türen zum Heizungskeller verrammelt. Ich musste mir Hilfe holen, um die Tür zu öffnen und die Heizanlage wieder anzuschalten, doch sie wurde wie durch Geisterhand wieder abgeschaltet. Wieder begann ein Tauziehen zwischen Mahmut und mir vor Gericht, wer hier wen schikanierte. Es war der reinste Psychoterror. Die Heizanlage versorgte das gesamte Haus einschließlich der Bäckerei, deshalb musste Mahmut im Café und in den anderen

Räumen Gasöfen aufstellen. Trotzdem beschwerten sich die Kunden, dass es zu kalt sei. Die Öfen hatte Mahmut extra besorgt, also war auch das Abstellen der Heizungen geplant gewesen. Ich wickelte mich in der Wohnung stets in zwei Decken, ließ im Bad minutenlang heißes Wasser laufen, damit der Dampf den Raum aufwärmte, und duschte dann zitternd. Auch Heizkissen halfen nicht wirklich gegen die Kälte, die Wohnung war einfach zu groß.

Kurz darauf, im Januar 2006, begann zum Glück meine Reha im Sauerland. Die psychologischen Gutachten während meines Aufenthalts im Frauenhaus nach dem Überfall hatten eine posttraumatische Belastungsstörung ergeben. Ich wusste zunächst gar nicht, was das bedeutete.

In den vier Wochen der Reha wurden zahlreiche Untersuchungen durchgeführt, ich konnte Wellnessprogramme auswählen, Handarbeitskurse besuchen und führte psychologische Gespräche. Eine meiner Freundinnen aus der Bäckerei holte in der Zwischenzeit in Berlin eine erneute Anzeige von Mahmut aus meinem Briefkasten und las sie mir am Telefon vor. Seit Mahmuts Entlassung aus dem Gefängnis hatte ich monatlich Anzeigen erhalten, wegen Verleumdung, Sachbeschädigung, Beleidigung und Misshandlung Schutzbefohlener.

Dieses Mal sollte ich wieder Geld gestohlen haben. Ich konnte mich nicht beherrschen und bedrohte Mahmut am Telefon: »Für die 10 000 Euro, die ich angeblich geklaut habe, habe ich einen Killer angeheuert und werde, wenn du tot bist, vom Rest mit meinen zahlreichen Geliebten Urlaub machen.«

Schon flatterte mir die nächste Anzeige ins Haus. Mahmut hatte nun Todesangst, er fühlte sich verfolgt und selbst seine Backgehilfen, denen er alles erzählt hatte, fürchteten um sein Leben. Sie behaupteten, große Fußspuren im Schnee vor dem Haus entdeckt zu haben, und er gab an, Zeugen hätten unser letztes Telefonat mitgehört, denn zufällig sei der Lautsprecher des Telefons an gewesen. Ich musste 1 200 Euro Strafe zahlen. Während er mir Hunderte schlimme Dinge antat und nichts passierte, tat ich eines und wurde sofort dafür bestraft.

Selbst im Kurort wurde ich die Angst vor ihm nicht los, obwohl ich ein Zimmer im obersten Stockwerk bewohnte. Sobald ich ein Berliner Kennzeichen sah, begann ich zu zittern. Nach vier Wochen schlugen die Ärzte vor, meinen Aufenthalt um weitere zwei Wochen zu verlängern. Sie warfen mir vor, ich würde nicht richtig mitarbeiten, weil ich mich weigerte, Medikamente zu nehmen, und begannen, Druck auf mich auszuüben. Der Krankenbericht brachte mich zum Heulen. Sinngemäß stand darin, ich sei ein psychisches Wrack und deshalb arbeitsunfähig. Ich wollte aber unbedingt wieder arbeiten und ein normales Leben führen können. Unter meinen Mitpatienten waren einige Simulanten, ein Türke gab zum Beispiel vor, nur mit Mühe laufen zu können. Kaum hatte er seine Krankschreibung, lief er plötzlich beschwingt durch die Gegend. Aber andere, die wirklich krank waren, hofften wie ich inständig darauf, bald wieder arbeiten zu können.

Weil ich mich allein im Sauerland, noch dazu bei hohem Schnee, verlassen fühlte, schrieb ich an Yilmaz und er versprach, mich zu besuchen. Er kam über ein Wochenende vorbei. Das tat mir gut, löste aber natürlich nicht meine Probleme. Immer wieder war ich gezwungen, den Therapeuten von Mahmuts Überfall zu berichten. Nach sechs Wochen kam ich schließlich zurück nach Berlin. Mahmut glaubte, ich würde das Haus nicht mehr bewohnen, und hatte mir deshalb wieder seinen Anwalt auf den Hals gehetzt. Wenn ich offensichtlich woanders wohnte, warum sollte ich dann ein Anrecht auf das Haus haben?

Er beobachtete mich fortan auf Schritt und Tritt und brachte sogar eine Kamera am Haus an, um zu kontrollieren, wer kam und ging. Von den Kindern erfuhr ich viele Jahre später, dass er Wanzen an der Zimmerdecke unterhalb meiner Wohnung installierte, um Geräusche abzuhören. Ein Bekannter erzählte mir ebenfalls erst viel später, dass Mahmut sich damit gebrüstet hätte, vom Treppenhausfenster des gegenüberliegenden Hauses regelmäßig mit einem Fernglas in meine Fenster zu spähen. Wenn ich darüber nachdenke, befällt mich noch heute der Ekel. Wegen der Kamera zog ich erneut vor Gericht und schließlich musste Mahmut sie abbauen.

Doch die ständigen Gerichtstermine, das Lesen der Anwaltsschreiben und das Wälzen der Gesetzesbücher ließen meine Nerven blank liegen – ich kam einfach nicht zur Ruhe.

Auch Yilmaz bekam Mahmuts Aggressionen zu spüren. Ein Spiegel wurde von seinem Auto abgerissen, als es in der Nähe seines Büros parkte. Außerdem fehlte das Nummernschild und der Wagen war zerkratzt. Yilmaz und ich verdächtigten Mahmut und fragten uns, warum er das Nummernschild mitgenommen haben könnte, und suchten es. Weit abseits des Autos fanden wir es völlig verbogen, er hatte sich offenbar daran abreagiert. Wegen der Fingerabdrücke brachten wir es zur Polizei, aber die hatte kein Interesse an einer Beweisaufnahme.

»Na gut«, meinte ich zu den Beamten, »dann lasse ich die Fingerabdrücke eben privat abnehmen.«

»Das erkennt leider kein Gericht an, Frau Kaya«, erwiderten sie.

Kurz darauf schüttete Mahmut Kleister über Yilmaz' Auto. Alle Gummidichtungen wurden porös und der Lack war angegriffen. Yilmaz musste diese Schikanen über sich ergehen lassen, weil er keine Beweise gegen Mahmut vorlegen konnte.

Im Frühjahr 2006 ergriff ich wieder für ein paar Wochen die Flucht und flog in die Türkei. Nach meiner Rückkehr wurde Mahmut und den Kindern die Wohnung im ersten Obergeschoss zugesprochen, weil sie die größere der beiden war. Gleichzeitig riet mir der Richter davon ab, ins Dachgeschoss zu ziehen, denn von dort gab es keine Fluchtmöglichkeit. Also packte ich meine Sachen und wohnte vorerst bei einer Freundin. Das teure Sicherheitsschloss, das ich auf meine Kosten in die Wohnungstür hatte einbauen lassen, nahm ich mit. Mahmut zeigte mich deshalb wegen Sachbeschädigung an; ich hätte die Tür demoliert und etliches andere auch.

Es begann ein Kleinkrieg um altes, neues und kaputtes Inventar. Die Schäden, die Mahmut in all den Jahren während seiner Wutausbrüche verursacht hatte, schob er nun mir in die Schuhe. Um mich abzulenken, fuhr ich für eine Woche mit einer Freundin nach Tirol, weil diese dort beruflich zu tun hatte. Ich konnte mich gar nicht sattsehen an dem strahlenden Grün der Wiesen; am liebsten wollte ich zur Kuh werden und dortbleiben, einfach nur auf der Weide stehen und keine Sorgen mehr haben. Einer anderen Freundin half ich beim Umzug von Braunschweig nach Berlin. Sie war vor ihrem Mann in ein Berliner Frauenhaus geflüchtet, dort hatte ich sie vor über einem Jahr kennengelernt.

Ich war in diesem Jahr viel unterwegs, allerdings konnte ich nie lange wegbleiben, denn immer wieder bekam ich Einladungen zu Gerichtsterminen und musste mich gegen absurde Beschuldigungen zur Wehr setzen. Eine Freundin holte für mich die Post ab, wenn ich nicht da war, aber manche Schreiben erreichten mich dennoch nicht. Ich vermute, dass Mahmut den Briefkasten teilweise leerte. Manches Mal musste ich mich wortreich bei meiner Krankenkasse oder meiner Anwältin entschuldigen, weil ich Fristen versäumt hatte, von denen ich nichts gewusst hatte, und mir deshalb das Krankengeld oder die Prozesskostenhilfe gekürzt werden sollte.

Im Sommer reiste ich mit Yilmaz in die Türkei, damit dieser meine Eltern kennenlernen konnte. Mittlerweile waren er und seine Frau getrennt und zwischen uns war eine harmonische Vertrautheit entstanden, die uns eine Beziehung wagen ließ. Meine Eltern wussten, dass es jemand Neuen in meinem Leben gab, und meine Mutter gönnte mir das nach all dem Elend von Herzen, mein Vater jedoch war sehr zurückhaltend. Er war sich nicht sicher, ob er Yilmaz mochte. Schließlich sei er doch derjenige gewesen, der diese dubiosen Sexanzeigen in der Zeitung geschaltet hatte, das sei doch ein Anzeichen dafür, dass mit dem Mann etwas nicht stimme. Ich verteidigte Yilmaz, erzählte von seiner unglücklichen Ehe und zeigte Verständnis dafür, dass er Abwechslung gesucht hatte. Ich war verliebt! Yilmaz war das Gegenteil von Mahmut und ich glaubte, endlich mein Glück gefunden zu haben. Das Treffen mit meinen Eltern verlief harmonisch, was eine ganz neue Erfahrung für mich bedeutete. Wir reisten zurück nach Berlin und wollten ein paar Habseligkeiten aus meiner Wohnung holen, aber das Schloss der Wohnungstür war mit Sekundenkleber zugekleistert worden.

Ich war deshalb gezwungen, zunächst bei Yilmaz zu wohnen und mit dem auszukommen, was sich in dem Koffer befand, den ich auf die Türkeireise mitgenommen hatte. Yilmaz' Frau war bereits ausgezogen, doch auf Dauer wollte ich nicht in seiner Wohnung bleiben, sondern eine eigene haben. Ende des Jahres fand ich eine Wohnung in Tempelhof. Möbel und Hausrat musste ich mir von meinen Freundinnen zusammenleihen und bei der Miete unterstützten mich Yilmaz und meine Eltern. Erst 2007, ein Jahr später, war die lächerliche Schlacht zwischen Mahmut und mir um das gemeinsame Inventar beendet und ich konnte die restlichen Sachen aus meiner alten Wohnung holen.

Yilmaz besuchte mich fast täglich und nach etwa einem Jahr konnte ich in dem Haus, in dem ich lebte, eine größere Wohnung mieten. Anfang 2008 zog Yilmaz zu mir. Die Beziehung zu ihm, die sich seit meiner Reha langsam entwickelt hatte, gab mir ein wenig Halt – er war lustig und brachte mich oft zum Lachen. Aber ich konnte kein Vertrauen zu ihm fassen, dafür fühlte ich mich einfach zu belastet. Wenn ich neben ihm lag, war mir unwohl, dabei merkte ich, dass er sich wirklich um mich sorgte. Er nahm Rücksicht und betrachtete mich nicht als seine Sklavin. Ich hatte fast jede Nacht schreckliche Albträume, schrie und weinte im Schlaf. Dann weckte er mich jedes Mal, aber meine Ärzte sagten, das solle er nicht tun, weil ich im Schlaf mein Trauma verarbeiten müsse. Er litt darunter, mir nicht helfen zu können.

Ich genoss es, ihn nicht bedienen zu müssen. Wir redeten miteinander, wir verabschiedeten und begrüßten uns wie normale Menschen, wir trafen Abmachungen und er war verlässlich. Das alles war neu für mich. Irgendwann stellte er mich seinen Bekannten als seine Freundin vor.

»Ich bin nicht deine Freundin«, bemerkte ich kühl.

»Warum denn nicht? Was bist du denn dann?«, antwortete er überrascht.

»Ich möchte niemandem gehören. Ich will keine feste Bindung mehr.«

Yilmaz zuckte mit den Schultern: »Na gut, dann bist du eben meine Lebensabschnittsgefährtin.«

Im Zusammensein mit mir musste er viel ertragen. Manchmal verlor ich mich in meinen Emotionen, schrie und tobte, kämpfte hilflos gegen diese erlittenen Ungerechtigkeiten an. Auch meine Freundinnen staunten, was Yilmaz alles aushielt. Er und seine Frau hatten sich friedlich getrennt, zwischen den beiden verlief alles harmonisch, bis Mahmut mit Yilmaz' Ex-Frau sprach und ihr erzählte, was für ein liederlicher Charakter ich sei und dass meine eigenen Kinder sich für eine so schlechte Mutter schämten. Yilmaz' Ex-Frau berichtete das seiner Familie. Als wir wieder einmal in der Türkei waren, rief mich sogar Yilmaz' Mutter an und verlangte, ich solle die Finger von ihrem Sohn lassen, dabei hatte ich Yilmaz' Familie noch gar nicht kennengelernt. Wieder einmal machte sich keiner die Mühe, diese Beschuldigungen zu hinterfragen. Meine

Telefonnummer wurde offenbar herumgereicht, um mich von allen Seiten zu beschimpfen. Neu war für mich allerdings, dass mich Yilmaz wütend verteidigte. Nichts von der üblen Nachrede sei wahr, schnauzte er seine Mutter am Telefon an, und keiner habe das Recht, sich in unsere Beziehung einzumischen – er wolle nichts dergleichen mehr hören.

Yilmaz und ich waren etwa sechs Jahre zusammen, von 2006 bis 2012. Über diese ganze Zeit hinweg hörten die Kämpfe mit Mahmut nicht auf und so stand ich immer wieder vor Gericht, wurde wegen Drohung und Verleumdung verurteilt und musste Bußgelder bezahlen. Ich vermisste meine Kinder schrecklich, doch sie lehnten jeden Kontakt zu mir ab. Ich glaubte, ohne sie nicht leben zu können. Meine Freundinnen und Ärzte redeten mir gut zu, ich solle versuchen, mein eigenes Leben zu leben, es bringe nichts, wenn ich ständig den Kindern nachweinte. Doch ich konnte nicht anders. Meine Töchter wurden von ihrem Vater von einem Gerichts- und Anwaltstermin zum nächsten geschleppt. Er übte weiterhin Druck auf sie aus, damit sie eidesstattliche Erklärungen abgaben, deren Inhalt gelogen war. Sie lebten bei ihm und arbeiteten in der Bäckerei mit. Ceylin machte immerhin eine Ausbildung zur Bäckereifachverkäuferin, aber Sevil blieb ohne Berufsausbildung. Sie waren finanziell völlig von ihrem Vater abhängig. Außerdem unterstützte er ihren Lebensstil, der immer noch von Drogenkonsum geprägt war.

Sobald der Kontakt zu mir nach meinem Auszug abgebrochen war, erkannten sie wohl, dass es Mahmut nicht um Vaterliebe und Fürsorglichkeit ging. Er kümmerte sich nicht wirklich um die beiden, sondern brauchte einfach nur Hilfe in der Bäckerei, nachdem ihm das Personal davongelaufen war. Mit Abitur hätten Ceylin und Sevil angesehene Berufe erlernen können, aber das wäre Mahmut gar nicht recht gewesen – er wollte keine starken Frauen um sich haben.

Als meine Töchter hörten, dass ich mit Yilmaz zusammenlebte, trauten sie sich erst recht nicht mehr, den Kontakt zu mir wieder aufzunehmen. Für die Mädchen wäre es besser gewesen, in einem Heim zu leben, so aber wurden sie von ihrem Vater für seine Zwecke missbraucht, als Waffe gegen mich.

Mit einer geschäftstüchtigen deutschen Bekannten entwickelte ich nach Yilmaz' Einzug in meine Wohnung die Idee, eine neue Bäckerei aufzubauen. Zu dem Zeitpunkt besuchte ich wieder seit einigen Wochen einen Sprachkurs vom Arbeitsamt, um endlich ausreichende Deutschkenntnisse für eine Ausbildung zu erlangen. Die Idee von der Bäckerei nahm jedoch auch immer mehr Gestalt an. Ich hatte ein gutes Team von ehemaligen Angestellten zur Verfügung, die nicht mehr in Mahmuts Bäckerei beschäftigt waren und für die ich mich verantwortlich fühlte. Zum zweiten Mal legte ich also mein Vorhaben, einen Beruf zu erlernen, auf Eis, um ein Geschäft zu eröffnen. Auf die erste Bäckerei, in die ich all meine Kraft gesteckt hatte, hatte ich letztendlich verzichten müssen, nun wollte ich meine Erfahrungen anwenden und etwas Eigenes schaffen. Meine ehemaligen Mitarbeiter wollten alle Teil meines Teams werden und sogar ein neu angeworbener Bäckermeister sowie ein Konditormeister waren interessiert. Yilmaz stand voll hinter mir und versprach mir und meiner Freundin einen Kredit über 50 000 Euro, wenn wir unsere Idee verwirklichten.

Dieses Angebot kam uns sehr entgegen, weil uns die Bank keinen Kredit gewährte. Allerdings wollte Yilmaz uns das Geld nur leihen, wenn das Geschäft ausschließlich über seinen Namen lief, schließlich hatte er gesehen, wie viel Mahmuts Bäckerei abwarf, und wollte auch ein Stück vom Kuchen abhaben. Meine Freundin weigerte sich, für einen Mann zu arbeiten, denn sie hatte zu viel Ärger mit ihrem afghanischen Ex-Mann erlebt, mit dem sie sich als Druckereivertreterin selbstständig gemacht hatte. Sowohl sie als auch Yilmaz blieben stur und somit entschied sich meine Freundin gegen das Geschäft. Ich war einverstanden, dass Yilmaz als Besitzer der Bäckerei fungierte, wenn er bereit war, so viel Geld zu investieren, und so arbeitete ich für Yilmaz, obwohl die Bäckerei mein Projekt war. Ich war davon überzeugt, dass mir mit ihm nicht das Gleiche passieren würde wie mit Mahmut.

Die Räumlichkeiten, die wir für die Bäckerei in Schöneberg gemietet hatten, mussten hergerichtet werden. Der Verkaufsraum mit kleinem Cafébereich und die angrenzende Konditorei samt Backstube waren insgesamt etwas mehr als halb so groß wie mein altes Geschäft. In den übrigen Stockwerken des Hauses befanden sich Eigentumswohnungen, die uns viele Auflagen bescherten. Wir brauchten eine Genehmigung vom Bauamt, es gab sehr viel zu beanstanden, was den Lärmschutz, die Sicherheitsvorschriften oder die Geruchsbelästigung betraf. Ich schuftete von Anfang an wie ein Pferd und steckte jeden Cent, den ich entbehren konnte, in die Bäckerei. Aber ich war so dumm, wieder nichts schriftlich festzuhalten, sodass ich keinen Nachweis über meine Arbeit oder meine Investitionen hatte.

Die Baufirma wollte für schallisolierte Fenster, Abluft- und Zuluftanlagen, Sicherheitsbeleuchtung und dergleichen mehr fast 100 000 Euro haben. Jetzt standen wir da. Ab Herbst 2008 mussten wir die Miete für die Bäckerei zahlen, konnten jedoch das Geschäft wegen der vielen Bauarbeiten nicht eröffnen und hatten somit keinerlei Einnahmen. Uns stand das Wasser bis zum Hals. Ich arbeitete fast vier Jahre lang ohne Lohn, dafür zahlte Yilmaz die Miete unserer Wohnung. Ich wollte, dass so viel Geld wie möglich in die Bäckerei zurückfloss, und dachte eher an das Geschäft als an meine Absicherung. Wir taten dem Finanzamt gegenüber allerdings so, als ob ich Lohn bekäme, um Yilmaz als meinem Arbeitgeber Steuervorteile zu verschaffen. Er wollte mir sogar kündigen, damit ich Arbeitslosengeld beziehen konnte, inoffiziell sollte ich natürlich trotzdem weiterarbeiten – das allerdings war mir zu viel des Guten.

Die Arbeit lenkte mich von meinen Ängsten und Sorgen ab, aber mein altes Leben holte mich immer wieder ein. Eines Nachmittags kam ich von der Bäckereibaustelle zurück zu meiner Wohnung. In der Nähe meines Hauses sah ich einen weißen BMW stehen, hinter dessen Steuer Mahmut saß, der mich anstarrte. Mich durchfuhr es eiskalt und ich geriet in Panik, denn ich glaubte schon, ihn aussteigen zu sehen, um mich zu erschießen. Schlotternd und heulend rief ich mit dem Handy Yilmaz an und legte nicht auf, bis ich durch einen Seiteneingang im Hof ins Haus gerannt war. Mich lähmte die Erkenntnis, dass Mahmut offenbar wusste, wo ich wohnte, obwohl meine Adresse geheim war und eine Auskunftssperre bestand. Als ich Mahmuts Auftauchen bei der Polizei meldete, hieß es dort, man könne ihm nicht verbieten, durch die Gegend zu fahren.

In den folgenden Wochen gab es weitere seltsame Situationen. Als Yilmaz und ich einmal aus dem Haus gingen, beobachteten wir ein paar türkische Jugendliche, die zu telefonieren anfingen, als sie uns bemerkten. Yilmaz ging auf sie zu und sie liefen erschreckt davon. Ein anderes Mal klingelte ein vermeintlicher Taxifahrer an meiner Wohnungstür, doch ich öffnete nicht. Er erzählte mir durch die Tür hindurch, er hätte ein Handy in seinem Wagen gefunden, bei dem sich ein Mieter dieses Hauses sicher sei, dass es mir gehöre. Ich wohnte im obersten Stockwerk eines Hauses mit sehr vielen Mietern, die ich gar nicht alle kannte. Was also sollte dieser Unfug? Jedenfalls wusste Mahmut nun auch, hinter welcher Tür ich wohnte, und er wusste ebenfalls, wo sich die neue Bäckerei befand, noch bevor wir sie eröffnet hatten. Während laute Technomusik aus den Boxen seiner Stereoanlage dröhnte, fuhr er in Schrittgeschwindigkeit immer wieder vor der Bäckerei auf und ab. Es schnitt mir ins Herz, dass meine Kinder mit im Auto saßen und bei diesem Psychoterror mitwirkten.

Als wir dann schließlich im Frühjahr 2009 die Bäckerei eröffneten, war Yilmaz hoch verschuldet, deshalb war es umso wichtiger, dass das Geschäft jetzt lief! Aber ich hatte ein Riesenpech mit den Angestellten, die ich neu hinzugeholt hatte. Ein Konditormeister war leider Alkoholiker und ständig betrunken und der Bäckermeister kam irgendwann einfach nicht mehr, sodass ich nachts selbst backen musste, während Yilmaz in einem Sessel im Caféraum schlief. Nachtschichten war er nicht gewohnt, aber ihn plagte auch kein schlechtes Gewissen, wenn ich sowohl tagsüber als auch nachts durcharbeitete.

Meine Eltern kamen zu Besuch und halfen wieder beim Backen, doch so konnte es nicht weitergehen! Ich hatte ständig wechselnde Bäckermeister: schlechte, unzuverlässige, unpünktliche und sogar kiffende. Erst über ein Jahr nach der Eröffnung fand ich den richtigen Mitarbeiter für die Backstube. Dieses Problem war nun endlich gelöst, aber es tauchten neue auf: Wegen mangelnder Schalldämmung und wegen Geruchsbelästigung kamen erneut teure Umbauten auf uns zu. Zu meiner Erleichterung griffen uns meine Eltern dafür finanziell unter die Arme.

Mit dem neuen Bäcker begannen wir immerhin, endlich Kasse zu machen. Das Geschäft lief besser und ich konnte mich wieder um den Verkauf und die Organisation kümmern. Um halb sechs begann stets mein Arbeitstag, bis zum Nachmittag verkaufte ich, dann erledigte ich Bankgeschäfte und Einkäufe, abends ging ich wieder in den Laden zum Putzen und um für den nächsten Tag alles vorzubereiten. Ich machte belegte Brötchen, türkische Speisen, Kuchenglasuren. Währenddessen fragte ich mich oft, warum ich eigentlich schon wieder in dieser Spirale gefangen war. Warum war mir nichts Besseres als die gleiche kräftezehrende Arbeit wie zuvor eingefallen? Die Antwort war einfach: Weil es das war, was ich konnte.

Alle Angestellten arbeiteten hart, gaben sich Mühe und waren motiviert. Eines Vormittags betrat Yilmaz den Laden, streckte sich, gähnte laut und schaute sich um. »Ihr schuftet alle umsonst, der Laden läuft nicht«, stellte er fest.

Ich dachte, ich höre nicht richtig. »Na prima!«, rief ich wütend. »Jetzt ist es wohl so weit, dass ich dich aus deinem eigenen Laden werfen muss! Siehst du denn nicht, dass wir hier alle für dich arbeiten, dafür, dass du dein verdammtes Geld bekommst? Raus hier, du verpestest das Arbeitsklima!«

Die Ideen, die ich oder die Angestellten einbrachten, um den Umsatz zu verbessern, interessierten Yilmaz nur am Rande.

Auf die Spinnereien seiner Bekannten hingegen gab er etwas. So meinte einmal jemand, der Laden laufe nicht, weil der Getränkeschrank neben der Theke stehe und nicht neben der Tür. Oder ihm wurde von Besserwissern aus seinem Bekanntenkreis geraten: Wenn der Laden nach sechs Monaten nicht liefe, sollte er ihn besser schließen, denn ansonsten würde er damit nie auf einen grünen Zweig kommen. Auf einmal hatten wir viel Streit miteinander.

28. Kapitel

Mahmut ließ weiterhin nicht von mir ab. Meine Anwältin teilte mir behutsam mit, dass er eine Detektei beauftragt habe. Er wollte mir keinen Unterhalt mehr zahlen, denn ich hätte schließlich einen Verdienst und wäre sogar Besitzerin einer Bäckerei. Außerdem hätte ich ihm das Geld für den Aufbau meines Geschäfts gestohlen. Natürlich kam er mit dieser neuen Anschuldigung nicht durch, da ich nachweisen konnte, dass Yilmaz der Besitzer und Investor der Bäckerei war. Viel schlimmer als das erneute Ringen unserer Anwälte war aber nun das Wissen, dass ich ausspioniert wurde. Ich las die Protokolle der Detektive: Dort war genau vermerkt, was ich wann angehabt hatte, mit wem ich sprach, wann ich kam, wann ich ging. Mir wurde regelrecht schlecht und ich fragte mich, was das für Menschen waren, die ohne Skrupel derart in die Privatsphäre eines anderen eindrangen. Mahmut verwendete das von mir erarbeitete Geld gegen mich, indem er Detektive und Anwälte beschäftigte, und er spielte sogar meine eigenen Kinder gegen mich aus, sodass sie sich von mir abwandten und mich ihrerseits auf Unterhalt und wegen Körperverletzung verklagten.

Sogar meine eigenen Emotionen verwendete er gegen mich, denn meine Wutausbrüche und Drohungen brachten ihm Vorteile. So musste ich ein Bußgeld entrichten, weil ich ihn »Mörder« genannt hatte.

An einem tristen, wolkenverhangenen Tag fuhren Yilmaz und ich mit dem Auto zur Bäckerei. Während der Fahrt fielen uns seltsame Geräusche auf. Yilmaz ließ mich an der Bäckerei aussteigen und brachte den Wagen zur Werkstatt. Dort fanden die Mechaniker unter dem Auto merkwürdige, mit Klebestreifen umwickelte Teile. Yilmaz war ratlos, er hatte Sorge, dass es sich um eine Bombe handeln könnte. Ich riet ihm, den Wagen der Polizei zu zeigen. Was nun folgte, hatten wir nicht erwartet: Kaum hatte die Polizei das Auto in Augenschein genommen, sperrte sie die komplette Straße vor ihrem Revier ab, die Anwohner durften nicht mehr aus ihren Häusern und mussten die Fenster geschlossen halten. Meine Anwältin stand zufälligerweise wegen der Straßensperrungen in der Nähe eine Stunde lang im Stau und meinte später trocken: »Ach so, das war wegen Herrn Kaya.«

Die Polizei zog einen Sprengstoffexperten hinzu und wollte auch mich anhören, also wurde ich abgeholt und befragt. Es stellte sich heraus, dass die seltsamen kleinen Teile keine Bombe waren, sondern ein Handy und ein GPS-Gerät. Man verhörte Yilmaz und mich wie Verbrecher und fragte uns, ob wir wüssten, wer das gemacht haben könnte.

»Na, mein Ex-Mann«, antwortete ich.

»Haben Sie das gesehen?«

»Dann hätte er die Teile ja wohl nicht anbringen können!«

Wir erstatteten Anzeige gegen unbekannt. Nachdem das Verfahren eingestellt worden war, fanden Mechaniker bei einer Inspektion durch Zufall wieder ein mit Klebeband befestigtes Handy unter dem Auto. Dieses Mal informierten wir zwar die Polizei, erstatteten aber keine Anzeige. Die Beamten konnten unsere Sorge um unsere Sicherheit nicht nachvollziehen, für sie sah es so aus, als wollten wir dem bedauernswerten Mahmut etwas anhängen. Yilmaz brachte einen Spiegel an einem Stock an und untersuchte von nun an vor jeder Fahrt die Wagenunterseite. Auf all meinen Wegen zum Auto, zur Bäckerei und zurück nach Hause brach mir jeden Tag der Angstschweiß aus, denn immerzu befürchtete ich einen Angriff von Mahmut oder seinen Handlangern. Am liebsten hätte ich mich für immer im Bett verkrochen, aber mein Leben ging ja weiter.

Zwei anstrengende Jahre später, im Sommer 2011, entdeckte ich auf Yilmaz' Handy, das er zu Hause vergessen hatte, zärtliche SMS von ihm und seiner Sekretärin. Als er kurz darauf angerannt kam, um sein Telefon zu holen, war es zu spät. In seiner Schreibtischschublade fand ich sogar ein Foto seiner Sekretärin. Yilmaz leugnete seine Liebelei; er belog mich ganz offensichtlich und versuchte anschließend auf erbärmliche Weise, sich herauszureden.

25 Jahre lang war ich mit Lügen quasi verheiratet gewesen und nun hatten sie mich wieder eingeholt. Das machte mich fertig, aber dieses Mal wehrte ich mich dagegen. Dutzende Male warf ich Yilmaz aus unserer Wohnung, immer wieder waren wir für einige Wochen getrennt. Ich wollte, dass er seiner Sekretärin kündigte. Erst weigerte er sich, entließ sie dann, hielt aber dennoch Kontakt. Er gelobte Besserung und jammerte herum, aber nichts änderte sich – es reichte mir! Seine Sekretärin rief ihn ständig an, und selbst als ich bei einem dieser Anrufe neben ihm stand, brachte er es nicht über sich, ihr eine Abfuhr zu erteilen. Ich weiß nicht, wie lange die beiden noch miteinander zu tun hatten, jedenfalls hatte er mehr Mitleid mit ihr als Zuneigung für mich.

Eigentlich wollten wir erneut gemeinsam in die Türkei reisen, aber ich fuhr allein. Meine Mutter schlug die Hände über dem Kopf zusammen, als ich ihr erzählte, was los war. »Der eine ist dir zu schmutzig, der andere wäscht sich, ist aber auch nicht gut genug. Bei jedem suchst du das Schlechte!«

Ich fand ihre Reaktion unerhört, als dürften Frauen keine Ansprüche stellen! Andererseits erkannte ich, wie viel Angst sie um mich hatte. Sollte ich mich von Yilmaz trennen, wäre ich auf mich allein gestellt und hätte niemanden, der mich vor Mahmut beschützen könnte, wenn dieser mir womöglich auflauerte.

Während ich in der Türkei war, besuchte Yilmaz einen Swingerklub, das erzählte er mir freimütig nach meiner Rückkehr und ich sollte es ihm auch noch verzeihen. Er schlug mir vor, das nächste Mal zusammen dorthin zu gehen.

»Wenn ich dorthin gehen sollte, dann allein. So wie du!«, erwiderte ich hitzig.

Etwas später reiste er in die Türkei und ich blieb in Berlin. In diesen Tagen schrieb er mir ständig und wollte wissen, wo ich war und warum ich nicht früher geantwortet hätte. Ich solle bloß nicht in den Swingerklub gehen!, bat er mich. Dass ich den Spieß umgedreht hatte, gefiel ihm offenbar gar nicht. Natürlich interessierte mich der Klub nicht im Geringsten. Weil ich die Worte meiner Mutter im Ohr hatte, verzieh ich Yilmaz viel zu oft, auch seine Chats auf einer Flirtseite ließ ich ihm durchgehen, obwohl ich erst tobte, als ich davon erfuhr. Eifersüchtig war ich schon lange nicht mehr, aber seine Respektlosigkeit und Schamlosigkeit brachten mich zur Raserei. In seinem Profil gab er an, Abenteuer zu suchen. Ganz offen stand dort unsere Adresse. Als Nickname und Passwort waren ihm nur mein Name und mein Geburtsdatum eingefallen, achtlos hatte er sie auf einen Zettel gekrakelt.

Das schlug dem Fass den Boden aus! Ich war Bestandteil seines Lebens und er missbrauchte meinen Namen und meine Adresse für seine Flirts. Ich arbeitete 16 Stunden pro Tag in seiner Bäckerei, damit er Geld scheffeln konnte, und er behandelte mich wie Dreck. Und täglich grüßt das Murmeltier – warum wurde ich nur immer zum Fußabtreter?

Die letzten zwei Jahre unserer Beziehung waren geprägt von Enttäuschungen und Streit. Mit einem früheren Schlussstrich wäre uns besser gedient gewesen. Ich zahlte die Steuern auf die Einnahmen der Bäckerei und die Steuerrückerstattung ging auf Yilmaz' Konto ein. Schließlich verkündete er, wenn es zu finanziellen Engpässen in der Bäckerei komme, gebe er keinen Cent mehr dazu. In der Folge musste ich mir ab und zu Geld von Freunden leihen, um die Angestellten zu bezahlen. Yilmaz wusste das natürlich und hoffte darauf, die Bäckerei verkaufen zu können. Während dieser zwei Jahre hielt ich das Geschäft noch aufrecht, dann ging 2012 die hochwertige Kaffeemaschine kaputt, was leere Stühle im Cafébereich der Bäckerei bedeutete und somit noch weniger Umsatz.

Yilmaz weigerte sich, die Reparatur zu bezahlen. Seine Freunde rieten ihm, den Hersteller zu verklagen, denn nach nur drei Jahren dürfe ein derart teures Gerät nicht den Geist aufgeben. Er war tatsächlich bereit, enormen Aufwand zu betreiben und möglicherweise hohe Anwaltskosten zu bezahlen, statt die 500 Euro für eine Reparatur auszugeben. In diesem Moment warf ich das Handtuch – seine Geldversessenheit, er selbst und seine Freunde gingen mir nur noch auf die Nerven. Ich kam einfach nicht mehr in die Bäckerei. Er bekniete mich, die Arbeit wieder aufzunehmen, und ich schlug ihm einen Deal vor: 20 000 Euro bot ich ihm für die Übernahme der Bäckerei an, im Gegenzug sollte er die Restschulden übernehmen. Als Sicherheit sollte die Wohnung meiner Eltern in der Türkei dienen. Falls er auf mein Angebot nicht eingehen wollte, würde alles ihm gehören, ich würde jedoch die Arbeit sofort einstellen und das von meinen Eltern geliehene Geld zurückverlangen.

Diesen Plan hatte ich zusammen mit meiner Familie und meinen Freundinnen ausgeheckt. Alle waren, ohne zu zögern, bereit gewesen, mir zu helfen und Geld zusammenzulegen, falls Yilmaz meinem Vorschlag zustimmte. Wieder einmal war ich dankbar dafür, so starken Rückhalt zu erfahren.

Doch Yilmaz ging nicht darauf ein. Stattdessen wollte er den Laden verkaufen, wurde ihn aber nicht los und musste ihn verpachten. Ich blieb zu Hause und er wohnte mittlerweile in seinem Büro. Er gab mir die Schuld für jede Rechnung, die kam. Ich sagte ihm, er solle die Ärmel hochkrempeln und alles besser machen. Er nannte mich Schlampe und es kam in meiner Wohnung zu einem heftigen Streit, bei dem wir uns beschimpften und er plötzlich brüllte: »Ich bringe dich um!«

Die alte, bekannte Angst durchflutete mich, es gelang mir, ihn aus der Wohnung zu drängen, und ich rief die Polizei. Yilmaz tobte, wie ich es von Mahmut kannte, und versuchte, die Wohnungstür einzutreten. Er wusste genau, was eine Morddrohung in mir auslöste, ganz bewusst steckte er den Finger tief in meine nicht verheilte Wunde. Das kann ich ihm bis heute nicht verzeihen. Tage später wollte er sich entschuldigen, telefonierte mit meiner Familie und wollte mich zurückhaben, aber für mich war der Zug nun endgültig abgefahren und das sagte ich ihm auch deutlich. Ich hatte mich immer allein durchs Leben gekämpft, ich war fleißig und stark – ich brauchte keinen Mann.

Weil ich das Geld zurückforderte, das meine Eltern uns geliehen hatten, kam es Ende 2012 zu einem Gerichtstermin, bei dem er mir ein weiteres Mal drohte, mich umzubringen. Dieses Mal hatte ich wenigstens Zeugen. Er behauptete, ich sei nur wegen seines Geldes mit ihm zusammen gewesen – offenbar hatte er viel von Mahmut gelernt. Auch er provozierte mich, um mich aus der Fassung zu bringen. Bei dem ganzen Verfahren ging es mir allerdings weniger um das Geld als vielmehr um die Macht, die er ausübte, und darum, dass ich Gerechtigkeit wollte.

Nach der Trennung saß ich wieder voller Angst zu Hause, meine posttraumatische Belastungsstörung kam zurück. Ich fürchtete nun die Rache zweier Männer, die sich in ihrer türkischen Ehre gekränkt sahen. Meine Freunde mussten mich zu Hause betreuen und einige Zeit verbrachte ich auch im Krankenhaus.

Im Frühjahr 2013 fing ich an zu putzen.

29. Kapitel

Ich wünschte, meine Geschichte hätte ein Happy End, damit bei den Lesern, die Anteil genommen haben, ein gutes Gefühl zurückbleibt. Aber noch immer ist in meinem Leben keine Ruhe eingekehrt, immer noch habe ich Angst, mal mehr, mal weniger, aber sie ist stets da. Sogar wenn ich in die Türkei fahre, verfolgt mich die Angst. Mahmuts ganzes Dorf dort kennt seine Drohungen und weiß, wen er im Visier hat. Er brüstet sich regelrecht damit, wen er töten will, und keiner zieht ihn zur Rechenschaft, alle ducken sich weg. Der Tag des Überfalls läuft immer wieder in meinem Kopf ab, ohne dass ich es kontrollieren könnte. Jede Meldung über Überfälle, getötete Frauen, eingesperrte Menschen geht mir unter die Haut und versetzt mich schlagartig zu diesem Tag zurück – ich werde die Erinnerung daran körperlich und seelisch einfach nicht los.

Immer wieder überzieht mich Mahmut mit neuen Klagen, in denen es um Geld, um das Haus, um Kredite geht – darin besteht offenbar seine Lebensaufgabe. Ich stelle mir vor, dass er dasitzt und sich überlegt, womit er mich als Nächstes schikanieren kann, denn er weiß, dass ich auf jede neue Provokation sehr emotional reagiere. Das betrachtet er als seinen Triumph über mich. Vielleicht will er mich gar nicht mehr körperlich töten, vielleicht hat er erkannt, dass es für ihn ohne Folgen bleibt, wenn er mich psychisch zerstört. Diese Art der Rache kann er ein Leben lang auskosten.

Doch es gibt eine wunderschöne Veränderung in meinem Leben: Seit einigen Monaten, nach etlichen Jahren der Funkstille, habe ich endlich wieder Kontakt zu meinen Töchtern. Mahmut wollte mich mit einer lächerlichen Summe für das Haus abfinden und erreichen, dass mein Name aus dem Grundbuch gelöscht wird. Obwohl es mich viel Überwindung kostete, schrieb ich an meine Kinder, denn dieses Haus hatten wir für sie gekauft – ich wollte, dass sie sich gegen Mahmuts Pläne wehren. Wir tasteten uns vorsichtig aneinander heran, so vieles stand noch unausgesprochen im Raum und alte Verletzungen begannen wieder zu schmerzen. Die beiden sind mittlerweile 26 und 27 Jahre alt und erwachsene Frauen, aber dennoch sehnen sie sich nach Mutterliebe.

Unsere ersten Begegnungen brachten mich zum Weinen. Ceylin und Sevil hatten schlimme Jahre hinter sich und erzählten mir vieles, was mich in Angst und Schrecken versetzte. Sie berichteten von einer Todesliste mit meinem Namen an erster Stelle, von Sexorgien, Drogen, scharfen Waffen und Razzien in der Bäckerei. Als ich das hörte, wurde ich wieder krank und gab meine Putzstellen auf, weil ich mich über Monate hinweg nicht mehr vor die Tür wagte.

Meine beiden Kinder sind psychisch am Ende und wollen von der Vergangenheit nichts mehr wissen. Zu ihrem Vater haben sie derzeit keinen Kontakt. Es gibt weiterhin kaum klärende Gespräche zwischen uns, dafür viel Streit und Schweigen. Aber ich bleibe geduldig und hoffe, dass die Zeit für uns arbeitet, denn ein weiteres Mal möchte ich meine Kinder nicht verlieren, das würde ich nicht ertragen. Sie um mich zu haben, sie im Arm halten zu können, mit ihnen zu lachen und zu meinen Eltern in die Türkei zu reisen macht mich so glücklich, dass jeder Streit an Gewicht verliert. Sevil arbeitet jeden Tag als Kellnerin in einem

Restaurant und Ceylin hat eine Ausbildung zur IT-Managerin begonnen. Beide haben mittlerweile den Führerschein gemacht und arbeiten so Stück für Stück an ihrer Unabhängigkeit. Ich versuche, ihnen dabei zu helfen und ihnen Mut zu machen.

Mahmut hatte außer der Praktikantin noch weitere Frauen nach mir. Eine davon ist ihm offenbar viermal davongelaufen, geblieben ist keine – besessen ist er aber offenbar nur von mir. Er hat weitere Kinder gezeugt, die kein normales Leben im Schutz einer intakten Familie führen können. Sogar noch ein zweites Kind aus der Zeit vor unserer Ehe ist aufgetaucht. Mahmut kam von ganz unten, aus schlimmster Armut, jetzt fährt er einen BMW und gilt in seinem türkischen Heimatdorf als reicher Mann. Aufgrund des Geldes genießt er hohes Ansehen. Sein unmoralisches Verhalten, sein x-facher Verstoß gegen muslimische Traditionen, seine immensen Schulden spielen bei den einfachen Leuten keine Rolle.

Ich dagegen kam aus guten, liberalen Verhältnissen und bin nun seinetwegen ganz unten gelandet. Ich gelte in seiner Familie als Verräterin und Ehebrecherin. Warum wird es einem von den eigenen Landsleuten nur so schwer gemacht, in Frieden auseinanderzugehen, wenn die Liebe vorbei ist oder vielleicht nie da war? Es ist kein Weltuntergang, einfach einen Schlussstrich zu ziehen und auf Nimmerwiedersehen zu sagen. Warum ist es eine Frage der Ehre, wenn die Frau sich trennen will? Warum gilt das nicht, wenn der Mann die Frau betrügt?

Doch ich gebe die Hoffnung auf ein frei gewähltes Leben zumindest für zukünftige Einwanderergenerationen nicht auf. Nehmt eure Wurzeln aus der Heimat mit, aber lasst eure Kinder Teil der Gesellschaft werden, in der sie aufwachsen. Seid interessiert an einem Miteinander und verharrt nicht in einem Nebeneinander. Lernt die Sprache eurer neuen Heimat, das öffnet euch die Augen und die Türen. Ihr könnt euch eure eigene Kultur und Identität bewahren, ohne euch an jahrhundertealte, nicht mehr gesellschaftsfähige Traditionen zu klammern. Auch nicht-muslimische Eltern wollen oftmals bei der Partnerwahl ihrer Kinder ein Wörtchen mitreden, aber Ehen zu arrangieren und die Kinder auf diese Weise in ein vorbestimmtes Leben zu zwingen, ist falsch! Redet und diskutiert stattdessen miteinander.

Versucht, die Gefühle eures Gegenübers nachzuempfinden. Sucht gemeinsam nach Kompromissen und findet Lösungen, die niemandem wehtun. Ich glaube fest daran, dass Integration möglich ist, sobald alle Seiten ihre Vorteile erkannt haben. Unterschiede bereichern eine Gesellschaft und das Leben jedes Einzelnen – man kann so vieles voneinander lernen!

Zu einer gelungenen Integration gehören für mich aber auch Bescheidenheit und Dankbarkeit gegenüber der Gesellschaft und den Behörden, die Migranten so viele Möglichkeiten eröffnen, wenn diese nur wollen. Es widerspricht meinem Verständnis von Moral, nur zu nehmen und nicht auch etwas zurückzugeben. Das sage ich auch immer wieder zu meinen Töchtern und meinen türkischen Bekannten. Für manche gelte ich allein dadurch als Rebellin. Viele schütteln die Köpfe und verstehen nicht, warum ich den Staat als Freund betrachte, und noch dazu den deutschen.

Andererseits wird in der türkischen Kultur von mir als Frau dem Mann gegenüber Unterwürfigkeit erwartet. Weil ich mich dagegen aufgelehnt habe, schütteln wiederum viele die Köpfe. Doch ich habe selbst entschieden, welche Tradition zu mir passt und welche Tradition mir meinen ganzen Stolz nimmt. Wenn ich heute in den Spiegel schaue, sehe ich eine starke Frau, hinter der ihre geliebten Eltern, zwei wunderbare Brüder mit ihren Familien und viele gute Freunde stehen. Wenn ich heute meine Töchter betrachte, sehe ich zwei wunderschöne Frauen mit Herz und Verstand.

Mein Wunsch ist es, dass es uns allen gelingt, die Vergangenheit hinter uns zu lassen und unsere Energie auf die schönen Dinge im Leben zu konzentrieren. Wer weiß, vielleicht schaffe ich es mit so viel Hoffnung im Herzen doch noch, eines Tages das deutsche Abitur zu machen.

Nachwort

Ich wünsche mir, dass in Zukunft immer weniger junge Frauen und Männer ein ähnliches Schicksal wie ich erleiden müssen.

Doch ich stehe noch aufrecht da, obwohl ich vernichtet werden sollte, und ich versuche, meine Lebensfreude wiederzufinden. Dabei helfen mir nach wie vor meine Familie und all die Freunde, die viel mit mir erdulden mussten, aber nie von meiner Seite gewichen sind. Auch wenn ich mich oft verlassen fühlte, waren Menschen da, die mir uneigennützig die Hand reichten und versuchten, mich wieder aufzurichten. Dafür danke ich euch von Herzen!

Buket Kaya
Berlin, Juni 2015

Niemand weiß, wie viele Frauen täglich Gewalt erfahren, bedroht, sexuell belästigt oder gestalkt werden, denn oftmals sprechen die Betroffenen nicht über ihre Erlebnisse, aus Scham oder Angst, dass ihnen nicht geglaubt wird oder ihnen Vergeltung droht. Dennoch ist die Nachfrage nach Hilfsangeboten groß und es ist offensichtlich, dass Frauen (wie auch Männer) jeden Alters, jeder Herkunft und jeder gesellschaftlichen Schicht physischer oder psychischer Gewalt ausgesetzt sein können. Hier wird nur eine kleine Auswahl an Organisationen aufgelistet, um Betroffenen oder deren Angehörigen und Freunden aufzuzeigen, dass sie in ihrer Situation nicht alleingelassen werden und ihnen geholfen werden kann.

Hilfsorganisationen:

Weißer Ring e. V.

Der Weiße Ring bietet kostenlose Beratung und Unterstützung für Opfer von Kriminalität und Gewalttaten an. Die ehrenamtlichen Helfer hören zu, spenden Trost und begleiten zu Terminen bei der Polizei oder vor Gericht. Vor und nach der Anhörung stehen sie den Opfern mit Rat und Tat zur Seite.

www.weisser-ring.de
Opfer-Telefon: 116006

Deutscher Caritasverband e. V.

Der Wohlfahrtsverband der katholischen Kirche unterstützt Menschen in Not, unabhängig von ihrer Religion. Die ehrenamtliche Hilfe umfasst u. a. psychologische, juristische und bürokratische Beratungen, medizinische Betreuung, Vermittlung an Frauenhäuser und zahlreiche Kurse, um wieder Stabilität im Alltag herzustellen.

www.caritas.de
Telefon: (030) 66633-0

Deutsches Rotes Kreuz e. V.

Die international bekannte Hilfsorganisation ist bemüht, armen und hilfsbedürftigen Menschen unter die Arme zu greifen. Die Helfer des DRK setzen sich beim Katastrophenschutz ebenso ein wie bei Fällen von häuslicher Gewalt. Auch hier gilt es, betroffene Menschen durch aktive Unterstützung wieder in die Lage zu versetzen, ein normales Leben zu führen.

www.drk.de
Telefon: 08000 365 000

Opferhilfe Berlin e. V.

Der gemeinnützige Verein bietet kostenlose Beratung und Hilfe für Opfer oder Zeugen von Straftaten. Auch Jahre nach einer Tat bekommen Geschädigte hier professionelle Unterstützung. Die fachlich spezialisierten Mitarbeiter begleiten durch die Lebenskrise, unabhängig von Geschlecht, Alter, Herkunft oder Art des Delikts.

www.opferhilfe-berlin.de
Telefon: (030) 3952867
(Die Opferhilfe existiert in allen Bundesländern, in der Homepage-Adresse »Berlin« einfach durch das jeweilige Bundesland ersetzen.)

LARA – Verein gegen sexuelle Gewalt an Frauen e. V.

LARA berät betroffene Frauen persönlich, telefonisch oder per E-Mail und bietet Unterstützung bei der Suche nach Psychotherapeuten, kostenlose juristische

Beratung, psychosoziale Prozessbegleitung und kostenlose Selbstverteidigungskurse an.

www.lara-berlin.de
Telefon: (030) 2168888

Hilfetelefon für Frauen vom Bundesamt für Familie und zivilgesellschaftliche Aufgaben

Das Hilfetelefon stellt ein umfangreiches Beratungsangebot per Telefon, Chat oder E-Mail zur Verfügung. In 17 Sprachen, Gebärdensprache und leichter Sprache wird betroffenen Frauen, ihren Angehörigen oder Freunden anonym, kostenfrei und rund um die Uhr weitergeholfen.

www.hilfetelefon.de
Telefon: 08000 116016

Frauenberatung TARA Fachberatungs- und Interventionsstelle bei häuslicher Gewalt

TARA bietet Unterstützung bei dem Prozess, sich aus einer Gewaltsituation oder konflikthaften Beziehung zu lösen, und leistet Entscheidungshilfe in dieser Lebenssituation.

www.frauenberatung-tara.de
Telefon: (030) 78718340

Terre des Femmes
Menschenrechte für die Frau e. V.

Terre des Femmes hilft bei der Wahrung der Rechte von Frauen und Mädchen durch internationale Vernetzung, Öffentlichkeitsarbeit, gezielte Aktionen, persönliche Beratung und Förderung von Projekten im Ausland.

www.frauenrechte.de
Telefon: (030) 40504699-0

Frauenhäuser

Mittlerweile gibt es in beinahe jeder größeren Stadt Europas sogenannte Frauenhäuser, die verfolgten oder bedrohten Frauen und ihren Kindern kostenlose Beratung, Hilfe und kurzfristig auch eine sichere Unterkunft anbieten.